O PODER DO FOCO

JACK CANFIELD
MARK VICTOR HANSEN
LES HEWITT

O PODER DO FOCO

Tradução
Ruy Jungmann

6ª EDIÇÃO

BestSeller

Rio de Janeiro | 2025

CIP-Brasil. Catalogação-na-fonte
Sindicato Nacional dos Editores de Livros, RJ.

C225p
6ª ed.

Canfield, Jack, 1944-
　　O poder do foco: o caminho certo para atingir suas metas empresariais, pessoais e financeiras / Jack Canfield, Mark Victor Hansen, Les Hewitt; tradução Ruy Jungmann. – 6ª ed. – Rio de Janeiro: Best*Seller*, 2025.

　　Tradução de: The power of focus
　　ISBN 978-85-7684-077-0

　　1. Sucesso – Aspectos psicológicos. I. Hansen, Mark Victor, 1947- . II. Hewitt, Les. III. Título.

05-1193

CDD – 158.1
CDU – 159.947

Título original norte-americano
THE POWER OF FOCUS
Copyright © 2000 by Jack Canfield, Mark Victor Hansen e Les Hewitt

Capa: Folio Design
Editoração eletrônica: Toptextos

Todos os direitos reservados. Proibida a reprodução,
no todo ou em parte, sem autorização prévia por escrito da editora,
sejam quais forem os meios empregados.

Direitos exclusivos de publicação em língua portuguesa para o Brasil
adquiridos pela
EDITORA BEST SELLER LTDA.
Rua Argentina, 171, parte, São Cristóvão
Rio de Janeiro, RJ – 20921-380
que se reserva a propriedade literária desta tradução

Impresso no Brasil

ISBN 978-85-7684-077-0
Seja um leitor preferencial Record
Cadastre-se e receba informações sobre nossos lançamentos
e nossas promoções.

Atendimento e venda direta ao leitor:
sac@record.com.br

Jack

Aos mestres que me ensinaram os aspectos mais importantes sobre *O poder do foco:*

W. Clement Stone, Billy B. Sharp, Lacy Hall, Bob Resnick, Martha Crampton, Jack Gibb, Ken Blanchard, Nathaniel Branden, Stewart Emery, Tim Piering, Tracy Goss, Marshall Thurber, Russell Bishop, Bob Proctor, Bernhard Dohrmann, Mark Victor Hansen, Les Hewitt, Lee Pulos, Doug Kruschke, Martin Rutte, Michael Gerber, Armand Bytton, Marti Glenn e Ron Scolastico.

Mark

Para Elizabeth e Melanie:

"O futuro está em mãos seguras."

Les

Para Fran, Jennifer e Andrew:

"Vocês são o foco de minha vida."

Sumário

Agradecimentos 11

Introdução
A Finalidade deste Livro: O que Você Encontrará aqui 15

ESTRATÉGIA DE FOCALIZAÇÃO Nº 1
Os Hábitos Determinarão seu Futuro 19
Pessoas bem-sucedidas têm hábitos que as levam ao sucesso

    Como os Hábitos Realmente Funcionam 23
    Como Identificar Maus Hábitos 33
    Como Corrigir Maus Hábitos 38
    A Fórmula dos Bons Hábitos 42

    Passos para Ação 46
        Pessoas Vitoriosas na Vida com quem Quero Conversar
        A Fórmula dos Bons Hábitos

ESTRATÉGIA DE FOCALIZAÇÃO Nº 2
Isto Não É Embromação. Trata-se de Focalização 50
Construa sobre seus pontos fortes, não sobre suas fraquezas

    Focalize-se em seus Talentos Naturais 52
    Você É dos que Iniciam ou dos que Terminam? 59
    Se Está se Sentindo Sobrecarregado, Peça Ajuda! 61
    A Solução 4-D 67
    Limites do Brilhantismo 68
    O Poder do Não 69
    Estabelecendo Novos Limites 71

    Passos para Ação 77
        Workshop de Focalização Prioritária

ESTRATÉGIA DE FOCALIZAÇÃO Nº 3
Você Percebe a Situação em seu Todo? 80
Projetando um futuro claro como cristal

    Desenvolvendo uma Clareza Incomum 82
    A Finalidade das Metas 84
    Lista de Checagem das Dez Principais Metas 85
    Seu Plano-mestre 97

    Passos para Ação 109
        Seu Plano-mestre Pessoal
        Sistema de Focalização dos Profissionais Bem-sucedidos

ESTRATÉGIA DE FOCALIZAÇÃO Nº 4
Criando o Equilíbrio Ideal 120
Mais dinheiro, mais tempo de folga

    O Sistema Alerta-E 124
    Planta-baixa, Ação, Aprendizado, Exercício, Relaxamento, Pensamento

    Passos para Ação 147
        O Sistema Alerta-E de Pontos de Controle

ESTRATÉGIA DE FOCALIZAÇÃO Nº 5
Formando Excelentes Relacionamentos 151
Sua entrada na primeira divisão

    A Espiral Dupla 153
    Diga "Não" às Pessoas Tóxicas 158
    As Três Grandes Perguntas 160
    Principais Clientes e Todos Vencem 162
    ... E em Seguida Algo a Mais 169
    Como Descobrir Grandes Mentores 173
    Grupos de Consultores de Alto Nível 177

    Passos para Ação 188
        A Espiral Dupla
        Construindo sua Fortaleza
        Desenvolvendo Relacionamentos com Mentores

ESTRATÉGIA DE FOCALIZAÇÃO Nº 6
O Fator Confiança 194
Eliminando Medo e Preocupação

> Resolvendo Assuntos Inacabados 196
> O Paradigma do Caminho para a Liberdade 198
> O Desafio de 25 Centavos 203
> Perdoe e Esqueça 205
> Uma Atitude Vitoriosa 209
> Seis Estratégias para Desenvolver Confiança 210
> Confira seu Fator Confiança 213
> O que Fazer se Você Cai num Fosso 214
>
> Passos para Ação 217
>   Resolvendo Assuntos Inacabados

ESTRATÉGIA DE FOCALIZAÇÃO Nº 7
Peça Aquilo que Quer 220
Um Sistema de Sete Pontos para Ajudá-lo a Prosperar

> Peça e Receba 221
> Sete Maneiras de Impulsionar seu Negócio Simplesmente Pedindo 224
> Como Pedir 241
>
> Passos para Ação 245
>   Pedindo Aquilo que Você Quer

ESTRATÉGIA DE FOCALIZAÇÃO Nº 8
Persistência Invariável 249
O sucesso está bem ali na esquina

> Os Benefícios da Persistência Invariável 251
> Aceite de Braços Abertos seu Maior Poder 253
> O Círculo de Coerência 262
> A Fórmula Duplo A 264
> O Fator Integridade 270
>
> Passos para Ação 274
>   O Fator Integridade

ESTRATÉGIA DE FOCALIZAÇÃO Nº 9
Iniciar uma Ação Decisiva 277
Sistemas comprovados para criar riqueza

    Seis Boas Razões 280
    Processo Decisório Ativo 285
    A Fórmula TA-DA 288
    A Solucionadora de Problemas 290
    Vamos Falar de Dinheiro 290

    Passos para Ação 300
       A Solucionadora de Problemas
       O Hábito da Segurança Financeira

ESTRATÉGIA DE FOCALIZAÇÃO Nº 10
Viver com uma Finalidade 307
Tornando novamente simples sua vida

    Descobrindo sua Finalidade 308
    A Maratona da Esperança 310
    Três Pontos Essenciais 312
    Descobrindo sua Finalidade 314
    Declaração de Finalidade 316
    Desenvolvendo sua Finalidade 320
    Crescimento Pessoal e Nível do Ser 321
    Faça uma Lista de Parada 326

    Passos para Ação 328
       Descobrindo e Vivendo Sua Finalidade

PALAVRAS FINAIS
Esta É sua Vida... Aceite o Desafio! 336

Guia de Recursos 339
Permissões 345
Sobre os Autores 347

Agradecimentos

Este livro consumiu três anos para ser escrito e numerosas pessoas nos estimularam durante todo o processo. Houve ocasiões em que pareceu que nunca chegaríamos ao fim. Não obstante, com persistência e focalização clara, ele foi finalmente concluído. A todos os que participaram de nosso esforço, queremos agradecer pela ajuda e apoio, sem os quais este projeto jamais teria chegado ao fim.

Fran Hewitt, você é um pilar de força. Suportar todas as frustrações, prazos fatais malucos e revisões de última hora exigiram uma inacreditável fortaleza de ânimo. Obrigado do fundo do coração, Jennifer e Andrew Hewitt, obrigado pelo encorajamento, *feedback* e idéias criativas. Vocês são uma inspiração.

Dan Sullivan, obrigado por sua enorme liderança no mundo do treinamento para a vida empresarial e por ser uma poderosa influência e conselheiro. Obrigado a Jim Rohn, George Addair, Patricia Fripp, Ed Foreman, David McNally, Lance Secretan, Somers White, Rosita Perez, Danny Cox, Valerie Morse, Peter Daniels, Richard Flint e aos vários outros grandes mestres, numerosos demais para mencionar um por um, pela sabedoria e orientação de vocês nos últimos 15 anos.

A Tim Breithaupt por permitir que seu excelente livro, *Take This Job and Love It! The Joys of Professional Selling,* por nos estimular a levar esta obra até o fim. Gail Pocock, você é uma verdadeira campeã. Obrigado por sua dedicação e concentração totais neste projeto. Foram notáveis a criatividade e perícia que você demonstrou na concepção, texto e projeto de capa da edição original deste livro. Obrigado a Rod Chapman, cuja perícia como editor gerou um produto de qualidade superior. Agradecemos também a Georgina Forrest e Shirley Flaherty, da Achievers, pelo maravilhoso trabalho de datilografia, o primeiro e os demais, um milagre, considerando os rabiscos quase ilegíveis com que tiveram de trabalhar inicialmente. E a Elverina Laba por seu entusiasmo e esforço de venda enquanto Les esteve "ausente".

Um viva especial a todos nossos clientes no The Achievers Coaching Program, que puseram em ação estas estratégias e provaram que elas realmente funcionam. Obrigado também à classe de formandos de 1998 do Jack Canfield's Facilitating Skills Seminar. O entusiasmo e encorajamento de vocês foi muito apreciado.

A Philip Keers e Ken Johnston, que conduzem a tocha a caminho do futuro: vocês são realmente dois maravilhosos companheiros.

A todos que trabalham no escritório de Jack, um grupo maravilhoso cuja sinergia criou o *momentum* necessário para que pudéssemos cumprir nossos prazos finais. Agradecimentos especiais a Deborah Hatchell por sua influência tranqüilizadora e brilhante capacidade de comunicação quando as coisas se tornavam muito agitadas. A Nancy Mitchell por ter coordenado o difícil trabalho de obter permissões, com Shirley Flaherty. Shirley, sua tenacidade e persistência fizeram com que cumpríssemos nossos prazos finais. Um grande trabalho! Obrigado a Ro Miller, "a rainha da mesa telefônica", por seu calor humano e ajuda com aqueles intermináveis telefonemas. Obrigado a Veronica Romero, que providenciou para que os manuscritos dos leitores fossem despachados a tempo e, mais importante, voltassem em tempo. A Teresa Esparza pela maravilhosa atitude positiva e boa vontade em ajudar. Chris Smith, obrigado por seu brilhantismo nos testes musculares.

A Robin Yerian e a Leslie Forbes Riskin, dois homens dos bastidores cujo alto nível de perícia e comprometimento com a tarefa fizeram com que todos os detalhes fossem tratados habilmente.

Obrigado a Patty Aubery pela aguda perspicácia e conhecimento de *marketing*. Seu esforço e energia fizeram com que as coisas acontecessem.

Nossa gratidão também a Inga Mahoney e Christopher Canfield, por permitirem que Jack se concentrasse no trabalho e por manter aquele equilíbrio, de suma importância, entre trabalho e família.

Agradecimentos a duas pessoas que têm mais capacidade de focalização do que quaisquer outras, em qualquer lugar: Elisabeth e Melanie Hansen.

A Patty Hansen por participar em tempo integral das operações diárias e do processo de tomada de decisões.

Um sincero agradecimento a Laura Rush, do escritório de Mark, por ser uma intermediária tão eficiente e assegurar que aquelas importantes conferências telefônicas de longa distância fossem agendadas (e, não raro, remarcadas).

Obrigado a todos da Health Communications, ao nosso editor, pelo apoio total a este projeto e pela garantia de que os prazos finais de impressão e distribuição do livro fossem cumpridos tranqüilamente.

Obrigado a Peter Vegso, Tom Sand e Terry Burke por reunirem e dirigirem um grupo maravilhoso.

Um muito obrigado especial a Christine Belleris e Allison Janse por nos terem guiado ao longo de um labritinto de detalhes e respondido logo a todos os nossos pedidos. A Kim Weiss e Larry Getlen por dirigirem a equipe de relações públicas e a Kelly Maragni por abrir numerosas portas para aumentar as vendas do livro.

Obrigado a Chuck Bush pelo pente-fino que passou no texto final.

Agradecimentos sinceros a todas as diligentes pessoas em nosso painel de leitores, que arranjaram tempo para digerir, examinar com atenção e analisar nossas idéias: Anna Alton, Barry Spilchuk, Eileen McDargh, David McNally, Philip Keers, Ken Johnston, Tim Breithaupt, Ralph Puertas, Steve Cashdollar, Bill Cowles, John P. Gardner, Walt Harasty, Keith Jacobsen, Tom Justin, Jeanne Kaufman, Audrey Kelliher, John Olsen, Elye Pitts e Dottie Walters. O *feedback* e as sugestões de vocês foram contribuições importantes e ajudaram a criar um produto muito melhor.

Um muito obrigado especial a Fred Angelis, que fez uma análise em profundidade do texto e deu muitas e excelentes idéias de *marketing*.

Reconhemos também o valor dos muitos exemplos e histórias fornecidos direta ou indiretamente por nossos amigos e clientes. Devido ao alcance e duração deste projeto, podemos ter deixado de mencionar outras pessoas que nos ajudaram ao longo do caminho. Nesse caso, por favor, aceitem nossas desculpas e saibam que a ajuda que nos deram foi muito apreciada.

Escrever e produzir este livro constituiu realmente um trabalho de equipe, provando, mais uma vez, que quaisquer projetos bem-sucedidos não exigem magia nem embromação. Trata-se, simplesmente, de aprender como focalizar a atenção.

Introdução

A finalidade deste livro: o que você encontrará aqui

"O indivíduo que quer chegar
ao topo no mundo dos negócios precisa
avaliar com precisão o poder da força dos hábitos —
e compreender que é a repetição que os cria. Tem de ser
rápido para romper com aqueles hábitos que
podem destruí-lo — e apressar-se para adotar as
práticas que se transformarão nos hábitos
que vão ajudá-lo a obter o sucesso que deseja."

— *J. Paul Getty*

Querido leitor (ou leitor potencial, se estiver ainda folheando o livro):

Nossas pesquisas contínuas indicam claramente que três dos maiores desafios enfrentados por empresários são os seguintes: pressões do tempo, pressões financeiras e a luta para manter um equilíbrio sadio entre o trabalho e o lar.

Para muitas pessoas o ritmo de vida é agitado demais, é como estar preso numa rotina que jamais acaba. Os níveis de estresse nunca estiveram mais altos. Nota-se, no mundo dos negócios, uma crescente necessidade de os indivíduos adquirirem maior equilíbrio a fim de evitar que se tornem trabalhadores compulsivos, com pouco tempo para a família, os amigos e as atividades mais agradáveis da vida. Muitos carregam também um imenso fardo de culpa, que agrava ainda mais o estresse. Isso não é maneira de ninguém viver!

Há, nessa situação, alguma coisa que lembre você mesmo?

O poder do foco o ajudará de muitas maneiras. E os benefícios serão os mesmos caso você seja o diretor executivo de uma empresa, um vice-presidente, gerente, chefe de seção, vendedor, empresário independente, consultor, conselheiro profissional ou se tem um negócio caseiro.

E esta é a nossa GARANTIA:

Se você estudar e gradualmente implementar as estratégias que vamos discutir, não só atingirá invariavelmente seus objetivos empresariais, pessoais e financeiros, mas excederá em muito os resultados que no momento vem obtendo. Especificamente, vamos lhe mostrar como focalizar seus pontos fortes, de modo a habilitá-lo a maximizar a renda e, simultaneamente, desfrutar um estilo de vida mais sadio, mais feliz e mais equilibrado.

Além disso, aprenderá a construir alicerces mais fortes para o futuro, com base em uma técnica pouco usada, denominada Clareza Incomum. De quebra, descobrirá como usufruir paz de espírito no tocante a assuntos financeiros, utilizando métodos comprovados por vários multimilionários. Encontrará também nestas páginas uma grande variedade de idéias para ajudá-lo a alimentar e enriquecer seus relacionamentos mais importantes.

A razão por que estamos tão confiantes em que as idéias contidas neste livro funcionarão em seu caso é que já funcionaram conosco e com milhares de nossos clientes. Em conjunto, nós três temos 79 anos de experiência no mundo dos negócios. Trata-se de experiência no mundo real. E foi obtida cometendo um bocado de erros, bem como nos focalizando em fazer extremamente bem algumas coisas. Discutiremos alguns de nossos mais importantes progressos pessoais e mostraremos o que eles realmente são, em vez de propor teorias e filosofias vagas. Dessa maneira, nós o ajudaremos a evitar grande parte do processo de tentativas e erros e lhe pouparemos um bocado de tempo, energia e estresse desnecessário.

Como Tirar o Máximo Proveito Deste Livro

Por favor, note o seguinte: se está procurando uma fórmula mágica, do tipo "jeitinho", não vai encontrá-la aqui, pois não há essa tal coisa. Você vai precisar assumir um compromisso autêntico consigo mesmo para conseguir uma transformação positiva. Esse é o motivo por que 90% das pessoas que comparecem a seminários de curta duração não alcançam progresso algum. Elas não se dão o tempo necessário para pôr em prática o que aprenderam e todas as notas que tomaram no curso acabam juntando poeira.

Nosso principal objetivo tem sido tornar essas informações tão irresistíveis a ponto de provocar ação imediata. Este livro é um amigo do leitor — é realmente fácil lê-lo. Para torná-lo divertido, você vai encontrar cartuns ao longo do texto.

Todos os capítulos consistem de uma grande variedade de estratégias, realçadas por narrativas curtas e divertidas e por histórias inspiradoras. Os três primeiros capítulos lançam os alicerces. Os seguintes introduzem um novo conjunto de estratégias centralizadas em torno de um hábito específico que o ajudará a focalizar a atenção e ter melhor desempenho individual. Cada um por mérito próprio, esses hábitos são de importância vital para seu sucesso. Em combinação, constroem uma verdadeira fortaleza que lhe garantirá desfrutar a vida ao máximo. Ao fim de cada capítulo, você encontrará uma série de "Passos para Ação", concebidos para lhe facilitar o progresso. É essencial que os siga rigorosamente e os complete, se quer gozar de um nível mais alto de prosperidade. Você pode iniciar um de cada vez. Use este livro como um trabalho contínuo, que possa ser retomado quantas vezes quiser.

Sugerimos encarecidamente que, enquanto lê, tenha ao lado um marca-texto, uma caneta ou um bloco de anotações. Use-os para destacar as idéias que produziram maior impacto sobre você.

Lembre-se: este livro é sobre focalização da atenção. A principal razão por que a maioria das pessoas luta em vão, profissional e pessoalmente, é a falta de atenção concentrada. Elas adiam o que têm de fazer ou se permitem ser facilmente distraídas ou interrompidas. Agora, você tem uma oportunidade de ser diferente. A única finalidade deste livro é inspirá-lo a agir. É isso, pura e simplesmente. Há um tesouro de sabedoria nas páginas que se seguem. De modo que, vamos começar. Use *O poder do foco* para garantir um futuro melhor. E que sua vida se torne realmente mais rica nesse processo.

Sinceramente,

Jack Canfield

Mark Victor Hansen

Les Hewitt

P.S.: Se você é proprietário de uma empresa e está planejando rápido crescimento nos próximos anos, compre um exemplar deste livro para cada membro de sua equipe. O *momentum* criado pela implementação conjunta destas estratégias de focalização garantirá a conquista de suas metas muito mais cedo do que você espera.

Estratégia de Focalização nº 1

Os hábitos determinarão seu futuro

"É tão difícil pensar em fazer
uma coisa, e tão fácil depois que você a fez."

— *Robert M. Pirsig*

Brent Vouri sabia que ia morrer

O grave ataque de asma havia se agravado e se transformado em síndrome física aguda de adulto. Em termos simples, seus pulmões haviam pifado inteiramente, da mesma maneira que um motor de carro quando acaba o óleo.

A última coisa de que se lembrava daquela noite era o chão do hospital correndo ao seu encontro e, em seguida, a escuridão total. O coma durou 15 dias, período em que perdeu 20kg. Ao acordar, finalmente, não conseguiu falar durante mais duas semanas. Isso foi bom porque, pela primeira vez em anos, teve tempo para pensar. Por que, com apenas 20 anos de idade, sua vida quase se evaporou? Os médicos haviam feito um trabalho milagroso mantendo-o vivo, ao passo que outras pessoas pensavam que não lhe restava chance alguma.

Brent pensou muito. A asma fora parte de sua vida desde que nascera. Era bem conhecido no hospital, após um sem-número de internações para recuperação. Embora, quando mais jovem, tivesse energia de sobra, jamais pudera participar de quaisquer atividades físicas como as outras crianças, como patinar ou jogar hóquei. Quando tinha dez anos, os pais se divorciaram e todas as suas frustrações reprimidas transbordaram. Os anos seguintes foram uma espiral descendente interminável, que o levaram às drogas, ao abuso de álcool e a um hábito de fumar que lhe consumia 30 cigarros por dia.

Não terminou os estudos e vagueou sem destino de um emprego a outro, em meio expediente. Mesmo que a saúde estivesse piorando sempre, resolveu ignorar esse aviso — até a noite fatal em que o corpo disse: "Basta." Tendo nesse momento tempo para refletir, chegou à mais importante conclusão: "Eu mesmo criei esta doença com anos de opções erradas." Sua nova resolução foi: "Nunca mais. Eu quero viver."

Aos poucos, tornou-se mais forte e, finalmente, teve alta do hospital. Pouco depois, traçou um plano de ação positivo para melhorar de vida. Em primeiro lugar, matriculou-se em um programa de preparação física. Uma de suas metas iniciais era ganhar como prêmio uma camiseta, por completar 12 sessões do programa. Conseguiu. Três anos depois, ensinava ginástica aeróbica. O *momentum* estava ganhando ímpeto. Cinco anos depois, disputou os campeonatos nacionais de Ginástica Aeróbica. Ao longo do caminho, resolveu melhorar sua educação: em primeiro lugar, concluindo o curso secundário e, em seguida, abrindo caminho na universidade.

Mais tarde, ele e um amigo iniciaram uma pequena indústria, a Typhoon Sportswear Ltd. (www.typhoonsportswear.com), especializada na produção de roupas de esporte para lojas de varejo. Começando com apenas quatro empregados, a empresa comemorou recentemente seu 15º aniversário.

Hoje em dia, é uma marca multimilionária, com 66 empregados e uma rede internacional de distribuição que fornece produtos a clientes mundialmente conhecidos, como a Nike. Ao optar por escolhas mais acertadas e criar melhores hábitos, Brent Vouri virou a vida pelo avesso — de um zero, ontem, para um herói, hoje!

Essa história é ou não inspiradora?

Vejamos o que há nela de importante: sua vida não acontece simplesmente. Ela é toda feita em torno de escolhas e da maneira como você reage a cada situação. Se tem o hábito de fazer sempre más opções, os reveses ocorrem com freqüência. Suas opções no dia-a-dia determinam, em última análise, se você vai acabar vivendo na riqueza ou na pobreza. A vida, contudo, jamais fecha de vez a porta às oportunidades.

Opções coerentes lançam a pedra fundamental de seus hábitos, como você vai descobrir nas páginas seguintes. E os hábitos desempenham um papel fundamental na maneira como será seu futuro. Isto inclui aqueles que você manifesta todos os dias no mundo dos negócios, bem como a grande variedade de comportamentos que adota em sua vida pessoal. Em todo este livro, você vai encontrar estratégias que podem ser aplicadas ao trabalho e ao lar. Seu trabalho consiste em passá-las em revista e implementar as que lhe trarão os melhores resultados. Por falar nisso, todas essas estratégias funcionam igualmente bem nos casos de homens e mulheres. Não são específicas de um gênero. Se você não notou ainda, um dos fatos mais interessantes no mercado atual é o rápido crescimento do número de empresárias.

Neste capítulo, descrevemos os aspectos mais importantes dos hábitos. Em primeiro lugar, você vai descobrir como eles realmente funcionam. Em seguida, aprenderá a identificar os maus hábitos e como mudá-los. Essa orientação permitirá que você identifique maus hábitos específicos e resolva quais deles são contraproducentes. Finalmente, vamos revelar uma inigualável

Fórmula de Hábitos Bem-sucedidos, uma estratégia simples mas poderosa que o ajudará a transformar os maus hábitos em bons hábitos. Usar essa técnica assegurará que você permaneça focalizado no que funciona.

PESSOAS BEM-SUCEDIDAS TÊM HÁBITOS QUE AS LEVAM AO SUCESSO.

Pessoas Malsucedidas, Não!

Como os HÁBITOS Realmente Funcionam

OS HÁBITOS DETERMINARÃO SEU FUTURO

O que é um hábito? Em palavras simples, é alguma coisa que você faz com tanta freqüência que se torna fácil. Em outras palavras, é um comportamento que você continua a repetir. Se insiste em adotar um novo comportamento, este, no fim, torna-se automático.

Se você aprende a guiar usando um sistema padrão de alavanca de câmbio, as primeiras lições são em geral interessantes. Um dos grandes desafios é descobrir como sincronizar os pedais da embreagem e do acelerador, de modo a fazer uma mudança suave. Se solta a embreagem rápido demais, o carro enguiça. Se pressiona com força demais o acelerador, sem soltar a embreagem, o motor ruge, mas você não vai a lugar nenhum. Às vezes, o carro salta pela rua como se fosse um canguru, pulando e parando, enquanto o aprendiz luta com os pedais. Com prática, no entanto, a mudança de marcha torna-se finalmente suave e você não pensa mais nela.

> **LES:**
> Todos nós somos criaturas de hábitos. Quando, todos os dias, volto de carro para casa, encontro no caminho nove sinais de trânsito. Muitas vezes, chego em casa e não me lembro de nenhum deles. É como se eu ficasse inconsciente enquanto dirijo. Se minha mulher me pede para fazer um desvio, porque quer que eu apanhe alguma coisa a caminho de casa, não é raro que eu esqueça inteiramente o pedido porque me programei para seguir o mesmo caminho de volta.

A boa notícia é que você pode reprogramar-se em qualquer ocasião em que resolve fazer isso. Se está tendo problemas financeiros, é importante reconhecer esse fato!

Digamos que você quer ser financeiramente independente. Faz ou não faz sentido examinar seus hábitos de ganhar dinheiro? Você tem o hábito de, como primeira coisa no mês, remunerar a si mesmo? Você, de forma regular, poupa e investe pelo menos 10% de sua renda? A resposta é "sim" ou "não". De imediato, você pode saber se está se movendo na direção certa. A palavra-chave aqui é "regular". Isso significa todos os meses. E fazer isso todos os meses é um bom hábito. A maioria das pessoas é desleixada quando o assunto é fazer seu dinheiro crescer. Elas são incoerentes.

Vamos supor que você inicie um programa de poupança e investimento. Nos primeiros seis meses, você investe 10% de sua renda, de acordo com o plano. Mas, em seguida, acontece alguma coisa. Você faz uma retirada para sair de férias e diz a si mesmo que tapará o buraco nos próximos meses. Claro que não faz isso... e seu programa de independência financeira enguiça antes mesmo de levantar vôo! Por falar nisso, você sabe com é fácil tornar-se financeiramente seguro? Começando na idade de 18 anos, se investir 100 dólares por mês, com juros compostos anuais de 10%, você terá mais de 1,1 milhão de dólares ao chegar aos 65 anos. Mesmo que não comece até os 40, há esperança, embora seja necessário mais de um dólar diário para conseguir isso.

Esta é a chamada **política de nenhuma exceção**. Em outras palavras, todos os dias, você tem um compromisso a cumprir com um melhor futuro financeiro. E é isso que separa os que têm dos que não têm. (No Capítulo 9, Iniciar uma Ação Decisiva, você aprenderá um bocado de coisas novas sobre a criação de riqueza.)

Vejamos agora outra situação. Se ter uma saúde excelente figura com destaque em sua lista de prioridades, exercitar-se três vezes por semana talvez seja o padrão mínimo necessário para mantê-lo em forma. A política de nenhuma exceção implica que você manterá o hábito de fazer exercício, aconteça o que acontecer, uma vez que dá valor aos benefícios a longo prazo que colherá.

Pessoas acostumadas a adiar mudanças desistirão após algumas semanas ou meses. E em geral têm uma comprida lista de desculpas para explicar por que o hábito não funcionou no caso delas. **Se você quer ser diferente das massas e desfrutar um estilo de vida excepcional, compreenda o seguinte: os hábitos determinarão seu futuro.**

Isso é que é importante. Lembre-se de que pessoas bem-sucedidas não são içadas para o alto. Neste particular, você vai precisar, de hoje em diante e todos os dias, de ação, disciplina pessoal e de um bocado de energia, que determinarão como será seu futuro. Rico ou pobre. Sadio ou doente. Realizado ou fracassado. Feliz ou infeliz. A opção é sua, então, escolha com sabedoria.

OS HÁBITOS DETERMINARÃO
SUA QUALIDADE DE VIDA

Hoje em dia, numerosas pessoas se preocupam com o estilo de vida que levam. Frases como "Estou procurando ter uma qualidade de vida melhor" ou "Eu apenas quero simplificar minha vida" são agora comuns. Parece que a corrida desabalada para o sucesso material, com todos os seus respectivos penduricalhos, não é mais suficiente. Ser realmente rico inclui não só desafogo financeiro, mas o cultivo de relacionamentos gratificantes e importantes para o indivíduo, o melhoramento da saúde e o desfrute de um excelente equilíbrio entre carreira e vida pessoal.

O cultivo de seu espírito e sua alma é também um requisito fundamental. Isto exige tempo para explorar e desenvolver a si mesmo. E é um processo sem fim. Quanto mais descobrir coisas sobre si mesmo — como pensa, como se sente, qual sua verdadeira finalidade na vida e como quer viver —, mais sua vida fluirá suavemente.

Em vez de simplesmente trabalhar feito um escravo todas as semanas, você começa a fazer melhores opções, baseado na intuição, e, instintivamente, sabe qual é a coisa certa a fazer. E é esse nível mais alto de autopercepção que lhe determina a qualidade da vida diária. No Capítulo 10, Viver com uma Finalidade, nós ensinaremos um sistema único que tornará tudo isso possível. Viver é muito emocionante.

OS RESULTADOS DE MAUS HÁBITOS APARECEM EM GERAL MUITO MAIS TARDE NA VIDA

Por favor, certifique-se de que está de fato mentalmente alerta antes de ler os dois parágrafos seguintes. Se não estiver, molhe o rosto com um pouco de água fria e, assim, evite ignorar a importância desse conceito fundamental.

Mais pessoas do que nunca vivem para o prazer imediato. Compram coisas acima de seus recursos e parcelam a despesa o quanto podem. São coisas como carros, móveis, eletrodomésticos, planos de férias ou o "brinquedinho" mais recente, para citar apenas uns poucos. Pessoas com o hábito de assim proceder têm a sensação de estar brincando de cabra-cega o tempo todo. Há sempre outro pagamento a fazer no mês seguinte. Por isso mesmo, são obrigadas a trabalhar mais horas ou arranjar um "bico" para dar conta do recado, o que gera ainda mais estresse.

Quando a situação é levada a extremos, se as despesas excedem sempre sua renda, haverá para você um resultado final. Que é chamado de falência! Quando forma um mau hábito crônico, a vida, no fim, faz com que você sofra as conseqüências. E talvez não goste delas. O que você precisa compreender bem é o seguinte: a vida, no fim, lhe trará conseqüências. Não vem ao caso se você gosta ou não delas. O fato é que, se continuar a fazer as coisas de uma certa maneira, você sempre terá um resultado previsível. **Hábitos negativos geram conseqüências negativas. Bons hábitos geram resultados positivos.** A vida é simplesmente desse jeito.

Vejamos mais alguns exemplos. Se quer viver muito, você precisa de hábitos sadios. Neste particular, a boa alimentação, os exercícios físicos e o estudo da longevidade são muito importantes. A realidade? A maioria da população no mundo ocidental é obesa, fisicamente indolente e mal alimentada. De que modo explicar isso? Mais uma vez, temos aqui uma atitude do tipo viver o momento, com pouco ou nenhum pensamento sobre as conseqüências. Quando o assunto é saúde, elas formam uma longa lista. Vejamos duas delas: trabalhar 15 horas por dia durante os sete dias da semana fará com que o indivíduo, no fim, apague. Quando você se alimenta de comida de lanchonete ou come qualquer droga como hábito diário, numa vida às carreiras, a combinação de estresse e alto nível de colesterol cria um risco muito mais alto de ataque cardíaco e derrame cerebral. Embora essas conseqüências ameacem a vida, numerosas pessoas ignoram o óbvio e seguem alegremente em frente, desprezando o fato de que uma grande crise pode estar esperando-as na próxima esquina.

Veja agora essa questão de relacionamentos. O casamento enfrenta problemas e em quase 50% dos casos acaba em divórcio. Se você tem o hábito de matar de fome os relacionamentos mais importantes, os de tempo, energia e amor, como é que você pode esperar um final feliz?

Quando a questão é dinheiro, os maus hábitos podem levá-lo a um ciclo infindável de trabalho na velhice, quando você preferiria estar gozando mais a vida.

Bem, veja aqui algumas notícias realmente boas:

VOCÊ PODE TRANSFORMAR CONSEQÜÊNCIAS NEGATIVAS EM BENEFÍCIOS

Simplesmente Mudando, Agora, Seus Hábitos

O DESENVOLVIMENTO DE BONS HÁBITOS EXIGE TEMPO

De quanto tempo precisamos para mudar um hábito? As respostas mais comuns a essa pergunta são: "Mais ou menos 21 dias" ou "De três a quatro semanas". Essas respostas são provavelmene corretas se o assunto é fazer pequenos ajustamentos em seu comportamento. Eis aqui um exemplo pessoal:

LES:
Eu me lembro que vivia perdendo minhas chaves. Ao fim do dia, deixava o carro na garagem, entrava em casa e jogava as chaves em qualquer lugar. Mais tarde, eu tinha que sair para um encontro e, claro, não conseguia encontrar as chaves. Enquanto ocorria a caça ao tesouro das chaves, meu nível de estresse subia visivelmente. Quando as encontrava finalmente, corria para a reunião com um atraso de 25 minutos, com uma atitude que nunca seria descrita como positiva.

A solução desse problema repetitivo era simples. Certo dia, prendi um pedaço de madeira na parede que dava para a porta da garagem. A madeira tinha dois ganchos e uma grande etiqueta que dizia "Chaves".

Na volta para casa na noite seguinte, passei pelo meu novo ponto de pendurar as chaves e joguei-as em algum lugar oculto, na sala. Por quê? Porque era isso o que eu havia feito sempre. Precisei de quase 30 dias usando de esforço para pendurá-las na parede, antes de meu cérebro absorver a mensagem: "Acho que agora estamos fazendo alguma coisa diferente" e, finalmente, um novo hábito se formou. Nunca mais perdi as chaves, mas precisei dar um duro danado para me reeducar.

O fascinante nisso tudo é que depois de 21 a 30 dias com o novo hábito, tornou-se mais difícil não segui-lo do que segui-lo. Antes de poder mudar um hábito, você precisa, em primeiro lugar, descobrir por quanto tempo o segue. Se andou fazendo repetidamente alguma coisa por 30 anos, talvez não consiga se livrar dela em algumas curtas semanas. Reconheça o fato de que um hábito profundamente implantado tem longas raízes. É a mesma coisa que tentar cortar uma fibra de muitos fios que, com o tempo, se transformou em uma grossa corda. Ela é muito difícil de cortar. Velhos fumantes sabem como é difícil romper com o hábito da nicotina. Muitos jamais conseguem, a despeito da prova esmagadora de que fumar pode reduzir em muito a expectativa de vida do indivíduo.

De maneira idêntica, pessoas com uma longa história de baixa auto-estima não vão se transformar em 21 dias em indivíduos altamente confiantes, prontos para enfrentar o mundo. Eles talvez precisem de um ano ou mais para desenvolver sistemas positivos de crenças. E essas transições importantes podem lhe afetar tanto a vida profissional como a pessoal.

Outro fator a levar em conta na mudança de hábitos é o potencial de recair nos velhos costumes, o que pode acontecer quando sobem os níveis de estresse ou surge uma crise inesperada. O novo hábito talvez não seja forte o suficiente para resistir a essas circunstâncias e serão necessários mais tempo, energia e esforço. Para garantir regularidade, astronautas utilizam uma lista de verificação onde estão anotados todos os procedimentos, com vistas a garantir os mesmos resultados em todas as ocasiões. Você pode criar um sistema à prova de falhas semelhante. Isso exige apenas prática. E, como você vai ver logo, vale a pena o esforço.

Imagine só se você mudasse quatro hábitos todos os anos. Dentro de cinco anos, você teria 20 novos hábitos positivos. Agora, uma pergunta importante: vinte novos hábitos positivos fariam uma diferença em seus resultados? Claro que sim. Vinte bons hábitos podem lhe trazer todo o dinheiro que quer ou vai necessitar, relacionamentos carinhosos, maravilhosos, um corpo mais sadio e mais energizado, além de todos os tipos de novas oportunidades na vida. E o que aconteceria se você desenvolvesse quatro novos hábitos todos os anos? Pense nas possibilidades!

ATÉ 90% DE NOSSO COMPORTAMENTO BASEIAM-SE EM HÁBITOS

Conforme mencionado antes, muitas de nossas atividades diárias são simples rotinas. Desde a hora em que acorda até quando vai dormir à noite, você faz as mesmas coisas, da mesma maneira. Elas incluem a maneira como você se veste, prepara-se para o dia, toma o café da manhã, lê o jornal, escova os dentes, toma o carro para o trabalho, cumprimenta pessoas, arruma a mesa, marca encontros, trabalha em projetos, comparece a reuniões, atende ao telefone, e assim por diante. Se vem repetindo essas atividades durante anos, você tem um conjunto de hábitos profundamente enraizados. Eles abrangem todas as áreas de sua vida, incluindo trabalho, família, renda, saúde, relacionamento e muito mais. A soma total desses hábitos determina como se desenvolve sua vida. Ou em palavras simples: este é seu comportamento normal.

Como criaturas de hábitos, somos muito previsíveis. De muitas maneiras, isso é bom, porque outras pessoas podem nos considerar confiáveis, coerentes, indivíduos de quem podem depender. (É interessante notar que pessoas imprevisíveis também têm um hábito — o hábito da incoerência!)

Não obstante, com o excesso de rotinas, instala-se o comodismo e a vida se torna monótona. Contentamo-nos com menos do que somos capazes de obter. Na verdade, muitas das atividades que constituem nosso comportamento diário normal são realizadas inconscientemente — sem que pensemos nelas. O importante aqui é o seguinte: seu comportamento diário normal tem muito a ver com os resultados que obtém na vida. Se não está satisfeito com eles, alguma coisa tem que mudar.

QUALIDADE NÃO É ATO. É HÁBITO.

UM NOVO HÁBITO BEM DESENVOLVIDO, SE TORNA UM COMPORTAMENTO NORMAL

Esta é uma grande notícia! Superpondo um novo comportamento sobre o atual, você pode criar uma maneira inteiramente nova de fazer as coisas. O novo comportamento normal torna-se o novo padrão de desempenho e produtividade. Em outras palavras, você simplesmente começa a subsituir os velhos e maus hábitos por outros que o levam ao sucesso.

Por exemplo, se você chega sempre atrasado a reuniões, seus níveis de estresse são provavelmente altos e você se sente despreparado. Para melhorar tal situação, assuma o compromisso de chegar dez minutos mais cedo a qualquer reunião, nas próximas quatro semanas. Se você se disciplinar para completar esse processo, notará duas coisas:

1. A primeira e a segunda semana serão difíceis. Na verdade, você talvez precise ter consigo algumas conversas estimulantes apenas para mantê-lo na pista.
2. Quanto mais chegar a tempo, mais fácil se tornará fazer isso. E, um dia, a pontualidade se transformará em seu comportamento normal. É como se você tivesse sido reprogramado. E vai descobrir que os benefícios do novo programa superam de longe os resultados do antigo.

Ao melhorar sistematicamente um comportamento de cada vez, você pode melhorar de modo espetacular seu estilo de vida habitual. E ele inclui sua saúde, renda, relacionamentos e tempo de folga para se divertir.

MARK:
Tenho um amigo lá pelos 50 anos de idade que, num período de dois anos, mudou 24 hábitos de alimentação. Antes de decidir mudar, ele se sentia can-

sado e era obeso, seu nível de energia era baixo e lhe faltava motivação para o trabalho. Seus maus hábitos incluíam um número grande demais de sobremesas, comida de lanchonete e uma garrafa de vinho todos os dias. E foi quando resolveu mudar. O processo demorou e exigiu um bocado de autodisciplina. Com ajuda de um excelente nutricionista e um preparador físico, conseguiu dar uma meia-volta completa. Parou de beber, não teve problemas com as sobremesas e come hoje porções menores de alimentos bem balanceados e que lhe fornecem o máximo de energia. Sente um novo entusiasmo pela vida profissional e sua confiança chegou a alturas nunca atingidas antes.

Se outras pessoas conseguem fazer mudanças importantes, por que você não? Lembre-se, nada vai mudar até que você mude. Aceite a mudança como uma catálise positiva, que lhe dará mais liberdade e paz de espírito.

SE VOCÊ CONTINUAR A FAZER O QUE SEMPRE FEZ,

Continuará a Obter o que Sempre Obteve.

Como IDENTIFICAR Maus Hábitos

IDENTIFIQUE OS HÁBITOS QUE NÃO ESTÃO FUNCIONANDO EM SEU BENEFÍCIO

Muitos de nossos hábitos, tipos de comportamento, idiossincrasias e peculiaridades são invisíveis, o que levou o famoso escritor Oliver Wendell Holmes a observar: "Todos nós precisamos ser educados para perceber o óbvio." Examinemos, portanto, os hábitos que lhe estão detendo o progesso. Provavelmente, você está consciente de alguns. Veja abaixo alguns deles, mencionados por clientes em nossos *workshops*:

- Não retornar em tempo os telefonemas.
- Chegar atrasado a reuniões e encontros.
- Comunicação medíocre com colegas e chefes.
- Falta de clareza sobre resultados esperados, alvos mensais a atingir, objetivos etc.
- Não levar em conta o tempo de viagem para encontros distantes.
- Não despachar rápida e eficientemente a papelada burocrática.
- Ler mais de uma vez a correspondência.
- Deixar que contas se acumulem, incorrendo em juros de mora.
- Não acompanhar sistematicamente o andamento de contas a receber.
- Falar, em vez de escutar.
- Esquecer o nome da pessoa 60 segundos (ou menos) depois de ter sido apresentado a ela.
- Desligar o despertador várias vezes pela manhã, antes de se levantar.

- Trabalhar longos dias, sem nenhum exercício ou pausas regulares de descanso.
- Não passar tempo suficiente com os filhos.
- Comer em lanchonetes de segunda à sexta-feira.
- Fazer refeições a qualquer hora do dia.
- Sair de casa pela manhã sem abraçar a esposa, marido, filhos ou o cachorro.
- Levar trabalho para casa.
- Manter excesso de vida social ao telefone.
- Fazer reservas no último minuto (restaurantes, planos de viagem, teatro, concertos).
- Não atender em tempo, conforme prometido, o que outras pessoas pediram.
- Não reservar tempo suficiente para divertir-se e estar com a família sem remorso!
- Manter o telefone celular ligado o tempo todo.
- Atender o telefone durante refeições em família.
- Controlar todas as decisões, especialmente sobre assuntos banais, que seria melhor ignorar!
- Deixar tudo para a última hora, desde o preenchimento do formulário do imposto de renda à faxina na garagem.

Agora, veja como está fazendo uma lista de todos os hábitos que o mantêm improdutivo. Reserve uma hora ou mais para isso, de modo a poder pensar realmente nesse processo. E planeje a coisa de modo a não ser interrompido. Este exercício é excelente e lhe dará uma forte base para que obtenha melhores resultados no futuro. Na verdade, esses maus hábitos, ou obstáculos a seus objetivos, realmente funcionam como um trampolim para seu sucesso futuro. Até que compreenda bem o que o vem detendo, é difícil gerar hábitos mais produtivos. A Fórmula dos Bons Hábitos, ao fim deste capítulo, lhe mostrará uma maneira prática de transformar maus hábitos em estratégias vitoriosas.

Outra maneira de identificar comportamento improdutivo consiste em apelar para o *feedback*. Converse com pessoas que respeita e admira e que o conheçam bem. Pergunte-lhes o que observam em seus maus hábitos. Procure coerência. Se conversa com dez pessoas e oito delas dizem que você nunca retorna em tempo telefonemas, preste atenção. **Lembre-se do seguinte: seu comportamento visível é a verdade, enquanto que a percepção interna do mesmo constitui muitas vezes uma ilusão.** Se está aberto a um *feedback* bom e honesto, você poderá fazer ajustamentos rapidamente e eliminar de vez os maus hábitos.

SEUS HÁBITOS E SISTEMAS DE CRENÇAS SÃO PRODUTOS DO AMBIENTE EM QUE VOCÊ VIVE

O subtítulo acima é um *insight* de extraordinária importância. Compreenda que as pessoas com quem convive e o ambiente em que vive influenciam-lhe fortemente o que faz. O indivíduo criado em ambiente negativo, sempre sujeito a abusos físicos ou verbais, tem uma visão de mundo diferente da criança criada em uma família calorosa, carinhosa e incentivadora. São diferentes seus níveis de auto-estima. Ambientes hostis criam quase sempre sentimentos de falta de merecimento e de confiança, para não mencionar o medo. Um sistema de crenças negativo como esse, se levado para a vida adulta, pode gerar todos os tipos de hábitos contraproducentes, incluindo vício em drogas, conduta criminal e incapacidade de traçar um curso firme para sua carreira profissional.

A pressão de pessoas em igualdade de condições desempenha também um papel negativo ou positivo. Se convive com pessoas que vivem se queixando sobre tudo, você pode acabar acreditando no que elas dizem. Por outro lado, se vive cercado por pessoas fortes e positivas, é mais provável que veja um mundo cheio de oportunidades e aventuras.

Em seu excelente livro, *NLP: The New Art and Science of Getting What you Want,* o autor, Harry Alder, amplia essa explicação:

Até mesmo pequenas mudanças no nível básico da crença produzirão transformações espantosas em comportamento e desempenho. Esse fato é visto com mais clareza em crianças do que em adultos, uma vez que elas são mais sensíveis a sugestões e mudança de crenças. Se a criança, por exemplo, acredita que é boa em um esporte ou em um dado assunto, ela terá na verdade um desempenho melhor. O melhor desempenho reforçará o aumento da crença em si mesma e ela atingirá um nível de excelência.

Em alguns casos raros, a pessoa pode ter uma autocrença opressiva, que lhe diz: "Eu não sei fazer nada direito." E a crença produzirá um efeito sumamente nocivo sobre tudo que ela tentar fazer... se é que vai se dar o trabalho de tentar. É muito mais comum, no entanto, que tenha uma mistura de crenças, algumas das quais são positivas e "capacitantes" e, outras, justamente o contrário. Um homem, por exemplo, pode ter uma auto-imagem muito baixa e não se considerar um bom "gerente", "chefe" ou "líder". A mesma pessoa, contudo, talvez se considere um tipo "naturalmente" competente no esporte, na vida social, ou em algum *hobby* ou passatempo. No que também é muito comum, uma mulher, em uma situação de trabalho, pode ter alto conceito de si mesma em termos de capacidade profissional — ser capaz de desempenhar tecnicamente muito bem um trabalho — mas estar longe de se sentir feliz lidando com o lado "política de escritório" de sua carreira. Ou vice-versa. De modo que todos nós temos uma faixa de crenças sobre nós mesmos, abrangendo as muitas facetas de nosso trabalho, vida social e doméstica e precisamos ser específicos quando identificamos as que afetam os resultados que conseguimos. Precisamos, portanto, substituir as que nos incapacitam por outras, que produzem o efeito oposto.

Mesmo que tenha o azar de um meio formativo profundamente medíocre, você ainda poderá fazer mudanças. E talvez seja necessária uma única pessoa para ajudá-lo na transição. Um treinador, professor, terapeuta, conselheiro, ou modelo de atenção digna de se imitar podem produzir um impacto enorme sobre seu futuro. **O único pré-requisito é que você assuma consigo mesmo o compromisso de mudar.** Quando estiver pronto para isso, as pessoas certas começarão a aparecer para ajudá-lo. Em nossa experiência, aquele conhecido ditado: "Quando o discípulo está pronto, o mestre aparece" é pura verdade.

A harmonia não faz mais parte do sistema de crenças de Gloria.

Como CORRIGIR Maus Hábitos

ESTUDE OS HÁBITOS DOS MODELOS DE ATENÇÃO BEM-SUCEDIDOS

Conforme mencionado antes, pessoas bem-sucedidas na vida desenvolveram bons hábitos. Aprenda a observar o que são esses hábitos. Estude a vida de pessoas vitoriosas. Como disse o conhecido filósofo do mundo dos negócios Jim Rohn, "Elas deixam pistas". O que aconteceria se, todos os meses, você entrevistasse uma pessoa bem-sucedida? Convide-a para um café da manhã ou almoço e faça um bocado de boas perguntas sobre a disciplina, rotinas e hábitos que ela segue. O que é que elas lêem? A que clubes e associações pertencem? Como programam o tempo? Se escutar atento e tomar boas notas, você aprenderá uma grande riqueza de idéias convincentes em um tempo muito curto. E se seu desejo for sincero, pessoas realmente bem-sucedidas se sentirão felizes em compartilhar suas idéias. Elas apreciam a oportunidade de servirem como treinadoras de pessoas realmente interessadas em melhorar de vida.

JACK e MARK:
Quando acabamos de escrever o primeiro livro, *Histórias para aquecer o coração* (Ed. Sextante), perguntamos a todos os autores de *best sellers* que conhecíamos — Barbara De Angelis, John Gray, Ken Blanchard, Harvey Mackay, Harold Bloomfield, Wayne Dyer e Scott Peck — que estratégias específicas seriam necessárias para que nosso livro se tornasse também um sucesso de vendas. Todos eles foram

generosos com idéias e *insights*. Fizemos tudo que eles nos disseram. Criamos o hábito de dar, no mínimo, uma entrevista na rádio todos os dias, sete dias por semana, durante dois anos. Ficamos na mesma editora. Enviamos cinco livros por dia a resenhadores dos meios de divulgação e a outros formadores potenciais de opinião. Concedemos a jornais e revistas a gratuidade na reprodução de nossas historietas. Oferecemos seminários de motivação a todas as pessoas responsáveis pela venda de nossos livros. Em suma, perguntamos quais deveriam ser nossos hábitos para escrever sucessos de venda e pusemos em prática o que aprendemos. Como resultado, vendemos, até agora, cinco milhões de exemplares em todo mundo.

O problema é que a maioria das pessoas não pergunta. Em vez disso, inventa todos os tipos de desculpa. Vive ocupada demais ou dá razões plausíveis, mas falsas, de que pessoas bem-sucedidas não terão tempo para elas. E, de qualquer maneira, como encontrar essas pessoas? Pessoas bem-sucedidas, claro, não estão em cada esquina esperando para serem entrevistadas. Isso é verdade. Lembre-se, porém, de que isso é um estudo. Significa que você precisa dar tratos à bola e descobrir onde essas pessoas trabalham, como vivem, comem e se divertem. Transforme isso num jogo. Divirta-se. Vale a pena! (No Capítulo 5, Formando Excelentes Relacionamentos, você vai descobrir como localizar e entrar em contato com consultores bem-sucedidos na vida.)

Vejamos outra maneira de estudar essas pessoas: leia-lhes as autobiografias e biografias. Há centenas delas, com maravilhosas histórias verdadeiras, transbordantes de idéias. Você pode encontrar os livros na biblioteca local ou em livrarias. Leia um deles todos os meses e obterá mais perspicácia em um ano do que um grande número de cursos universitários poderia lhe oferecer.

Além disso, fique alerta para documentários da televisão sobre pessoas bem-sucedidas. Outro hábito nosso é escutar fitas de áudio motivacionais enquanto dirigimos, passeamos ou praticamos exercícios. Se escutar uma fita de áudio durante 30 minutos, cinco dias por semana, em dez anos você ouve 1.300 horas de informações novas e úteis. Trata-se de um hábito desenvolvido por quase todas as pessoas bem-sucedidas que conhecemos. Elas escutam fitas de áudio. (No que toca a algumas das melhores, ver nosso Guia de Recursos, à pág. 339.)

A propósito, diz nosso amigo Jim Rohn:

— Se você ler um livro por mês sobre sua indústria, em dez anos terá lido 120 deles. E esse fato o colocará no estágio de 1% superior de seu campo de atividade.

Reciprocamente, como observa Jim, com grande sabedoria:

— **Todos os livros que você não leu em nada o ajudarão!**

Informe-se em lojas especializadas que vendem fitas de vídeo e cassete dando destaque a grandes treinadores de desenvolvimento pessoal e líderes comerciais. Toda essa informação sensacional está a sua espera. Antes do que imagina, se aplicar o que aprender, sua renda subirá também para as alturas.

DESENVOLVA O HÁBITO DE MUDAR SEUS HÁBITOS

Pessoas ricas em todos os sentidos da palavra sabem muito bem que a vida é uma experiência de aprendizado. O processo jamais termina. Aprenda a melhorar constantemente seus hábitos. Há sempre outro nível a atingir, por mais competente que você seja agora. Quando se esforça sempre para melhorar, você desenvolve caráter. Torna-se mais como pessoa e tem mais a oferecer. É uma jornada emocionante a que, no fim, leva à realização pessoal e à prosperidade. Infelizmente, às vezes, aprendemos esta lição de maneira penosa.

LES:

Você já teve pedra nos rins? Isso não é nada engraçado e constitui um bom exemplo da maneira como você pode tornar sua vida um sofrimento só.

Consultando meu médico, tornou-se claro que meu sofrimento tinha origem em maus hábitos alimentares. As conseqüências finalmente apareceram sob a forma de várias grandes pedras. O médico decidiu que uma litotripsia era a melhor maneira de removê-las. Trata-se de uma ténica a *laser* que em geral demora apenas uma hora e que quase sempre resulta em recuperação total do paciente em alguns dias.

Antes dessa decisão, eu havia feito reserva para um fim de semana em Toronto em companhia de meu filho. Ele acabava de completar nove anos e nunca estivera nessa cidade. Nosso time favorito de futebol ia jogar a final do campeonato nacional e, além disso, o Los Angeles Kings, o time de hóquei favorito de meu filho, estava também na cidade. Liguei para a agência de turismo, marcando a viagem para a manhã de sábado. A litotripsia seria realizada na terça-feira da mesma semana e eu achei que teria tempo de sobra de me recuperar antes da viagem.

Na tarde da sexta-feira, porém, após um sério ataque de cólica renal e três dias de dor cruciante, aliviada apenas por injeções periódicas de morfina, a viagem de surpresa com meu filho estava evaporando-se diante de meus olhos. Mais conseqüências! Por sorte, no último minuto, meu médico decidiu que eu estava recuperado o bastante para viajar e me deu alta do hospital.

O fim de semana foi espetacular. Nosso time de futebol ganhou, assistimos a um grande jogo de hóquei e meu filho e eu temos da viagem lembranças que guardaremos durante toda a vida. E eu quase perdi essa maravilhosa oportunidade por causa de meus maus hábitos.

Sinto-me agora profundamente motivado para evitar futuros problemas de pedras nos rins. Bebo dez copos de água todos os dias e não me alimento de comidas que sei que facilitam a formação de pedras. E isso é um preço pequeno a pagar por bem-estar. Até agora, meus novos hábitos me mantiveram a salvo de problemas.

O objetivo dessa historieta é mostrar que a vida sempre lhe trará conseqüências relacionadas com seus atos. De modo que, antes de iniciar um novo curso, olhe bem pra frente. Estará gerando conseqüências negativas ou recompensas potenciais? Seja claro em seu raciocínio. Realize algumas pesquisas. Faça perguntas antes de iniciar novos hábitos. Se fizer isso, gozará mais dos prazeres da vida e não andará pedindo morfina aos berros para lhe aliviar a dor!

Agora que sabe como os hábitos realmente funcionam e como identificá-los, vamos concluir com a parte mais importante — isto é, como mudá-los permanentemente.

A Fórmula dos Bons HÁBITOS

Este é um método gradual para ajudá-lo a desenvolver bons hábitos. Funciona porque é simples. Você não precisa de estratégias complicadas. Este gabarito pode ser aplicado a qualquer área de sua vida, profissional ou pessoal. Se aplicado regularmente, ajuda-lo-á a conseguir tudo que deseja. Consiste de três etapas fundamentais:

1. IDENFIQUE CLARAMENTE OS HÁBITOS QUE CONSIDERA MAUS OU IMPRODUTIVOS

É importante que você pense seriamente nas conseqüências futuras de seus maus hábitos. Elas talvez não apareçam amanhã, na próxima semana ou no próximo mês. O verdadeiro impacto pode estar a anos de distância. Quando você examina seu comportamento improdutivo, um dia de cada vez, ele talvez não pareça tão ruim assim. O fumante diz: "Qual é o problema de fumar hoje uns poucos cigarros? Eles me ajudam a relaxar. Não estou com falta de ar nem tossindo." Os dias, contudo, acumulam-se e, 20 anos depois, no consultório do médico, o raio x é conclusivo. Pense no seguinte: se fumar dez cigarros por dia durante 20 anos, isso significa 73 mil cigarros. Você não acha que 73 mil cigarros poderiam causar um impacto em seus pulmões? Claro que poderiam! Na verdade, as conseqüências podem ser mortais. **De modo que, quando examinar seus maus hábitos, pense nas implicações a longo prazo. Seja inteiramente honesto. Sua vida pode estar em risco.**

2. DEFINA SEU NOVO BOM HÁBITO

De modo geral, ele é simplesmente o oposto do mau hábito. No exemplo do fumante, seria: "Pare de fumar!" O que é que você vai realmente fazer? A fim de motivar-se, pense em todos os benefícios e recompensas que obterá adotando o novo e bom hábito. Essa postura ajuda-o a criar uma imagem clara do que o novo hábito fará por você. **Quanto mais vividamente descrever os benefícios, maior a probabilidade de que você faça alguma coisa.**

3. FORMULE UM PLANO
DE AÇÃO EM TRÊS ETAPAS

É aqui que a coisa começa. No exemplo do cigarro, são várias as opções. Leia os livros que encontrar sobre como parar de fumar. Inicie terapia hipnótica. Quando surgir o desejo de fumar, substitua-o por alguma outra coisa. Faça uma aposta com um amigo para que ele possa lhe cobrar a palavra. Inicie um programa de exercícios respiratórios ao ar livre. Use um tratamento de adesivos antinicotina. Evite a companhia de outros fumantes. O importante é tomar uma decisão que lhe exigirá atos específicos.

Você tem de agir. Comece com um hábito que quer realmente mudar. Focalize-se nos seus três passos de ação imediatos e ponha-os em prática. Faça isso agora. **Lembre-se, nada vai mudar até que você mude.**

CONCLUSÃO

Agora você sabe como hábitos realmente funcionam e como identificar os que deseja mudar. Além disso, tem uma fórmula comprovada que lhe dará uma partida acelerada nos novos e bons hábitos. Esse plano funcionará igualmente bem tanto para lhe melhorar os hábitos de trabalho quanto a vida pessoal. Recomendamos que complete os Passos para Ação descritos ao fim deste capítulo. Só quando se comprometer por escrito a levar adiante a Fórmula dos Bons Hábitos é que se tornarão claros os verdadeiros benefícios. Manter simplesmente a informação na cabeça dura muito pouco Queremos que você experimente a transformação — nos resultados que obtém e no estilo de vida. No capítulo seguinte, vamos construir sobre esse forte alicerce. Ele trata de como focalizar a capacidade você possui. Espere alguns grandes progressos.

PASSOS PARA AÇÃO

Pessoas Vitoriosas na Vida Com Quem Quero Conversar

A Fórmula dos Bons Hábitos

A. Pessoas Vitoriosas na Vida com Quem Quero Conversar

Faça uma lista de pessoas que respeita e que já obtiveram grande sucesso na vida. Estabeleça o objetivo de convidar cada uma para um café da manhã, almoço, ou marque um encontro no escritório onde elas trabalham. Lembre-se de levar um bloco de notas ou um gravador para registrar as melhores idéias delas.

	Nome	Telefone	Data da Entrevista
1.	_____	_____	_____
2.	_____	_____	_____
3.	_____	_____	_____
4.	_____	_____	_____
5.	_____	_____	_____

B. A Fórmula dos Bons Hábitos

Note os exemplos seguintes. Temos três seções — A, B e C. Na seção A, defina os hábitos que o estão emperrando. Seja específico. Em seguida, pense nas conseqüências, se continuar a repetir esses comportamentos. Todas as ações trazem conseqüências. Maus hábitos (comportamento negativo) produzem conseqüências negativas. Os bons (comportamento positivo) geram benefícios e recompensas.

Na seção B, defina seu novo bom hábito. De modo geral, tudo que você precisa fazer neste particular é escrever o oposto do que escreveu na seção A. Se o mau hábito era Nenhuma Poupança para o Futuro, o novo hábito poderia ser Economizar 10% de Tudo que Ganho. Na seção C, faça uma lista dos três passos para ação que vai dar para transformar o novo hábito em realidade. Escolha uma data para começar e, em seguida, mexa-se!

A. Hábito que Está Impedindo meu Progresso

EXEMPLO	CONSEQÜÊNCIAS
Nenhuma poupança/investimentos para o futuro – gasto toda minha renda.	Não posso deixar de trabalhar ao me aposentar, nenhuma opção, pobreza.

B. Novo e Bom Hábito

EXEMPLO	BENEFÍCIOS
Aplico 10% de tudo que ganho.	Não tenho dívidas, escolho meu próprio estilo de vida, tempo de folga à vontade, independência financeira.

Plano de Três Passos para Ação, a fim de Iniciar Logo Meu Novo Hábito

1. Descobrir um excelente planejador financeiro que me ajude a traçar um plano de longo prazo.
2. Abrir uma conta mensal automática de dedução para investimento.
3. Fazer uma lista de fundos onde aplico meu dinheiro e eliminar gastos desnecessários.

Data para começar: segunda-feira, 5 de março.

A. Hábito que Está Impedindo Meu Progresso

EXEMPLO
Permito distrações e interrupções durante o dia de trabalho.

CONSEQÜÊNCIAS
Jamais completo tarefas prioritárias, menos tempo para atividades que rendem dinheiro, aumento de estresse, trabalho um número maior de horas, menos tempo para ficar com a família.

B. Novo e Bom Hábito

EXEMPLO
Contratei um assistente pessoal para fazer a triagem de telefonemas,
minimizar as interrupções
e ajudar no trabalho burocrático.

BENEFÍCIOS
Consigo completar projetos, tenho mais tempo para atividades que rendem dinheiro, reduzi o estresse, tenho mais energia, melhor equilíbrio em casa.

Plano de Ação em Três Passos para Implantar Logo Meu Novo Hábito

1. Escreva uma descrição ideal de cargo.
2. Anuncie, entreviste e escolha o melhor candidato.
3. Treine intensamente.

Data para começar: terça-feira, 6 de junho.

Em uma folha de papel separada utilize o mesmo formato acima para anotar seus próprios atos e planos de ação. FAÇA ISSO AGORA!

VIVER COM UMA FINALIDADE

INICIAR UMA AÇÃO DECISIVA

PERSISTÊNCIA INVARIÁVEL

PEÇA AQUILO QUE QUER

O FATOR CONFIANÇA

FORMANDO EXCELENTES RELACIONAMENTOS

CRIANDO O EQUILÍBRIO IDEAL

VOCÊ PERCEBE A SITUAÇÃO EM SEU TODO?

ISTO NÃO É EMBROMAÇÃO.
TRATA-SE DE FOCALIZAÇÃO

OS HÁBITOS DETERMINARÃO SEU FUTURO

Você deu o primeiro passo. Bom trabalho!

Estratégia de Focalização nº 2

Isto não é embromação. Trata-se de focalização

"Eu jamais poderia ter conseguido algo sem os hábitos de pontualidade, ordem e diligência... sem a determinação de me concentrar em um único assunto de cada vez."

— *Charles Dickens*

O Dilema do Empresário

Se você é o dono de seu negócio, ou está planejando ser em futuro próximo, procure se informar sobre o Dilema do Empresário. (Ou pode também adaptar estes ensinamentos se trabalha em administração ou em qualquer tipo de função de chefia.) O cenário no caso é o seguinte: você tem uma grande idéia para vender um novo produto ou fornecer um serviço excepcional. Visualiza-se fazendo isso melhor do que qualquer outra pessoa e, claro, vai ganhar um montão de dinheiro.

Inicialmente, o principal objetivo de uma empresa é identificar novos clientes e conservar os que já tem. Em segundo, obter um bom lucro. No início, numerosas empresas carecem de capital suficiente. Em consequência, o empresário é obrigado a desdobrar-se, especialmente no primeiro ano, e trabalha longos dias e noites sem muito tempo para relaxar. Ainda assim, é um período emocionante, fechando negócios, conhecendo clientes potenciais e melhorando a linha de produtos ou de serviços.

Enquanto o alicerce é construído, pessoas e sistemas são instalados para criar estabilidade. Aos poucos, o empresário envolve-se cada vez mais nas tarefas administrativas do dia-a-dia. A papelada burocrática aumenta e o que começou como um risco interessante transforma-se em rotina diária, com muito mais tempo gasto na eliminação de crises, solução de problemas pessoais, questões de impostos e fluxo mensal de caixa.

Essa situação lhe parece conhecida? Bem, você não está sozinho. Em nossos 79 anos de experiência empresarial combinada, esta situação é muito comum. O dilema se agrava porque numerosos empresários (e gerentes) são também os diretores financeiros. Acham difícil delegar tarefas, deixar que outras pessoas carreguem a carga. A delegação não é o ponto forte deles e, claro, estão emocionalmente ligados à empresa. Afinal de contas, criaram-na, desmamaram-na e alimentaram-na. Conhecem-lhe todos os detalhes e, em sua opinião, ninguém pode desempenhar tão bem quanto eles essas importantes tarefas diárias.

Isso é o máximo em situação absurda. Há mais oportunidades no horizonte e grandes negócios a fechar, mas você não pode aproveitá-los porque está preso na rotina do dia-a-dia. É uma situação frustrante. E você pensa: "Talvez, se eu trabalhar mais e arranjar um tempo para um curso de administração, eu possa dar conta de tudo." Isso não vai ajudar. Trabalhar mais e por mais horas não vai resolver seu dilema. Confie em nós, estivemos nessa situação mais de uma vez. De modo que, qual é a solução? Ei-la, em uma única frase: **Você precisa investir a maior parte de seu tempo, todas as semanas, fazendo o que faz melhor e deixando que outros façam também o que fazem melhor.**

Aí está a resposta, numa casca de noz.

Carl é uma dessas pessoas que olha para a mão que lhe foi distribuída e começa a jogar as cartas.

Focalize-se nas atividades que você realiza brilhantemente e com as quais pode obter resultados extraordinários. Se não fizer isso, vai, com toda probabilidade, gerar níveis mais altos de estresse e, no fim, esgotar-se totalmente. O que não é uma perspectiva interessante. As atividades que desempenha com brilhantismo lhe dão energia, conservam-no ativo e libertam-no para sair à caça de novas oportunidades. Mas você está possivelmente se perguntando como lidar com todos aqueles assuntos que o estão emperrando. E você tem razão. Eles não vão desaparecer da noite para o dia. Mais adiante neste capítulo, você vai descobrir como lidar especificamente com esses problemas persistentes e tirá-los de cima de suas costas.

Focalize-se em Seus Talentos NATURAIS

É de importância fundamental que você compreenda o que vamos dizer. Para que compreenda bem a situação, vamos dar uma espiada no mundo do *rock and roll*.

Os Rolling Stones formam uma das mais criativas e duradouras bandas de *rock-and-roll* da história. Até hoje, a carreira desse grupo se estende por quase 40 anos. Mick Jagger e seus três amigos já deixaram para longe os 50 anos e continuam a tocar para estádios lotados em todo o mundo. Você talvez nem goste da música deles, mas é difícil negar-lhes o sucesso.

Mas vamos dar uma passada pelos bastidores, antes de começar a exibição da banda... O palco está pronto. Foram necessárias mais de 200 pessoas para construir essa estrutura gigantesca, de vários andares e do tamanho de meio campo de futebol. Um comboio de mais de dez vans precisou ser usado para transportá-la desde a última localização. Dois aviões a jato particulares trouxeram da última cidade as pessoas mais importantes para a exibição, incluindo a banda. Uma operação gigantesca. A turnê da banda em 1994 rendeu mais de 580 milhões de dólares, de modo que todo esse trabalho valeu obviamente o esforço!

Uma limusine pára atrás do palco. Os três membros da banda descem e esperam ansiosos a deixa para se apresentarem. Mostram um pouco de nervosismo, misturado com emoção, no momento em que 20 mil pessoas explodem num barulho ensurdecedor quando seus nomes são anunciados. Os Stones sobem ao palco e pegam os instrumentos. Nas duas horas seguintes, tocam brihantemente, deixando felizes e satisfeitos as legiões de fãs que voltam para casa. Após o bis final, acenam um adeus para a multidão, descem do palco para pegar a limusine e deixam o estádio.

Eles são mestres na arte de aplicar o hábito de Focalização Prioritária. Isso significa que só fazem aquilo em que brilham — gravar e apresentar-se num palco — e ponto final. Note o seguinte: após o planejamento inicial, não se envolvem mais com transporte de equipamento, planejamento do complexo itinerário, montagem do palco ou as centenas de outras tarefas que precisam ser levadas a cabo eficientemente para tornar a turnê uma operação suave e, em última análise, lucrativa. Outras pessoas cuidam dos detalhes. Os Stones concentram-se apenas no que fazem melhor — cantar e apresentar-se num palco.

Nessa historinha há uma grande mensagem para você, querido leitor, que é a seguinte: **Quando você focaliza a maior parte** de seu tempo e energia fazendo as coisas em que é realmente brilhante, você acaba por colher as recompensas. Esta verdade é fundamental. E de importância crítica para seu sucesso no futuro.

PRATIQUE, PRATIQUE, PRATIQUE

Mas vamos dar uma olhada em alguns outros exemplos. O esporte é um bom caso neste particular. Todo atleta campeão focaliza-se nos seus talentos excepcionais e os aperfeiçoa sempre para alcançar um nível sempre mais alto de desempenho. Qualquer que seja o esporte que você escolha, vai descobrir que todos os grandes vencedores têm uma coisa em comum: eles passam a maior parte do tempo focalizando seus pontos fortes, aqueles em que são naturalmente competentes. Gastam pouco tempo em atividades improdutivas. E exercitam-se, exercitam-se, exercitam-se, não raro várias horas por dia, aperfeiçoando seus talentos.

Michael Jordan, o astro inigualável do basquetebol, encestou, enquanto saltava, centenas de bolas, todos os dias, acontecesse o que acontecesse. George Best, um dos maiores astros do futebol americano na década de 60, freqüentemente permanecia no clube depois de outros jogadores terem encerrado o treinamento. George sabia que seu grande capital eram os pés. Colocava bolas a distâncias variadas do gol e treinava seu chute infalível, uma vez após outra. Como resultado, foi o artilheiro do Manchester United durante seis temporadas consecutivas. E é esse tipo de disciplina que cria os maiores craques.

Note que os grandes astros passam muito pouco tempo pensando em suas fraquezas. Muitos de nossos sistemas escolares poderiam aprender com essa lição. Muitas vezes, o que se diz às crianças é que se focalizem nas matérias em que são fracas e não gastem tanto tempo naquelas em que se destacam. A razão lógica dessa atitude consiste em insistir em que as crianças desenvolvam um alto nível de competência em várias matérias, em vez de focalizar-se em umas poucas. Errado! Ou como diz o treinador de executivos Dan Sullivan:

— Se passa tempo demais trabalhando suas fraquezas, você só pode acabar com um bocado de fortes fraquezas!

E elas não lhe dão uma vantagem competitiva no mercado nem o preparam para ser rico. O máximo que conseguem é mantê-lo na média. Na verdade, constitui um grande insulto à sua honestidade pessoal tirar altas notas em matérias secundárias.

É importante identificar com clareza as áreas em que brilha e aquelas em que é fraco. Você é provavelmente competente em um bocado de coisas e mesmo excelente em algumas. Em algumas, é competente e, se for honesto, há outras coisas em que nem adianta tentar. Numa escala de um a dez, você pode estabelecer toda sua faixa de talentos, sendo um o mais fraco e dez aquele em que brilha. Todas as grandes vitórias de sua vida virão do hábito de passar a vasta maioria de seu tempo nas áreas em que tira nota dez em sua escala de talentos.

Se quer definir as áreas em que brilha, faça a si mesmo algumas perguntas. O que é que você faz sem esforço... sem um bocado de estudo ou preparação? E o que é que faz que os outros julgam difícil? Eles se maravilham com sua capacidade e nem de perto se aproximam dela. E que oportunidades existem hoje no mercado para suas áreas de brilhantismo! O que poderia você criar usando seus talentos excepcionais?

DESCUBRA AS ÁREAS EM QUE É BEM-SUCEDIDO

Todos nós somos abençoados com alguns talentos concedidos por Deus. Uma parte importante de sua vida consiste em descobrir quais são esses talentos e, em seguida, utilizá-los e aplicá-los da melhor maneira possível. Para muitas pessoas, o processo de descoberta leva anos e muitos jamais descobrem realmente quais são seus maiores talentos. Em consequência, levam vidas menos satisfatórias. Esses indivíduos tendem a lutar porque passam grande parte de seu tempo em empregos ou negócios que não são os certos para seus pontos fortes. Isso seria a mesma coisa que tentar enfiar uma cavilha quadrada num buraco redondo. Isto não funciona e causa um bocado de estresse e frustração.

Jim Carey, o comediante e astro de cinema que hoje ganha 20 milhões de dólares ou mais por filme, tem um talento excepcional: pode mudar e contorcer o rosto nas posições mais extraordinárias. Em certas ocasiões, ele dá a impressão de que é feito de borracha. Na adolescência, passou horas todos os dias ensaiando em frente ao espelho. E compreendeu também que era brilhante em imitações de pessoas, talento este que se tornou sua rotina inicial no circuito de comédias.

Ao longo do caminho para o estrelato, teve muitos desafios a vencer. Em certo ponto, tirou umas férias de dois anos, enquanto combatia níveis baixos de confiança e a incerteza. Estava, no entanto, tão convencido de seu grande talento para a comédia que continuou a insistir até que lhe ofereceram o papel princial em um filme intitulado *Ace Ventura — Detetive de animais*. O papel lhe deu oportunidade de assumir uma postura incomum. O filme tornou-se um grande sucesso de bilheteria e lançou-o no caminho do superestrelato. Note que, nos primeiros estágios da carreira, ele não tentou desempenhar papéis dramáticos sérios. Seu principal talento era a comédia absurda. A combinação de forte crença em sua capacidade com horas de ensaios diários acabou por coroá-lo de enorme sucesso.

Carey melhorou sua capacidade de focalizar-se usando a visualização. Escreveu para si mesmo um cheque nominal no valor de dez milhões de dólares, "Por Serviços Prestados", datou-o e conservou-o no bolso. Quando os tempos estavam difíceis, sentava-se em uma tranqüila encosta de colina dando vista para Los Angeles e imaginava-se como astro do cinema. Em seguida, relia o cheque como lembrete da boa sorte próxima. Curiosamente, alguns anos depois, assinou um contrato no valor de mais de dez milhões de dólares para estrelar o filme *The Mask*. A data? Quase idêntica à que havia escrito no cheque que guardara durante tanto tempo no bolso.

A focalização na prioridade funciona. Torne-a parte de seu plano diário e vai dar saltos espetaculares em produtividade e renda. Temos um método prático que tornará isso fácil para você e que revelará também seus talentos excepcionais. Ela é denominada de Curso Intensivo de Focalização de Prioridade e é descrita na pág. 77. Você precisa saber com absoluta clareza o que realmente acontece durante sua semana típica. Essa checagem da realidade é em geral sumamente reveladora. Basicamente, você faz uma lista de todas as atividades que, numa semana típica, realiza no trabalho.

A maioria das pessoas, quando soma seus totais, obtém um resultado entre dez e 20. Um de nossos clientes chegou a 40! Não é preciso ser um gênio para descobrir que você não pode fazer 40 coisas por semana e manter-se realmente focalizado. Até mesmo 20 atividades são demais. Seus esforços se tornarão dispersivos e você estará mais propenso a sofrer interrupções e distrações.

A maioria das pessoas entra em choque quando descobre como sua semana é fragmentada. "Sobrecarregado", "Sem controle" e "Esgotado por estresse" são frases típicas que nos cansamos de ouvir. Não obstante, completar o Curso Intensivo de Focalização de Prioridade, ao fim deste capítulo, constitui um bom ponto de partida. Pelo menos, vai descobrir no que emprega realmente seu tempo. Se tem problemas para lembrar-se de todas as coisas que faz (outro sinal de fazer coisas demais), você pode iniciar uma agenda. Simplesmente anote, a intervalos de 15 minutos, tudo que faz. Mantenha para isso uma caderneta de notas a seu lado. Faça isso durante quatro ou cinco dias e obterá um registro superexato. Você vai precisar de um pouco de disciplina, mas descobrirá que o esforço vale a pena. O procedimento demonstrará com clareza como você investe ou desperdiça seu tempo.

Após completar o Curso Intensivo de Focalização de Prioridade, o passo seguinte será listar três atividades nas quais brilha em seu ramo de negócio. Lembra-se da definição de brilhante? Estas são as atividades que você realiza sem esforço, que lhe dão energia e que geram os maiores resultados e renda para seu negócio. Por falar nisso, se você não está diretamente envolvido em atividades geradoras de renda, que pessoas estão? E estão elas fazendo um trabalho brilhante nesse particular? Em caso negativo, você provavelmente vai precisar tomar algumas decisões importantes em futuro próximo.

Agora, a pergunta importante seguinte é: em uma semana típica, que percentagem de tempo você emprega nas atividades em que brilha? Seja inteiramente honesto. Não raro, a reposta é 15% a 25%. Mesmo que 60% a 70% do tempo sejam usados proveitosamente, há ainda um bocado de espaço para melhoramento. E se você pudesse elevar esse total para 80% ou 90%? Lembre-se, sua renda básica está ligada ao volume de tempo investido nas áreas em que brilha.

O NÍVEL DE DESEMPENHO BRILHANTE DETERMINA QUANTAS OPORTUNIDADES VOCÊ TERÁ NA VIDA.

O passo seguinte consiste em reler a lista inicial de atividades semanais e escolher três delas que não gosta de fazer, resiste a fazer ou simplesmente não é competente nelas. Não é vergonha reconhecer que você tem deficiências. As respostas mais comuns neste particular são despachar papelada burocrática, escriturar a contabilidade, marcar encontros ou dar telefonemas de retorno. Todos os pequenos detalhes que levam um projeto ao seu término são em geral encontrados nessa lista. Claro, eles precisam ser levados em conta, mas não necessariamente por você.

Já notou como essas atividades tendem a esgotá-lo, em vez de lhe aumentar a energia? Se essa é a verdade em seu caso, acorde! Se continua a fazer trabalho que detesta, precisa lembrar a si mesmo que isso é inútil. Ou, como explica a conhecida oradora Rosita Perez: "Quando o cavalo está morto, desmonte!"

Deixe de se açoitar. Há outras opções.

Você é dos que INICIAM ou dos que Terminam?

Este é um bom lugar para pensar por que você gosta de fazer certas coisas e não outras. Faça a si mesmo a seguinte pergunta: *Eu sou um daqueles que iniciam ou daqueles que terminam?* Até certo ponto, você faz as duas coisas, mas o que é que faz mais vezes? No primeiro caso, você adora criar novos projetos, produtos e gerar idéias que fazem com que as coisas funcionem melhor. O problema com esse tipo de gente é que ela não é muito competente em terminar o que inicia. Serão todos aqueles pequenos detalhes de que falamos antes? Eles são enfadonhos para os que gostam de iniciar coisas. A maioria dos empreendedores é constituída de gente desse quilate. Mas, depois de pôr a bola em movimento, eles tendem a abandoná-la e passar para alguma coisa nova. E o que freqüentemente deixam para trás é uma grande bagunça. Não raro, outras pessoas são necessárias para pôr ordem na casa. Já os arrematadores adoram levar projetos até o fim. Freqüentemente, não são competentes em iniciá-los (iniciadores fazem isso melhor). Não obstante, são muito competentes para organizar o que precisa ser feito e assegurar que os detalhes sejam tratados de forma eficaz.

Portanto, descubra quem você é. Conhecer suas tendências naturais é realmente proveitoso. Se for um iniciador, pode livrar-se da culpa que sente por nunca levar as coisas até o fim. A solução é a seguinte: descubra um arrematador brilhante que possa cuidar dos detalhes e vocês poderão iniciar juntos e completar um bocado de projetos novos.

Mas vejamos um exemplo prático. Este livro começou como uma idéia. Escrevê-lo — redigir um esboço dos capítulos, desenvolver o tema e fazê-lo fluir da maneira correta — é basicamente trabalho de iniciador. Neste particular, todos os três co-autores desempenharam um papel importante. A criação do produto final, contudo — incluindo editoração, impressão, publicação e escolha de canais de distribuição —, exigiu a colaboração de um bocado de outras pessoas que são excelentes arrematadoras. Sem elas, o texto original juntaria poeira durante anos em algum lugar. Por isso, a pergunta importante que você deve levar em conta é a seguinte: quem poderia fazer o trabalho que eu não gosto de fazer?

Dando um exemplo: se não gosta de contabilidade, arranje um excelente contador. Se não gosta de marcar encontros, consiga um profissional experiente nesse particular ou um serviço de *telemarketing* para ajudá-lo. Não gosta de vendas nem de "motivar" pessoas? Talvez você precise de um grande gerente de vendas que possa recrutar, treinar e acompanhar todas as semanas os resultados da equipe de vendedores. Se preencher a declaração de imposto de renda deixa-o frustrado, use os serviços de um excelente especialista em matéria fiscal.

Mas, antes de começar a pensar "Eu não posso pagar a essa gente toda... vai custar um dinheirão", pense de novo. Para começar, quanto tempo vai ganhar delegando a outrem trabalho que você não gosta de fazer? Ou delega ou fica estagnado. Você pode planejar recorrer gradualmente a essa ajuda ou pensar em contratar fora o trabalho usando serviços em tempo parcial, a fim de manter baixas as despesas gerais.

Uma de nossas clientes, com um próspero negócio caseiro, "bolou" uma combinação única: contratou uma mulher para vir a sua casa nas manhãs de quarta-feira para fazer a escrita. A mesma pessoa em seguida fazia, à tarde, a faxina da casa. Ela realmente gostava de ambos os tipos de trabalho, sempre se desincumbia deles de forma excelente, e o arranjo era conveniente em termos de custo.

Se Está se Sentindo SOBRECARREGADO, Peça Ajuda!

APRENDA A LIVRAR-SE DE TAREFAS CHATAS

Se você está numa situação em que sua empresa está se expandindo e seu papel na companhia exige que se focalize no que faz melhor, uma excelente maneira de dar conta do aumento da carga de trabalho consiste em contratar um assistente pessoal. Se encontrar a pessoa certa, sua vida, sem a menor dúvida, mudará espetacularmente para melhor. De modo que vamos examinar mais de perto essa estratégia fundamental. Em primeiro lugar, um assistente pessoal não é um recepcionista, secretário ou alguém cujos deveres você compartilha com duas ou três outras pessoas. O verdadeiro assistente pessoal é um indivíduo totalmente dedicado a você. É brilhante em realizar as tarefas das quais você não gosta ou, para começar, não deveria estar fazendo. O principal papel dessa pessoa é livrá-lo de todas as tarefas comuns e outras atividades que lhe atravancam a semana. A função dele é protegê-lo, de modo que você possa focalizar-se inteiramente nas atividades em que brilha mais.

A seleção cuidadosa desse indivíduo, de importância decisiva em sua vida, é fundamental para sua saúde futura. Escolha a pessoa certa e sua vida se tornará muito mais simples, seus níveis de estresse cairão visivelmente e você se divertirá muito mais. Escolha a pessoa errada e vai apenas agravar os problemas correntes.

Vejamos algumas dicas: em primeiro lugar, faça uma lista de todas as tarefas pelas quais quer que o assistente seja 100% responsável. A maioria delas é de atividades que você quer tirar de sua própria lista mensal. Quando entrevistar os candidatos, peça aos três primeiros colocados que preencham uma avaliação de perfil pessoal. No mercado você encontrará várias delas e excelentes. (Ver o Guia de Recursos, à pág. 339).

Antes de iniciar o processo de escolha, você pode ter um perfil do candidato ideal. Estude os perfis de seus três principais candidatos e compare-os com o perfil do candidato ideal. De modo geral, o indivíduo que se aproxima mais de seu perfil ideal será o que desempenhará melhor seus deveres. Claro, você precisa levar em conta outros fatores, tais como atitude, honestidade, integridade, currículo, e assim por diante.

Tenha cuidado para não escolher alguém exatamente parecido com você. Lembre-se, você quer que essa pessoa complemente seus talentos. Contratar alguém que tem os mesmos gostos e aversões que você criará provavelmente uma bagunça ainda maior.

Será bom notar também dois outros pontos: se você é o diretor financeiro, alguém que não delega facilmente tarefas, é essencial que as delegue a seu assistente pessoal. Antes de entrar em pânico com a palavra *delegue*, examine bem o assunto. Diretores financeiros têm costumeiramente uma postura mental que diz que ninguém pode fazer essas coisas tão bem quanto eles. Isso pode ser verdade. Não obstante, e se seu assistente puder realizar inicialmente 75% dessas tarefas tão bem quanto você? Com o treinamento apropriado e boa comunicação todas as semanas, o assistente escolhido a dedo poderá eventualmente realizar essas atividades tão bem quanto você e se sairá melhor do que você em muitas delas. De modo que, renuncie à necessidade de controle total — que lhe está prejudicando o progresso. Delegue alegremente o trabalho a alguém com melhor capacidade organizacional e paixão por detalhes.

DILBERT, *reproduzido com permissão do United Feature Syndicate, Inc.*

No caso de você estar ainda apegado à idéia de que pode fazer tudo, pergunte a si mesmo: "Quanto é que eu valho por hora?" Se nunca arranjou um tempo para fazer isso, faça-o agora. Confira com a tabela abaixo.

Quanto você vale realmente?

Sua receita	Receita por hora	Sua receita	Receita por hora
30.000	15	120.000	60
40.000	20	130.000	65
50.000	25	140.000	70
60.000	30	150.000	75
70.000	35	160.000	80
80.000	40	170.000	85
90.000	45	180.000	90
100.000	50	190.000	95
110.000	55	200.000	100

Com base em 250 dias trabalhados no ano e uma jornada diária de oito horas.

Por sorte, seu valor em dólar é alto. Neste caso, por que anda feito barata tonta realizando atividades que só produzem baixa renda? Esqueça-as.

Último comentário sobre assistente pessoal: é imperativo que você reserve tempo todos os dias, ou pelo menos uma vez por semana, para discutir sua agenda com ele. Comunique-se, comunique-se, comunique-se! A razão número um por que esses relacionamentos potencialmente excelentes vão pro brejo é falta de comunicação. Certifique-se de que seu assistente sabe em que atividades você quer investir seu tempo.

Além disso, conceda um tempo razoável para que seu novo "parceiro" aprenda seus sistemas. Fale nas pessoas importantes com quem quer trabalhar. Crie com ele métodos de triagem que o protejam de todas as distrações e interrupções potenciais, de modo a poder focalizar-se no que faz melhor. Mantenha-se aberto a todas as novas informações e *feedback*. Muitas vezes, o assistente descobre melhores maneiras de aumentar a eficiência do escritório. Alegre-se se isso acontecer — você descobriu um verdadeiro vencedor.

Vejamos agora como pode implementar o hábito de Focalização de Prioridades, o que lhe dará mais tempo para relaxar com a família e amigos e divertir-se com um *hobby* ou esporte. Pouco importa onde você viva, ter um lar em excelentes condições exige manutenção. Se tem filhos, o problema é multiplicado três ou quatro vezes, dependendo da idade deles e da capacidade de cada um de destruir coisas! Pense no tempo gasto em uma semana típica, procurando sujeira e fazendo faxina, tomando banho, arrumando coisas, cortando a grama, dando uma geral no carro, transmitindo recados, indo às compras e assim por diante. Já notou que essas atividades parecem não ter fim? Elas têm o hábito de se reciclarem constantemente. São a matéria de que a vida é feita. Dependendo do estado de espírito, você as aprecia, agüenta ou se irrita com elas. E se você achasse uma maneira de reduzi-las ao mínimo, ou ainda melhor, eliminá-las por completo? Como é que você se sentiria? Livre, mais relaxado(a), mais capaz de tirar prazer das coisas que prefere fazer? Claro!

O que você vai ler nos próximos minutos pode exigir uma nova maneira de pensar e, até certo ponto, um salto de fé. Não obstante, focalize-se nas recompensas e benefícios e não no custo inicial. Eles superarão em muito qualquer investimento que possa fazer. Ou, em palavras singelas, se quer mais tempo para você... consiga ajuda. Há todo tipo de boa ajuda disponível. A maior parte da ajuda de que vai precisar será ocasional, como, por exemplo, contratar alguém para fazer a faxina da casa uma vez por semana ou a cada duas semanas.

LES:
Descobrimos um casal maravilhoso, que há 12 anos faz a faxina em nossa casa. Eles adoram o que fazem. São pessoas cuidadosas, atenciosas. O que não é de surpreender, realizam um trabalho maravilhoso. A casa é cuidada do chão ao teto. O investimento? Apenas 60 dólares por visita. Os benefícios? Várias horas liberadas e mais energia para gozar a semana.

Há em seu bairro um quebra-galho semi-aposentado que adora consertar coisas? Muitos idosos experientes possuem habilidades sensacionais e andam à procura de trabalho em tempo parcial para se manterem ocupados. Essas atividades lhes dão um senso de realização. Em geral, o dinheiro não é a principal necessidade dessa gente.

Faça uma lista de todas as coisas em casa que precisam de manutenção, conserto ou melhoramento. Você sabe como é, todas aquelas pequenas tarefas que jamais realiza porque seu tempo está todo tomado. Liberte-se do estresse e contrate alguma pessoa para ajudá-lo.

E você estará dando também uma contribuição, uma vez que alguém poderá continuar a usar suas habilidades. E poderá eliminar horas e horas de frustração, tentando consertar alguma coisa, numa atividade em que não é competente e, talvez, nem mesmo possua as ferramentas necessárias para o trabalho. Talvez você não tenha nascido para ser bombeiro, eletricista, carpinteiro e quebra-galho habilidoso.

E fora de casa? E aparar a grama, arrancar as ervas daninhas, podar, regar plantas e arbustos, varrer o chão? Neste particular há uma grande oportunidade para você. Dê uma olhada pela vizinhança. Procure um garoto ativo ou uma garota que queira ganhar uns trocados que lhe permitam comprar uma nova bicicleta, patins ou o CD mais recente. Ao contrário da opinião geral, há um bocado de adolescentes que dão duro e fazem bem tal trabalho. Veja se encontra um deles. Sua despesa será menor, em comparação com a que teria chamando um profissional. E não seja mesquinho. Bom trabalho merece pagamento justo.

Se está bloqueando mentalmente essa idéia, volte a pensar nela. Pense em todo o tempo extra que vai ganhar. E poderá reinvestir essas horas em atividades em que é mais competente para gerar renda ou ter tempo para relaxar e reenergizar-se em convívio com a família e amigos. Talvez essa nova liberdade, que o livra das rotinas "semanais", lhe dê oportunidade de iniciar aquele *hobby* que sempre foi seu sonho ou dedicar mais tempo ao esporte. E, por favor, faça isso sem se sentir culpado. Afinal de contas, você merece um tempo de folga, ou não?

Lembre-se, você não dispõe de tanto tempo por semana. A vida torna-se muito mais gostosa quando você opera de acordo com uma agenda altamente eficiente, de baixo custo de manutenção. Se gosta mesmo de fazer essas tarefas em casa (e precisa ser realmente honesto neste particular), então vá em frente, mas apenas se isso for de fato relaxante e lhe der uma sensação de contentamento.

A Solução 4-D

É vital que você separe efetivamente as denominadas tarefas urgentes de suas prioridades mais importantes. Apagar incêndios o dia inteiro no escritório é, como disse Harold Taylor, especialista em administração de tempo, "Render-se à tirania do urgente". Isso significa que toda vez que o telefone toca você salta para atender. Quando aparece uma carta ou fax em sua mesa, você reage imediatamente ao pedido, mesmo que ele não exija resposta urgente.

Em vez disso, focalize suas prioridades. Em todos os casos em que surge a opção de fazer ou não fazer, use a Fórmula 4-D para ajudá-lo a estabelecer prioridades. E você tem quatro opções para escolher:

1. Descarte

Aprenda a dizer "Não. Resolvi não fazer isso". Seja firme.

2. Delegue

Há tarefas que precisam ser realizadas, mas você não é a pessoa para isso. Sem culpa ou arrependimento, passe-as para outra pessoa. Simplesmente, pergunte: "Quem mais pode fazer isso?"

3. Demore

Há tarefas que você precisa de fato realizar, mas não imediatamente. Elas podem ser adiadas sem problemas. Escolha uma ocasião específica, em outra data, para cuidar desse tipo de trabalho.

4. Dê Atenção

Faça isso agora. Projetos importantes precisam de atenção imediata, de modo que, comece hoje. Vá em frente. Dê a si mesmo uma recompensa por completar esses projetos. Não arranje desculpas. Lembre-se, se não tomar as providências imediatas, vai arcar com todas essas péssimas conseqüências.

Limites do
BRILHANTISMO

Focalização Prioritária implica o traçado de novas fronteiras, que você não pode cruzar. Em primeiro lugar, você precisa compreender com toda clareza quais são elas, no escritório e em casa. Discuta esses parâmetros com as pessoas mais importantes em sua vida. Elas precisam compreender por que você está introduzindo esses melhoramentos. E vai precisar também do apoio delas para permanecer no curso escolhido. A maioria dos empresários mete-se em confusões porque passa tempo demais tratando de coisas sobre as quais pouco sabem. Fique com as coisas que conhece melhor e continue a refinar esses talentos. (Este conselho é especialmente apropriado quando o assunto é investir dinheiro!)

Para lhe dar uma idéia mais clara do que é estabelecer limites, imagine uma criancinha numa praia a beira-mar. Há uma área segura de água, isolada por uma série de bóias ligadas por uma grossa corda. Presa à corda, uma rede forte garante que a criança não poderá passar além desse ponto. É rasa a água nessa área. É calma e a criança pode nela brincar contente sem qualquer preocupação.

No outro lado da corda há forte correnteza, e um forte declive sob a água aumenta a profundidade para sete metros. Lanchas e *jet* esquis deslocam-se em alta velocidade por esse trecho. Tabuletas avisam: "Perigo. Não nadar aqui. Não entre." Enquanto a criança permanece dentro dos limites, tudo bem. Além desse ponto, a situação torna-se perigosa. Neste particular, a mensagem é a seguinte: quando você brinca em áreas que lhe destroem a concentração, você ultrapassa os limites seguros. Lá fora, a situação é muito perigosa para sua saúde mental e financeira. Quando permanece **dentro** dos limites de suas fronteiras de brilhantismo, isto é, **focalizado** naquilo que faz melhor, pode chapinhar em segurança na água o dia inteiro.

Isto não é embromação. Trata-se de focalização

O poder do NÃO

Permanecer dentro desses limites exige um novo nível de autodisciplina. Isso significa ser mais consciente, todos os dias, das atividades nas quais resolve investir seu tempo. A fim de evitar distrair-se da focalização, pergunte a si mesmo, a intervalos regulares:

— O que estou fazendo neste exato momento me ajuda a atingir meus objetivos?

Isso exige prática. E significa também dizer "Não" muito mais vezes. E há três áreas a examinar:

1. Você mesmo

A grande batalha, todos os dias, está sendo travada entre suas orelhas. Constantemente, conversamos conosco mesmos sobre razões para entrar e sair de situações. Pare com isso. Quando aquela vozinha negativa no fundo da cabeça exigir atenção e tentar chegar ao primeiro plano de seus pensamentos, pare. Tenha consigo mesmo uma rápida conversa estimulante. Concentre-se nos benefícios e recompensas que terá mantendo-se fiel a suas prioridades e lembre a si mesmo quais serão as conseqüências negativas, se não fizer isso.

1. Outras pessoas

Muitas pessoas podem tentar destruir-lhe a concentração. Às vezes, entram em sua sala para um bate-papo porque você adota a política da porta aberta. Para remediar essa situação, faça o seguinte: mude a política. Feche a porta durante pelo menos parte do dia, quando quiser ficar sozinho para concentrar-se no grande projeto seguinte. Se isso não funcionar, você pode pôr na porta um aviso: "Não Perturbe. Intrometidos Serão Demitidos."

Danny Cox, um reputado consultor empresarial e autor de sucessos de livraria, usa a vívida analogia seguinte quando o assunto é focalizar-se em prioridades. Diz ele:

— Se tem um sapo para engolir, não o olhe por muito tempo. Se tiver mais de um sapo, engula primeiro o maior!

Em outras palavras, trate imediatamente das prioridades mais importantes.

Não seja igual à maioria das pessoas, que têm seis coisas a fazer em sua agenda diária e começam pelas tarefas mais fáceis e de prioridade mais baixa. Ao fim do dia, a prioridade número um, o maior sapo, continua ainda sentado ali, todo lampeiro.

Eis uma idéia: compre um grande sapo de plástico e coloque-o em cima de sua mesa quando estiver trabalhando em um projeto de prioridade máxima. Diga ao seu pessoal que o sapo verde significa que nenhuma interrupção será tolerada. Quem sabe, talvez essa idéia se espalhe pelo resto da equipe e você consiga ter um escritório mais produtivo.

2.Telefone

O telefone talvez seja a mais insidiosa das intromissões. Não é espantoso como pessoas deixam que esse pequeno aparelho lhes controle o dia? Se precisar de duas horas de tempo ininterrupto, tire o telefone da tomada. E desligue o celular e qualquer outro aparelho que possa distraí-lo. *E-mail, voice-mail* e secretária eletrônica podem ajudá-lo a evitar essas interrupções chatas. Mas use-os com prudência — evidentemente, há ocasiões em que você precisa estar disponível. Agende antecipadamente seus compromissos como faz um médico — 2h às 5h da tarde nas segundas-feiras, 9h às 12h nas terças. Em seguida, escolha a ocasião mais produtiva para dar seus telefonemas, como, por exemplo, de 8h às 10h. Se quer resultados melhores, há ocasiões em que precisa ficar isolado do mundo externo. Abandone o hábito de estender automaticamente a mão para o telefone toda vez que ele tocar. Diga "Não". E faça também a mesma coisa em casa.

Isto não é embromação. Trata-se de focalização

Nosso amigo Harold Taylor, especialista em administração de tempo, lembra-se de um incidente nos dias em que era "viciado" em toque de telefone. Ao chegar em casa, ouviu-lhe o toque. Na pressa para atender antes que ele parasse, quebrou a porta de tela e nisso feriu a perna. Sem se deixar abater, afastou aos trancos várias peças de mobília, levantou arquejante o aparelho e disse:

— Alô?

E uma voz afetada perguntou:

— O senhor é assinante do *Globe and Mail*?

Mas eis outra sugestão: a fim de evitar essas chamadas de *telemarketing*, nas horas das refeições tire o telefone da tomada. Não é nessa hora que recebe a maioria das ligações? A família vai apreciar a oportunidade de um pouco de conversa afetuosa, em vez dessas intromissões irritantes. Não permita que seu futuro e sua paz de espírito sejam postos em regime de espera por interrupções constantes. Conscientemente, pare quando começar a fazer coisas que não são de seu melhor interesse. De agora em diante, essas atividades esbanjadoras de tempo estão proibidas. Você não vai mais repeti-las.

Estabelecendo Novos
LIMITES

Esta seção trata da implementação desses novos limites. E exige uma mudança em sua maneira de pensar. E, mais importante que tudo, exige ação. De modo que, comece agora mesmo. Mas, antes, vamos lhe dar um bom exemplo para ajudá-lo. Na medicina, os médicos tornaram-se extremamente proativos na definição de limites. Devido ao grande número de clientes, muitos deles precisam simplificar suas atividades. Um dos melhores especialistas nesse tipo de focalização é o Dr. Kent Remington. Kent é um dermatologista altamente respeitado e especializado em terapia a *laser*. Ao longo dos anos, sua clientela tem aumentado sempre, devido aos excelentes resultados obtidos. Em conseqüência, são essenciais para ele estratégias de administração de tempo e de focalização nas áreas em que brilha.

O Dr. Kent recebe seu primeiro paciente às 7h30min da manhã. (Isso mesmo, grandes realizadores são em geral madrugadores.) Ao chegarem, os pacientes são identificados e, em seguida, enviados para várias salas de espera. Um assistente estuda-lhes a ficha clínica e lhes dá instruções, ao mesmo tempo que lhes faz perguntas para atualizar os dados sobre estado atual. Instruções são passadas a cada um antes da chegada do Dr. Remington. Ele chega minutos depois, lendo inicialmente a ficha pendurada à porta pelo assistente.

Esse sistema de trabalho em equipe permite ao Dr. Remington focalizar-se no tratamento propriamente dito. Todos os passos preliminares são dados antes desse momento. Após sua visita, outras instruções são executadas por seu hábil quadro de auxiliares. Dessa maneira, um número muito maior de pacientes pode ser tratado e o tempo de espera é reduzido ao mínimo. Cada membro da equipe concentra-se nas poucas atividades que realiza extremamente bem, o que resulta numa operação de soberba eficiência. No que essa orientação se compara com a de outros consultórios? Bem, você provavelmente sabe a resposta!

O que mais você pode fazer para saltar para o nível seguinte de eficiência e melhor concentração? Veja a dica importante abaixo:

Torne-se consciente de velhos hábitos que talvez o estejam afastando daquilo em que deve concentrar-se.

Por exemplo, passar tempo demais assistindo televisão. Se você está acostumado a se esparramar no sofá todas as noites durante três horas, e seu único exercício é mexer no controle remoto, talvez seja bom dar uma olhada nisso. Alguns pais compreendem as conseqüências de tal costume e proíbem os filhos de assistirem TV exceto durante algumas horas no fim de semana. Por que você não faz o mesmo no que lhe diz respeito? Eis um desafio a enfrentar: passe uma semana inteira sem assistir TV e veja o quanto pode realizar em outras atividades. Você vai ficar bestificado.

Um estudo realizado pela Nielsen Company, que se especializa em pesquisar quantas pessoas assistem TV, os programas que escolhem e quantas horas gastam nisso, contém estatísticas interessantes. Essas pessoas assistem TV, em média, durante seis horas e meia por dia! A palavra-chave nesta última oração é *média*. A essa taxa, numa expectativa de vida média, o indivíduo passa 11 anos assistindo TV! Por falar nisso, se apenas deixasse de assistir os comerciais, você economizaria cerca de três anos. Isso mesmo, sabemos que velhos hábitos custam a morrer, mas esta vida não é uma sessão de treinamento. É uma coisa real. Se quer tirar dela o máximo, comece a chutar para longe os velhos hábitos. Formule um conjunto novo de estratégias que o ajudarão a criar um estilo de vida satisfatório em todas as dimensões.

JACK:
Quando fui trabalhar para W. Clement Stone em 1969, ele me entrevistou durante uma hora. Sua primeira pergunta foi:
— Você assiste televisão? — E em seguida: — Quantas horas por dia você acha que faz isso?
Após um cálculo rápido, respondi:
— Mais ou menos três horas por dia.
O Sr. Stone fitou-me nos olhos e disse:
— Quero que você corte uma hora por dia, isto é, reduza o tempo que assiste TV a duas horas. Se fizer isso, estará economizando 365 horas por ano. Se dividir esse número por 44 semanas de trabalho, descobrirá que acrescentou cerca de nove semanas e meia de produtividade à sua vida. Isso é o equivalente a obter mais dois meses por ano!

Concordei em que esse era um grande conceito relativo a poder. Em seguida, perguntei-lhe o que achava que eu devia fazer com essa hora extra todos os dias. Ele sugeriu que eu lesse livros em meu campo de motivação, psicologia, educação, treinamento e auto-estima. Sugeriu ainda que eu escutasse fitas cassetes educacionais e motivacionais, tomasse aulas e estudasse uma língua estrangeira.

Aceitei-lhe o conselho e isso fez uma diferença profunda em minha vida.

Não há fórmulas mágicas

Temos esperança de que esteja entendendo a mensagem: conseguir o que quer na vida não exige fórmulas mágicas nem ingredientes secretos. Trata-se simplesmente de focalizar a atenção no que funciona, e não no que não funciona. Não obstante, numerosas pessoas concentram-se nas coisas erradas. Os que vivem apenas do salário mensal jamais estudaram a maneira de desenvolver inteligência financeira. Focalizam-se mais em gastar do que em construir uma forte base de ativos para o futuro.

Numerosas pessoas vivem entaladas em um emprego ou carreira de que não gostam porque não concentraram a atenção em desenvolver as áreas em que são brilhantes. Ocorre uma falta de percepção semelhante em questões de saúde. A American Medical Association anunciou recentemente que 63% dos americanos e 55% das americanas (de mais de 25 anos de idade) são obesos. Evidentemente, há um número de pessoas que se concentra em comer demais e exercitar-se de menos!

O importante é o seguinte: estude com toda atenção o que funciona e não funciona em sua vida. O quê dá origem a suas maiores vitórias? No que é que se concentra e que só lhe traz resultados medíocres? Essa situação requer pensamento claro.

No capítulo seguinte, vamos lhe mostrar, passo a passo, como desenvolver o que chamamos de *clareza excepcional*. E você aprenderá também como formular "grandes objetivos". Em seguida, nós lhe ensinaremos um sistema único de focalização da atenção para garantir que alcançará esses objetivos. Essas estratégias funcionam maravilhosamente bem no nosso caso. E funcionarão igualmente bem no seu.

**SUCESSO NÃO É MÁGICA
NEM EMBROMAÇÃO,**

É Simplesmente Aprender a Focalizar a Atenção.

CONCLUSÃO

Neste capítulo cobrimos um bocado de assuntos. Releia o material várias vezes até conhecer de cor e salteado os conceitos estudados. Adapte essas idéias à sua situação e em seguida faça alguma coisa. Mais uma vez, salientamos a importância de dar os Passos para Ação que se seguem. Eles são ferramentas essenciais para ajudá-lo a transformar em hábito a concentração em assuntos prioritários. Dentro de algumas semanas, você vai notar a diferença. Sua produtividade aumentará e melhorarão seus relacionamentos pessoais. Você vai se sentir mais sadio e, claro, estará dando uma contribuição importante a outras pesoas. Além disso, você se divertirá mais e terá oportunidade de atingir alguns alvos potenciais para os quais antes lhe faltava tempo.

Como uma gratificação extra, a nova concentração engordará sua conta bancária. E descobrirá que serão imensos os benefícios e recompensas quando resolver tornar-se um mestre da focalização no que é mais importante. Comece hoje!

PASSOS PARA AÇÃO

Workshop de Focalização Prioritária

Workshop de Focalização Prioritária

Guia prático em seis passos para maximização do tempo e da produtividade.

A. Faça uma lista de todas as atividades no trabalho que consomem todo seu tempo.

Por exemplo: telefonemas, reuniões, papelada burocrática, vendas, atividades de acompanhamento. Faça uma subdivisão das principais categorias, tais como as de telefonemas e reuniões. Inclua tudo, mesmo atividades que só consomem cinco minutos. Seja específico, claro e conciso. Use espaço adicional se tiver mais de dez das mesmas.

1. _____   6. _____
2. _____   7. _____
3. _____   8. _____
4. _____   9. _____
5. _____ 10. _____

B. Descreva três atividades em que é brilhante no trabalho.

1. _____
2. _____
3. _____

C. Cite as três atividades mais importantes que geram renda para sua empresa.

1._____
2._____
3._____

D. Cite as três atividades mais importantes que você não gosta de realizar ou nas quais seu desempenho é medíocre.

1._____
2._____
3._____

E. Quem poderia realizá-las por você?

1._____
2._____
3._____

F. Qual atividade consumidora de tempo a que vai dizer "Não" ou delegar imediatamente?

_____

Que benefício imediato resultará dessa decisão?

_____
_____

VIVER COM UMA FINALIDADE

INICIAR UMA AÇÃO DECISIVA

PERSISTÊNCIA INVARIÁVEL

PEÇA AQUILO QUE QUER

O FATOR CONFIANÇA

FORMANDO EXCELENTES RELACIONAMENTOS

CRIANDO O EQUILÍBRIO IDEAL

VOCÊ PERCEBE A SITUAÇÃO EM SEU TODO?

**ISTO NÃO É EMBROMAÇÃO.
TRATA-SE DE FOCALIZAÇÃO**

OS HÁBITOS DETERMINARÃO SEU FUTURO

Seu momentum *está ganhado força — passemos ao Capítulo 3.*

Estratégia de Focalização nº 3

Você percebe a situação em seu todo?

"A vida não avaliada não
vale a pena viver."

— *Sócrates*

Peter Daniels é um homem incomum, cuja vida parece uma história de Horatio Alger

Nascido na Austrália, seus pais eram beneficiários de terceira geração da previdência social e acostumados à pobreza. Peter estudou numa escola de primeiro grau de Adelaide. Devido a um problema de aprendizagem, achava difícil compreender palavras e formar frases. Em consequência, foi considerado obtuso pelos mestres, que ou viviam ocupados demais ou não se importavam o suficiente para descobrir por que ele lutava tanto para aprender. Uma professora em particular, a Srta. Phillips, mandava-o ficar de pé diante da classe, ou o espinafrava dizendo:

— Peter Daniels, você é um menino ruim que jamais vai ser alguma coisa na vida.

Claro, essas palavras em nada contribuíam para lhe aumentar a auto-estima. Como resultado, foi reprovado diversas vezes na escola. Uma de suas primeiras escolhas de carreira foi tornar-se pedreiro. Alguns anos depois, casado e com filhos, decidiu estabelecer-se por conta própria. A primeira tentativa fracassou estrondosamente e ele foi à falência um ano depois. Sem se deixar abater, descobriu outra oportunidade e canalizou sua energia, transformando-a em sucesso. Mas um destino semelhante ao anterior o aguardava. Foi à falência em 18 meses. Com uma determinação férrea de superar esses reveses, Peter, mais uma vez, lançou-se no mundo competitivo dos negócios, mas apenas para falir pela terceira vez. Nesse momento, ele tinha uma história incrível de ter quebrado três vezes em cinco anos.

A maioria das pessoas, nesse ponto, desistiria. Mas não Peter Daniels. Sua atitude era: "Estou aprendendo e não cometi o mesmo erro duas vezes. Esta experiência é excelente." Pedindo à esposa, Robena, que o apoiasse mais uma vez, resolveu vender propriedades imobiliárias residenciais e comerciais. E uma das qualidades que havia afiado ao longo dos anos era a capacidade de convencer. Era um *promoter* competente por natureza. Grande parte dessa habilidade tinha origem na necessidade de lidar com os berros constantes de credores que queriam pagamento. Nos dez anos seguintes, o nome Peter Daniels tornou-se sinônimo de propriedades imobiliárias residenciais e comerciais. Graças a uma escolha cuidadosa e negociação hábil, acumulou uma carteira que valia alguns milhões de dólares.

Hoje, Peter Daniels é um empresário internacionalmente conhecido que lançou projetos em numerosos países em todo o mundo. Entre seus amigos contam-se membros da realeza, chefes de Estado e figuras eminentes do mundo comercial. E é também um filantropo que tudo faz para ajudar os demais e cuja generosidade financiou um sem-número de obras cristãs.

Quando lhe perguntaram o que lhe mudou a vida, de tripla falência para um sucesso sem precedentes, respondeu:

— Reservei tempo para pensar. Na verdade, marco um dia da semana em minha agenda apenas para pensar. Todas as minhas grandes idéias, oportunidades e projetos geradores de renda começaram nos dias em que tirei folga para pensar. Eu costumava me fechar em meu gabinete, dando instruções rigorosas a minha família para que, em nenhuma circunstância, eu fosse perturbado. A mesma estratégia funcionou no caso de Einstein que, na verdade, fazia todas as suas reflexões sentado em uma cadeira especial para pensar.

E isso transformou a vida de Peter Daniels, de fracasso escolar, em multimilionário. A propósito, ele escreveu vários livros que foram sucessos de livraria, um dos quais tinha o título *Miss Phillips, You Were Wrong!* (Srta. Phillips, a senhorita se enganou!), um lembrete a sua velha professora que lavava as mãos com pressa demais no que interessava a seus alunos.

Desenvolvendo uma CLAREZA Incomum

Outra razão por que ele desfruta de sucesso constante é sua capacidade de criar cenários interessantes do futuro. A maioria das pessoas não tem uma idéia clara do que quer. Na melhor das hipóteses, ela é vaga. O que me diz de você?

Você reserva regularmente tempo para pensar no melhor futuro que deseja? Quem sabe, você pode dizer:

— Isso tudo é bacana para Peter Daniels, mas eu nunca poderei reservar um dia por semana para pensar. Preciso é de um dia extra para manter em dia meus compromissos atuais.

Muito bem! Que tal começar com cinco minutos e aumentar o tempo, aos poucos, até uma hora? Isso não seria um bom emprego de seu tempo, isto é, passar uns 60 minutos todas as semanas criando um cenário interessante de seu futuro? A maioria das pessoas gasta mais tempo planejando umas férias de duas semanas do que projetando o que quer da vida e, em especial, seu futuro financeiro.

Nós lhe fazemos uma promessa: se você fizer o esforço de desenvolver o hábito de alcançar uma clareza mental incomum, as vantagens que obterá no futuro serão imensas. Se deseja viver livre de dívidas, financeiramente independente, com mais tempo de folga para se divertir ou formar maravilhosos e carinhosos relacionamentos, você pode conseguir tudo isso, e mais, se tiver um cenário claro como cristal daquilo que quer.

Nas próximas páginas, você vai tomar conhecimento de uma estratégia abrangente que lhe dará um cenário da "situação global" anos à frente. Nos capítulos que se seguirão, você aprenderá também a fortalecer e permanecer fiel a essa visão do futuro através do uso de planos de trabalho semanais, Grupos de Consultores e mentores específicos. Na verdade, construirá uma fortaleza sólida de ajuda que o tornará impenetrável à negatividade e à dúvida. De modo que, vamos começar!

POR FALAR NISSO, JÁ NOTOU QUE CRIANÇAS
DEMONSTRAM UMA CLAREZA INCOMUM?
VEJA ABAIXO ALGUMAS PROVAS DISSO:

"Eu descobri que a gente pode ficar apaixonado
ao mesmo tempo por quatro garotas."
— *Nove anos*

"Descobri que justamente quando arrumo meu quarto
do jeito que quero, minha mãe me obriga
a mudar tudo."
— *Treze anos*

"Descobri que a gente não pode esconder um pedaço
de brócolis num copo de leite."
— *Sete anos*

Fonte: *Live and Learn and Pass it On*, de autoria de H. Jackson Brown, Jr.

A Finalidade das METAS

Você é um formulador consciente de objetivos? Se é, ótimo. Não obstante, leia, por favor, as informações que vamos lhe passar. As probabilidades são de que você se beneficie com o reforço, bem como que essa visão mais ampla de estabelecimento de objetivos lhe dê novos *insights*.

Se não estabelece conscientemente objetivos, isto é, se não planeja no papel nem estabelece alvos para as futuras semanas, meses e anos, então preste toda atenção às informações que se seguem. Elas podem melhorar espetacularmente sua vida.

Em primeiro lugar, qual a definição de um objetivo? Se não sabe com clareza qual é, você pode descarrilar antes de começar. Ao longo dos anos, ouvimos um monte de respostas a essa pergunta. Veja abaixo uma das melhores:

UMA META É A PERSEGUIÇÃO CONSTANTE DE UM OBJETIVO VALIOSO, ATÉ QUE ELE SEJA ALCANÇADO

Pense em cada palavra separada da frase acima. "Constante" significa que é um processo, porque atingir metas leva tempo. "Perseguição" indica que pode estar havendo uma caçada. Provavelmente, haverá alguns obstáculos e barreiras ao longo do caminho. "Valioso" mostra que a caçada valerá a pena. "Até que seja alcançado" sugere que você fará tudo que for necessário para conseguir o que quer. Isso nem sempre é fácil, mas é essencial se você quer uma vida transbordante de realizações notáveis.

Fixar e atingir metas é uma das melhores maneiras de medir seu progresso na vida e lhe dar uma clareza mental incomum. Pense na alternativa — simplesmente andar à deriva, na esperança de que, um dia, a sorte caia em seu colo com pouco ou nenhum esforço de sua parte. Acorde! Desse jeito, seria mais fácil encontrar um grão de açúcar nas areias de uma praia.

LISTA DE CHECAGEM das Dez Principais Metas

David Letterman, apresentador de programas de entrevistas, prepara listas engraçadas de dez itens que pessoas pagam realmente bom dinheiro para comprar. Veja abaixo uma lista que tem muito mais valor — uma lista de checagem que lhe dará certeza de que está usando uma boa estrutura conceitual para fixar metas. Foi montada como uma salada mista. Assim, escolha o que lhe parecer mais conveniente e use-o.

1. As metas mais importantes devem ser as suas

Isso parece óbvio. Ainda assim, um erro comum cometido por milhares de pessoas em todo o país é permitir que suas principais metas sejam fixadas por estranhos. Ou pela companhia para qual trabalham, sua indústria, chefe, banco ou companhia hipotecária ou, quem sabe, por amigos e vizinhos.

Em nossos cursos intensivos, ensinamos às pessoas a fazerem a si mesmas a pergunta seguinte:

— O que é que eu realmente quero?

Ao fim de um desses cursos, um cavalheiro nos procurou e disse:

— Eu sou dentista. Adotei essa profissão apenas para fazer a vontade de minha mãe. Odeio-a. Certo dia, abri com a broca, por descuido, um buraco num lado da boca de um paciente e acabei tendo de lhe pagar 475 mil dólares.

O ponto importante aqui é o seguinte: quando deixa que outras pessoas ou a sociedade decidam qual sua definição de sucesso, você sabota seu futuro. De modo que, ponha imediatamente um ponto final nessa situação.

Pense um pouco. A mídia exerce uma das mais fortes influências sobre o indivíduo quando a questão é decidir. E a maioria aceita-a todos os dias. Na verdade, se vive numa cidade grande, você é bombardeado diariamente com 2.700 mensagens publicitárias. São constantes os comerciais no rádio e na TV, além de cartazes, jornais e revistas, todos contribuindo para esse ataque. Nosso pensamento é consciente e subliminarmente influenciado, sem um momento de folga. A mídia define sucesso como as roupas que você usa, o carro que dirige, a casa onde mora e as férias que tira. Dependendo de como mede essas categorias, você é marcado como sucesso ou fracasso.

Quer mais provas? O que é que há na capa das revistas mais populares? Uma garota... alguém com um corpo glamouroso, sem uma ruga à vista, e um penteado perfeito. Ou um tipo parrudão cujo torso não foi formado apenas por cinco minutos diários de exercício ao dia em uma esteira rolante. E a mensagem, qual é? Se não se parecer com ele, você é um fracasso. Não deve ser motivo de espanto que tantos adolescentes lutem com distúrbios de alimentação, como bulimia e anorexia, quando a pressão de seu grupo na sociedade rejeita qualquer um que esteja mesmo remotamente fora de forma ou que tenha uma aparência comum. Isso é ridículo!

Resolva, agora, criar sua definição de sucesso e deixe de preocupar-se com o que o resto do mundo possa pensar. Durante anos, Sam Walton, fundador da Wal Mart, a maior e mais lucrativa cadeia de lojas varejistas na história, adorava dirigir uma velha caminhonete Ford, mesmo que fosse um dos homens mais ricos do mundo. Ao ser perguntado por que não usava um carro mais consentâneo com sua posição, respondia:

— Ora, eu simplesmente gosto de minha velha caminhonete.

De modo que, esqueça esse negócio de imagem e escolha metas que sejam as certas para você.

E, por falar nisso, se quer mesmo dirigir um carro de luxo, morar em uma bela casa ou levar um estilo de vida interessante, vá em frente e faça isso! Simplesmente, certifique-se de que é isso o que quer e que assim age pelas razões certas.

2. As metas devem ser importantes para você

O conhecido palestrante Charlie "Tremendous" Jones lembra-se, nas palavras seguintes, dos primeiros dias de sua carreira:

— Eu me recordo do tempo em que lutava para que meu negócio decolasse. Houve noites no escritório em que tirei o paletó, enrolei-o para fazer um travesseiro e dormi algumas horas em cima da mesa.

As metas de Charlie eram tão importantes que ele fazia tudo para que a firma crescesse. Se isso significava passar algumas noites dormindo no escritório, que fosse. Isso é um compromisso sem volta, um ingrediente fundamental, se você quer tornar-se o melhor que pode ser. No começo da casa dos 30 de idade, Charlie fundou uma corretora de seguros que gerava mais de 100 milhões de dólares anuais de receita. E isso aconteceu em inícios da década de 1960, quando 100 milhões de dólares ainda eram um bocado de dinheiro! (Você já notou que as receitas de grandes empresas são agora medidas em bilhões?)

Quando puser no papel suas metas, pergunte a si mesmo:

— O que é realmente importante para mim? Qual é a finalidade de fazer isso? Estou disposto a renunciar a que, para fazer com que isso aconteça?

Esse processo de raciocínio lhe aumentará a clareza mental. É de importância fundamental que você faça isso. Suas razões para traçar um novo curso de ação serão os fatores que lhe darão impulso e energia para levantar-se pela manhã, mesmo nos dias em que não estiver a fim.

Pergunte a si mesmo:

— Quais são as recompensas e benefícios dessa nova disciplina?

Concentre-se no novo e emocionante estilo de vida que poderá desfrutar comprometendo-se agora com uma ação consistente.

Se essa ação não lhe provocar um disparo de adrenalina, visualize a alternativa. Se continuar a fazer as mesmas coisas que sempre fez, qual será seu estilo de vida dentro de cinco, dez, 20 anos a partir de agora? Que palavras lhe descreverão o futuro cenário financeiro, se você não fizer qualquer mudança? O que me diz de sua saúde, relacionamentos, e do tempo livre que terá para se divertir? Vai gozar de muito mais liberdade ou ainda trabalhará tantas horas por semana como agora?

EVITE A SÍNDROME DO "SE EU..."

O grande filósofo Jim Rohn observa com grande perspicácia que há dois grandes sofrimentos na vida. O primeiro é a dor da disciplina e, o segundo, a do arrependimento. Disciplina pesa gramas, ao passo que arrependimento chega a toneladas, quando você permite que sua vida ande à deriva, sem nenhuma realização pessoal. Você não vai querer recordar o passado e dizer:

— Se eu tivesse aproveitado aquela oportunidade, se apenas eu tivesse poupado e investido rotineiramente, se apenas tivesse passado mais tempo com minha família, se apenas tivesse cuidado da saúde...

Lembre-se, a opção é sua. Em última análise, você é responsável por todas as suas opções, de modo que, escolha com cuidado. Resolva agora, pra valer, fixar metas que lhe garantam a futura liberdade e o sucesso.

3. As metas têm que ser específicas e mensuráveis

É nesse particular que a maioria das pessoas se perde. É também uma das principais razões por que o indivíduo jamais realiza aquilo do que é capaz. Ele nunca define claramente o que quer. Generalizações vagas e fracas de conteúdo não servem. Por exemplo, se alguém diz "Minha meta é ser financeiramente independente", o que é que, na realidade, isso significa? Para algumas pessoas, independência financeira significa possuir 50 milhões de dólares na poupança ou investidos. Para outras, é ganhar 100 mil dólares anuais. E, ainda para outras, não ter dívidas. E para você, significa o quê? Se essa meta é importante para você, aproveite o tempo agora para torná-la tangível.

Sua definição de felicidade requer o mesmo exame. Simplesmente "Querer mais tempo com a família" não funciona. Quanto tempo, quando, com que freqüência, o que vai fazer com esse tempo, com quem? Eis três palavras que o ajudarão imensamente: **Seja mais específico.**

> LES:
> Um de nossos clientes no The Achievers Coaching Program disse que sua meta para ter melhor saúde era começar a praticar exercícios. Sentia-se preguiçoso e queria mais energia. "Comece a fazer exercício" é uma definição muito medíocre de meta. É geral demais. Não há maneira de medi-la. De modo que dissemos:
> — Seja mais específico.
> E ele acrescentou:
> — Quero me exercitar durante 30 minutos por dia, quatro vezes por semana.
> Sabe o que foi que dissemos em seguida? Você está certo:
> — Seja mais específico.
> Ao repetir a instrução várias vezes, ele redefiniu sua meta de saúde da seguinte maneira: praticar exercício durante 30 minutos por dia, nas segundas, quartas, sextas e sábados, das 7h às 7h30. Sua rotina consiste de dez minutos de alongamento e de 20 minutos na bicicleta ergométrica. E que diferença! Agora podemos lhe medir fácil, fácil o progresso. Se aparecermos nas ocasiões marcadas para observá-lo, ele estará fazendo ou não o que disse. Nesse momento, ele é responsável pelos resultados que obtiver.

O importante é o seguinte: quando fixar uma meta, lance a si mesmo um desafio com as palavras "Seja mais específico". Continue a repeti-las até a meta se tornar clara como cristal e mensurável. Fazendo isso, você aumenta espetacularmente suas probabilidades de chegar ao resultado desejado.

LEMBRE-SE, META SEM NÚMERO É SIMPLESMENTE UM LEMA

É importante usar um sistema para medir seu progresso. O Achievers Focusing System é um plano de trabalho excepcional que usamos e que facilitará as coisas para você. É descrito em detalhes nos Passos para Ação, ao fim deste capítulo.

4. As metas devem ser flexíveis

Por que isso é importante? Por umas duas razões. Em primeiro lugar, você não vai querer elaborar um sistema tão rígido e talhado em pedra que o faça sentir-se sufocado. Por exemplo, se prepara um programa de exercícios para ter melhor saúde, vai querer variar as ocasiões durante a semana e os tipos de exercício, evitando que se tornem maçantes. Um preparador físico experiente pode ajudá-lo a traçar um programa sob medida e, ainda assim, lhe garantir os resultados que quer.

A segunda razão é a seguinte: o plano flexível lhe dá liberdade para mudar de curso, se uma oportunidade real aparece e é tão boa que seria loucura de sua parte não agarrá-la. Mas aqui cabe uma palavra de cautela. Isso não significa que você deve começar a caçar cada idéia que entra pela porta. Empreendedores são famosos por se distraírem e perderem a capacidade de concentração. Lembre-se, você não tem que agarrar cada nova idéia — simplesmente concentrar-se em uma ou duas pode torná-lo feliz e rico.

Você percebe a situação em seu todo?

Já teve a impressão de estar a ponto de fazer uma incrível descoberta?

5. As metas têm que ser desafiadoras e estimulantes

Numerosos donos de negócios chegam aparentemente a um "platô" após iniciar um novo empreendimento. Perdem o antigo estímulo, que era inicialmente incentivado pela incerteza e os riscos de lançar um produto ou serviço no mercado. Transformam-se em operadores e administradores e grande parte do trabalho lhes parece repetitivo e carente de inspiração.

Quando estabelece metas estimulantes e desafiadoras, você adquire uma vantagem que o impede de resvalar para uma vida de tédio. Para conseguir isso, você tem que saltar de sua zona de conforto, o que talvez seja um pouco assustador, porque você jamais sabe se vai aterrissar de pé. Mas há uma boa razão para fazer esse esforço: você aprenderá mais sobre a vida e sua capacidade de ter sucesso quando se sente pouco à vontade. Muitas vezes, é quando está de costas para o muro do medo que surgem as maiores oportunidades.

John Goddard, o famoso explorador e aventureiro, o homem chamado pelo Reader's Digest de "o verdadeiro Indiana Jones", é um maravilhoso modelo a imitar no que interessa a esse conceito. Aos 15 anos, ele fez uma lista de 127 metas desafiadoras na vida que queria aingir. Vejamos algumas delas: explorar oito dos maiores rios do mundo, incluindo o Nilo, o Amazonas, o Congo, escalar 16 das maiores montanhas, incluindo o monte Everest, o monte Quênia e o Matterhorn, aprender a pilotar avião, circunavegar o globo (o que fez quatro vezes), conhecer os pólos Sul e Norte, ler a Bíblia da primeira à última página, tocar flauta e violino, e estudar culturas primitivas em 12 países, incluindo Bornéu, Sudão e Brasil. Ao chegar aos 50 anos, havia atingido mais de 100 metas da lista.

Ao ser perguntado, para começar, sobre o que o levara a compilar a lista fascinante, respondeu:

— Duas razões. A primeira, eu estava cheio de ouvir adultos me dizendo o que fazer e não fazer. A segunda, eu não queria chegar aos 50 anos e reconhecer que, na verdade, não havia realizado coisa nenhuma.[1]

Você talvez não queira desafiar a si mesmo como fez John Goddard, mas não se conforme com mediocridade. Pense grande. Crie metas que o emocionem tanto que mal consegue dormir à noite. A vida tem um bocado de coisas a oferecer. Por que não desfrutar a parte que por justiça lhe cabe?

6. As metas devem ser coerentes com seus valores

Sinergia e fluidez são duas palavras que descrevem qualquer processo que se desenvolve sem esforço até uma conclusão. Quando as metas estão em sincronia com seus valores básicos, o mecanismo dessa harmonia é posto em ação. Quais, no seu caso, são esses valores? São qualquer coisa que lhe cause profunda impressão e que ressoe em um nível mais profundo de seu ser. São

---

[1] Mark registrou em áudio o fato de John Goddard ter realizado o impossível.

crenças fundamentais bem desenvolvidas que lhe moldaram o caráter durante anos. Honestidade e integridade, por exemplo. (Você pode fazer sua própria lista à pág. 109) Quando você faz alguma coisa que contradiz esses valores, sua intuição, ou sentimento mais profundo, avisa que alguma coisa não está certa.

Vamos supor que você deve um bocado de dinheiro e que sofre uma pressão incrível para liquidar o empréstimo. Na verdade, a situação é quase intolerável. Certo dia, um amigo aparece e lhe diz:

— Descobri uma maneira de a gente ganhar um dinheiro fácil. Tudo que precisamos fazer é assaltar um banco! Os maiores depósitos mensais serão feitos amanhã. Eu tenho um plano à prova de erros... entraremos e sairemos em 20 minutos.

Nesse momento, você enfrenta um dilema interessante. Por um lado, o desejo de aliviar seu aperto financeiro é forte e meter a mão em tanto dinheiro pode ser uma grande tentação. Não obstante, se sua honestidade é mais forte do que o desejo de obter aquele dinheiro, você não assaltará nenhum banco porque sabe que não é a coisa certa a fazer.

E mesmo que o amigo tenha feito um trabalho extremamente bom e o tenha convencido a topar a parada, logo depois você vai ficar fervendo por dentro. Este será seu fator honestidade reagindo. O sentimento de culpa o perseguirá para sempre.

Quando você liga seus valores básicos a metas positivas, emocionantes, objetivas, a decisão torna-se fácil. Nenhum conflito interno o prende em suas malhas — e essa situação gera um assomo de energia que o impelirá para níveis muito mais altos de sucesso.

7. As metas devem ser bem equilibradas

Se você tivesse toda a vida para viver novamente, o que faria de diferente? Quando se pergunta isso a indivíduos na casa dos 80 anos de idade, eles nunca respondem "Eu teria passado mais tempo no escritório" ou "Eu teria ido a mais reuniões da diretoria".

Não, em vez disso, elas dizem claramente que teriam viajado mais, passado mais tempo com a família e se divertido mais. Por tudo isso, quando estiver fixando metas, não esqueça de incluir áreas que lhe dão tempo para relaxar e gozar as coisas mais agradáveis da vida. Trabalhar todas as semanas até não poder mais é uma maneira certa de esgotar-se e adoecer. A vida é curta demais para deixar passar as coisas boas.

No Capítulo 4, Criando o Equilíbrio Perfeito, você vai aprender uma excelente estratégia que lhe permitirá ter um estilo de vida bem equilibrado.

8. As metas devem ser realistas

No início, o que dissemos acima pode parecer contraditório com os comentários anteriores sobre pensar grande. Não obstante, um pouco de realismo lhe garantirá melhores resultados. Temos uma situação em que a maioria das pessoas é irrealista na determinação do tempo que será necessário para atingi-los. Faça questão de lembrar-se da frase seguinte:

> NÃO HÁ ESSA COISA DE METAS IRREALISTAS, MAS APENAS CONTEXTOS TEMPORAIS IRREALISTAS.

Se você ganha 30 mil dólares anuais e sua meta é ser milionário em três meses, ela é definitivamente irrealista. Quando o assunto é novos empreendimentos ou negócios, uma boa regra prática consiste em duplicar o tempo que você julga necessário para o lançamento dos mesmos. De modo geral, há formalidades jurídicas, burocracia nos órgãos públicos, dificuldades de financiamento e grande número de outras coisas que tendem a lhe retardar os esforços.

Às vezes, pessoas estabelecem metas que não passam de mera fantasia. Se você tem 1,31m de altura, jamais será jogador profissional de basquete. De qualquer maneira, pense grande e visualize um quadro emocionante do futuro. Simplesmente certifique-se de que o plano não é mirabolante e que lhe concede tempo suficiente para chegar até aonde quer chegar.

9. As metas devem incluir uma contribuição a alguém ou alguma instituição

Há uma conhecida frase na Bíblia que diz: "Pois aquilo que o homem semear, isso também ceifará" (Gálatas, 6:7). Essa verdade é fundamental. Ao que parece, portanto, se você distribui boas coisas e invariavelmente semeia bem, suas recompensas estão garantidas. E isso é um negócio justo, não?

Infelizmente, numerosas pessoas que lutam pelo sucesso — definido em geral em termos de dinheiro e coisas materiais — não compreendem isso. Na vida delas simplesmente não há lugar ou espaço para dar à sociedade alguma alguma coisa de volta. Em palavras simples, elas são de receber, não de dar. E se você continua sempre a receber, acabará, no longo prazo, de pires na mão.

A contribuição pode assumir numerosas formas. Você pode dar de seu tempo, de seus conhecimentos especializados em alguma área e, claro, financeiramente. De modo que transforme essa orientação em uma parte de seu programa de metas. E faça isso sem estabelecer condições. Não espere imediatamente uma retribuição. Ela virá no momento oportuno, não raro de formas inesperadas.

10. As metas precisam de suporte

É controversa a última parte de sua lista de controle de metas. No particular, há três pontos de vista. Algumas pessoas acham que devem dizer a todo mundo o que vão fazer. Pensam, com falsos argumentos, que assim fazendo tornam-se mais confiáveis. Mas é muito difícil recuar quando o mundo observa se você realmente faz o que disse. É muito grande a pressão quando você escolhe essa estratégia, e certos indivíduos adoram aplicá-la.

O Dr Robert H. Schuller é um bom exemplo nesse particular. Ele disse ao mundo que ia construir uma bela Catedral de Cristal, em Garden Grove, Califórnia, a um custo de mais de 20 milhões de dólares. Muitos observadores riram e zombaram dessa idéia e disseram que ele jamais conseguiria fazer isso. Ele seguiu em frente e fez... e a Catedral de Cristal foi inaugurada sem deixar um único níquel de dívida. Custo? Pouco menos de 30 milhões de dólares.

Um dos comentários de Schuller resumiu todo o assunto:

— Acho que quando temos grandes sonhos atraímos grandes sonhadores.

E ele atraiu. Na verdade, várias pessoas doaram mais de um milhão de dólares, todas elas para que o projeto tivesse sucesso.

A segunda opção é a seguinte: estabeleça suas próprias metas, mantenha-as em segredo e comece a trabalhar. Atos falam mais alto do que palavras e você vai surpreender um montão de pessoas.

1. Reproduzido com permissão de *Executive Smart Charts*, copyright © 1993 de Herb Stansbury, Berett-Koehler Publishers, Inc. Todos os direitos reservados. 1-800-929-2929.Aa.

HERB STANSBURY

"Seu plano estratégico, brilhante em conceito e magnífico em execução, não funciona."

A terceira opção talvez seja a mais sábia de todas: seletivamente, conte seus sonhos a algumas pessoas, em quem confia. Devem ser indivíduos proativos cuidadosamente escolhidos, que o apoiarão e estimularão quando o caminho se tornar espinhoso. E se tem grandes planos, você provavelmente vai precisar da ajuda deles, porque com certeza encontrará alguns obstáculos ao longo do caminho.

Seu PLANO-MESTRE

Agora que lançamos o alicerce, chegou a hora de você começar a executar seu plano-mestre. Esta é a parte emocionante — na verdade, a criação de um futuro melhor para você e a obtenção da clareza que o acompanhará. Esta é a sua grande perspectiva. E que é constituída de seis grandes passos. Sugerimos que leia inicialmente todos os seis e que, em seguida, reserve um tempo para implementar cada uma dessas estratégias. Como guia, use os Passos para Ação, ao fim deste capítulo. Os passos 5 e 6 serão estudados com maiores detalhes nos Capítulos 4 e 5.

1. Releia a Lista das Dez Principais Metas

Use a lista como sistema de referência quando quiser formular metas concretas. Ela o ajudará a formular um quadro da situação claro como cristal. A lista é sumariada na pág. 109.

2. Siga em frente com garra — 101 metas

Para se entusiasmar, faça uma lista das 101 coisas que quer realizar nos próximos dez anos. Divirta-se com isso e abra a mente a todas as possibilidades. Desenvolva um entusiasmo de criança — nada de estabelecer restrições ao pensamento. Seja específico e personalize a lista, começando cada frase com "Eu vou" ou "Eu farei", como, por exemplo, "Vou tirar seis semanas de férias na Europa" ou "Pouparei ou investirei, todos os meses, 10% de minha renda líquida."

A fim de ajudá-lo, veja abaixo algumas perguntas importantes para ajudá-lo a focalizar-se.

- O que é que eu quero fazer?
- O que é que eu quero ter?
- Aonde eu quero chegar?
- Que contribuições quero dar?
- O que é que eu quero ser?
- O que quero aprender?
- Com quem quero passar meu tempo?
- Quanto quero poupar e investir?
- Quanto tempo de folga quero para me divertir?
- O que é que vou fazer para ter saúde perfeita?

Para assegurar que desfruta de excelente equilíbrio na vida, escolha algumas metas em cada uma das áreas que se seguem — carreira e negócios, financeira, tempo para lazer, saúde e aptidão física, relacionamentos, pessoal e contribuição, além de quaisquer outras que tenham importância especial para você.

ESTABELECENDO PRIORIDADES NA LISTA

Agora que deu asas à imaginação, o passo seguinte consiste em estabelecer prioridades. Dê uma olhada em cada uma de suas 101 metas e calcule um marco temporal realista para alcançá-las.

Escreva um número ao lado de cada meta — um, três, cinco ou dez anos, o que lhe dará um marco de referência geral com o qual trabalhar. Em seu maravilhoso livro *The On-Purpose Person*, Kevin W. McCarthy descreve uma técnica excelente, que o ajudará a estabelecer prioridades. Esse formato é usado em todos os tipos de torneios — de concurso de ortografia a torneios de tênis e jogos finais no Super Bowl. Dê prioridade a suas chances, preparando cartas separadas para as metas de um, três, cinco e dez anos.

Você percebe a situação em seu todo?

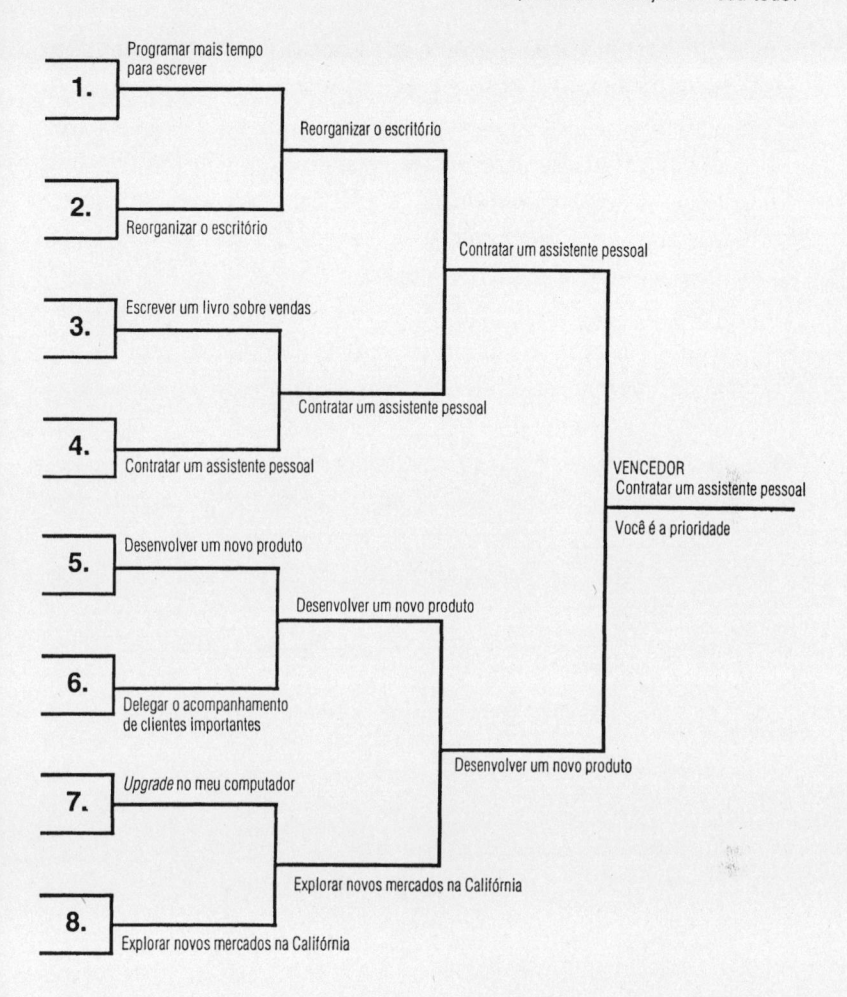

1. Programar mais tempo para escrever
   → Reorganizar o escritório
2. Reorganizar o escritório
   → Contratar um assistente pessoal
3. Escrever um livro sobre vendas
   → Contratar um assistente pessoal
4. Contratar um assistente pessoal

VENCEDOR
Contratar um assistente pessoal
Você é a prioridade

5. Desenvolver um novo produto
   → Desenvolver um novo produto
6. Delegar o acompanhamento de clientes importantes
   → Desenvolver um novo produto
7. *Upgrade* no meu computador
   → Explorar novos mercados na Califórnia
8. Explorar novos mercados na Califórnia

A PRINCIPAL JOGADA[2]

No lado esquerdo da folha, anote todas as metas a alcançar dentro de um ano. Use uma carta tipo baralho suficientemente grande para anotar todos os itens de sua lista — de 16, 32 ou 64

---

[2] Conceito de A Principal Jogada: *The On-Purpose Person*, Kevin McCarthy, 1992, utilizado com permissão da NavPress. Todos os direitos reservados. 1-800-366-7788.

linhas. (Estamos supondo que você tem mais de oito metas para alcançar em um ano.) Este é o sorteio inicial. Em seguida, decida quais metas são mais importantes, isto é, quais as que passarão para a jogada seguinte. Repita o processo até terminar com as oito finais. Elas se tornam suas Principais Cartas Sorteadas. Mais uma vez, você tem que selecionar qual das oito é a mais importante, indo de uma em uma até a vencedora. A fim de ajudá-lo a decidir, veja o que lhe diz a intuição. A intuição raramente nos engana. Esse sistema simples obriga-o a escolher o que é mais e menos importante em seu caso. Você poderá, claro, atingir mais tarde metas menos importantes, se assim desejar. Em seguida, repita esse processo no que interessa às metas de três, cinco e dez anos. Reconhecemos que uma visão de cinco e dez anos é muitas vezes mais difícil de criar. Não obstante, vale a pena fazer o esforço extra. Esses anos chegarão mais rápidos do que você pensa! Certifique-se de que terá pelo menos um plano de três anos.

Vejamos agora outra dica de importância vital. Antes de estabelecer prioridades, anote a razão mais importante por que deseja alcançar cada meta e o maior benefício que terá quando atingi-la. Conforme dissemos antes, razões importantes são a força propulsora que o mantém em atividade quando a situação se torna difícil. Será um bom uso do tempo identificar claramente essas razões, antes de começar. Essa medida garantirá que sua Principal Jogada é realmente a mais importante em sua lista.

3. Prepare um caderno ilustrado de metas

A fim de lhe aumentar a capacidade de concentração no novo estilo de vida que deseja, prepare um caderno ilustrado das metas mais importantes. Este é um processo divertido e dele toda a sua família pode participar.

Compre um álbum de fotos de bom tamanho e comece a juntar fotos. Por exemplo, se uma de suas metas é passar umas férias em Londres, Inglaterra, arranje algumas brochuras sobre viagens e corte três ou quatro fotos das atrações que deseja conhecer. Se for umas férias com toda a família, ponha um aviso no alto da página como o seguinte: "Estou gozando umas férias de três semanas com minha família em Londres, Inglaterra", e inclua a data em que deseja viajar.

E pode dividir o caderno em seções relativas a estilo de vida. Não esqueça de incluir todas as áreas que mencionou no Passo 2. Nossa amiga Glenna Salsbury usa sempre essa estratégia, com grande sucesso. No início de sua carreira, Glenna era uma mãe solteira com três filhas jovens, pagamento do aluguel da casa, do carro e necessidade de reativar alguns sonhos. Sua história é a seguinte:

Certa noite, compareci a um seminário sobre o princípio I X N = R (Imaginação combinada com Nitidez transforma-se em Realidade). O palestrante chamou atenção para o fato de que a mente pensa em imagens, não em palavras. E que quando imaginamos com nitidez o que queremos, isso se transforma em realidade.

Esse conceito tocou uma corda de criatividade em meu coração. Eu conhecia a verdade bíblica que diz que o Senhor "satisfará aos desejos de teu coração" (Salmos, 37:4) e que "como um homem o imagina em sua alma, assim ele é" (Provérbios, 23:7).

Eu estava resolvida a pegar minha lista de desejos e transformá-la em imagens. De modo que recortei velhas revistas e reuni fotos que representavam os desejos de meu coração. Em seguida, organizei-as em um atraente álbum de fotos e aguardei, cheia de esperança.

As fotos eram específicas. Incluíam: 1. Uma mulher vestida de noiva e um homem bonitão usando *smoking*. 2. Buquês de flores. 3. Uma ilha no mar faiscantemente azul do Caribe. 4. Diplomas de curso superior para minhas filhas. Uma mulher vice-presidente de empresa. (Eu trabalhava para uma empresa que não possuía funcionários graduados do sexo feminino. E eu queria ser a primeira mulher vice-presidente.) 6. Barrete de colação de grau — representando meu desejo de ter um diploma de mestrado do Fuller Theological Seminary, de modo que pudesse influenciar espiritualmente outras pessoas.

Oito semanas depois, eu descia de carro uma via expressa na Califórnia. Enquanto admirava o belo carro vermelho e branco que rodava ao meu lado, o motorista me fitou e sorriu. Retribuí o sorriso. Quando dei por mim, ele me seguia. Fingi ignorá-lo. Ele, porém, seguiu-me por 25 quilômetros. Fiquei apavorada! Dirigi por mais alguns quilômetros e ele fez o mesmo. Estacionei, ele estacionou... e, no fim, acabei casando com ele!

Após nossa primeira saída juntos, Jim me enviou uma dezena de rosas. Tivemos encontros durante uns dois anos. Todas as segundas-feiras, ele me enviava uma rosa vermelha e um bilhete carinhoso. Antes de casarmos, ele me disse:

— Descobri um lugar perfeito para nossa lua-de-mel... a ilha St. John's, no Caribe.

Só confessei a verdade sobre meu álbum de fotos quando Jim e eu nos mudamos para nosso novo lar, cuja foto eu tinha também no álgum.

Pouco tempo depois, tornei-me vice-presidente de Recursos Humanos na companhia. Após obter meu diploma de mestrado, fui uma das primeiras mulheres aceitas para curso de doutorado no Fuller Seminary. Não só minhas filhas se formaram em faculdade, mas prepararam álbuns de fotos próprios e, graças a esse princípio, viram Deus atuar em suas vidas.

Tudo isso parece um conto de fadas, mas é pura verdade. Desde então, Jim e eu organizamos vários álbuns de fotos. Descobri que não há sonhos impossíveis — e que podemos tornar realidades os nossos desejos mais profundos.

Fonte: *Histórias para aquecer o coração.*

Hoje em dia, Glenna Salsbury é uma das mais respeitadas palestrantes do país e ex-presidente da National Speakers Association.

Quanto mais claras e específicas suas imagens, mais provável é que você pemaneça focalizado e atraia os resultados que quer. De modo que, seja criativo. Explore maneiras diferentes de reforçar sua visão. Uma excelente maneira de começar é criar um Caderno Ilustrado de Metas.

No Capítulo 4, Criando o Equilíbrio Ideal, você vai aprender como formular um plano de ação específico, que lhe transformará as imagens em realidade. Mas, antes de chegar a esse ponto, três estratégias restantes o ajudarão a desenvolver uma clareza mental incomum sobre seus propósitos.

4. Use um livro de idéias

Trata-se simplesmente de uma caderneta onde você anota suas observações e *insights* diários. Ela é uma ferramenta importante para lhe expandir a percepção. Já lhe ocorreu uma grande idéia no meio da noite? Você se senta na cama, com a mente funcionando a mil. De modo geral, tem apenas alguns segundos para capturar a idéia antes de perdê-la, ou então o corpo lhe diz:

— Volte a dormir. São três horas da manhã!

Na verdade, você pode cair no sono outra vez, acordar horas depois e ter esquecido inteiramente aquela grande idéia.

> IDÉIA BRILHANTE SEM AÇÃO
> É A MESMA COISA QUE UM JOGADOR DE
> BEISEBOL SEM BASTÃO!

Esse é o motivo que torna tão valioso um Livro de Idéias. Ao anotar seus pensamentos mais brilhantes, você jamais precisará confiar na memória. E poderá reexaminar esses pensamentos em qualquer ocasião. Utilize-o para registrar idéias, dicas de vendas, estratégias de promoção e apresentação de argumentos de vendas, projetos que gerarão renda, citações que leu e historietas que o ajudarão a explicar melhor qualquer coisa. Simplesmente, todos os dias, mantenha os olhos e ouvidos abertos e escute o que lhe diz a intuição.

Se você, por exemplo, acaba de fazer uma grande apresentação de argumentos de venda, quando tudo correu exatamente de acordo com o planejado e fechou um grande negócio, anote esse fato no Livro de Idéias. O que foi que você disse que funcionou tão bem? Talvez tenha feito uma pergunta específica que desencadeou a decisão de comprar ou deu uma explicação melhor dos benefícios e serviços que pode proporcionar com o produto. Mentalmente, repasse a apresentação e anote o que funcionou.

É também útil gravar em fita a apresentação. Convide alguém que realmente respeita a acompanhá-lo na visita ao cliente e, em seguida, os dois podem discuti-la com vistas a melhorá-la. Continue a praticar. O astro de cinema Robin Williams faz cerca de 30 tomadas por cena, até que ele e o diretor fiquem satisfeitos com o seu desempenho.

Você já botou a perder uma importante apresentação dos méritos de um produto? A ocasião é também muito boa para reabrir o Livro de Idéias e anotar o que fez de errado. Pode sublinhar com tinta a besteira e acrescentar:

— Jamais diga isso novamente!

Em ambos os casos, ao anotar os pensamentos enquanto ainda estão frescos na mente, você reforça o que funcionou e não funcionou. Esse cuidado lhe dará uma incrível clareza mental.

Mas eis outra valiosa sugestão para o livro. Como primeira coisa pela manhã, durante dez minutos, registre seus sentimentos. Palavras que descrevem sentimentos incluem nervoso, triste, feliz, emocionado, entediado, zangado, entusiasmado, frustrado, energizado. Escreva-as no tempo presente, como se estivesse mantendo uma conversa consigo mesmo. Nas frases, use o "eu": "Hoje, eu estou me sentindo nervoso porque minha filha está dirigindo carro sozinha pela primeira vez" ou "Eu sstou animado porque vou começar a trabalhar hoje em um novo emprego". Quando habitualmente mantém contato com seus sentimentos, você fica mais ligado a situações do dia-a-dia e mais consciente do que está realmente acontecendo em sua vida.

5. Visualize, pense, reflita e passe em revista

O poder da visualização ocorre com muita freqüência nos esportes. Atletas olímpicos encenam muitas vezes mentalmente a prova, pouco antes de pisarem na pista. E focalizam, concentrados, um resultado positivo.

Mark Tewsbury, o medalhista olímpico canadense que venceu a prova de 200 metros de nado de costas no Jogos Olímpicos de 1992 em Barcelona, Espanha, subiu ao pódio nas vésperas da prova e visualizou-se vindo de trás e vencendo a competição. Ouviu o rugido da multidão, viu o lugar que sua família ocupava na arquibancada e viu a si mesmo recebendo triunfante a medalha de ouro. No dia seguinte, nadou exatamente como havia imaginado e ganhou por uma ponta de dedo!

Lembre-se, se imitar as técnicas usadas por campeões, você pode tornar-se também um deles. Use a imaginação para criar essas cenas de vitória.

Quanto mais nítidas as imagens e mais motivado se sentir, mais provável é que obtenha o resultado desejado. Trata-se de um processo sumamente poderoso. No Capítulo 4, Criando o Equilíbrio Ideal, você vai aprender como pensar em um nível mais profundo e a refletir e passar em revista, todos os dias, o seu progresso. Todas essas técnicas ajudam a gerar uma clareza mental incomum sobre seus propósitos, o que lhe dará uma vantagem evidente no mercado.

6. Procure consultores e grupos de alto nível

Outra maneira maravilhosa de obter grandes melhoramentos em sua produtividade e visão consiste em conseguir a ajuda de pessoas com vasta experiência em áreas onde você precisa mais de ajuda. Quando se cerca de um grupo cuidadosamente escolhido de especialistas, sua curva de aprendizagem sobe rápido. Mas poucas pessoas fazem isso em base rotineira. Mais uma vez, se ousar ser diferente, você vai conseguir bons resultados. A alternativa é tentar descobrir tudo, usando o método de tentativas e erros. Este é um método lento de progredir, porque enfrentará numerosos obstáculos e distrações. Por outro lado, aproveitar os conselhos e sabedoria de grupos específicos de consultores lhe proporcionará resultados mais rápidos.

Um Grupo de Consultores de Alto Nível consiste de quatro a seis pessoas que se reúnem com regularidade para compartilhar idéias e se ajudarem mutuamente. Essas alianças são poderosas e se caracterizam por promover relacionamentos de longo prazo. Você descobrirá mais coisas sobre eles no Capítulo 5, Formando Excelentes Relacionamentos.

Agora que tem um marco de referência completo para formular as metas a longo prazo, vejamos a peça final do quebra-cabeça — que denominamos de *Achievers Focusing System* (Sistema de Focalização de Profissionais Bem-sucedidos).

Sistema de Focalização de Profissionais Bem-sucedidos

Este método simples mas altamente eficiente de focalização torna fácil medir progresso e continuar na pista. É utilizado por todos os nossos clientes mais bem-sucedidos. Na prática, ele divide as metas em sete categorias e faz com que você desfrute de um excelente equilíbrio. Cabe-lhe escolher o marco temporal para conseguir esses resultados. Um ciclo de dois meses é bom. Embora não fique longe demais, fornece-lhe tempo suficiente para formular metas importantes.

As sete categorias de metas são as seguintes:

- FINANCEIRAS
- NEGÓCIOS/CARREIRA
- TEMPO DE LAZER!

- SAÚDE E APTIDÃO FÍSICA
- RELACIONAMENTOS
- PESSOAIS
- CONTRIBUIÇÃO AO MUNDO

Quando, num prazo de 60 dias, dedica parte do tempo para concretizar uma meta importante em cada uma dessas áreas, você começa a desfrutar aquilo que a maioria das pessoas se esforça com desespero para alcançar — equilíbrio. Com o equilíbrio, chega a paz de espírito. Todos os detalhes desse método são explicados no Passos para Ação, ao fim deste capítulo. O Sistema de Focalização de Profissionais Bem-sucedidos é a espinha dorsal de seu plano de trabalho. Inicialmente, talvez pareça irrealista atingir todas as sete metas em 60 dias. Com a prática, porém, você pode conseguir. Comece com pequenos aumentos e, aos poucos, aumente o alcance de suas metas. Ao iniciar esse processo, é mais importante conseguir sete minivitórias do que estabelecer metas ambiciosas demais. A fim de mantê-las no primeiro plano da mente, passe-as em revista todos os dias. A maioria não faz isso. Na verdade, a maioria nem mesmo tem um plano de ação para atingi-las. Seja mais esperto e passe à frente da concorrência. E serão ótimos os resultados que alcançará.

CONCLUSÃO

Como todos os bons hábitos, desenvolver o de clareza mental incomum sobre objetivos requer esforço e disciplina diários. Lembre-se, trata-se de um processo contínuo. Os pontos mais importantes são:

1. Como modelo, use a Lista de Conferência das Dez Principais Metas
2. Formule um plano-mestre para priorizar as metas
3. Prepare um Livro Ilustrado de Metas
4. Use um Livro de Idéias
5. Visualize, pense, reflita e passe em revista.
(O Capítulo 4 estudará em detalhes esses aspectos.)
6. Procure um Consultor ou Grupo de Consultores excepcionais. (Mostraremos como fazer isso no Capítulo 5.)
7. Use o Sistema de Focalização de Profissionais Bem-sucedidos para medir seu progresso semanal

FAÇA ISSO E TERÁ UMA LUCIDEZ EXCEPCIONAL, COM CERTEZA!

Se você está se sentindo um pouco sobrecarregado neste exato momento, não se preocupe. Isso é inteiramente normal. Dê um passo de cada vez. Reserve tempo suficiente para implementar cada uma dessas estratégias. Assuma consigo mesmo o compromisso de começar. Dê o primeiro passo. Em seguida, focalize-se em atingir as metas a curto prazo. Criar um futuro bem-sucedido exige energia, esforço e pensamento concentrado. Esta a razão por que a maioria das pessoas não faz isso. Não obstante, ao resolver ler este livro, você deu o primeiro passo para sobressair acima da multidão. Aceite o desafio. Focalize. As recompensas valerão a pena. Faça o esforço agora!

PASSOS PARA AÇÃO

Seu Plano-mestre Pessoal

Sistema de Focalização dos Profissionais Bem-sucedidos

Veja abaixo uma recapitulação completa que o ajudará a implementar seu Plano-mestre de "cenário global", bem como o plano de ação a curto prazo.

Lista de Checagem das Dez Principais Metas
A fim de maximizar os resultados, lembre-se que as metas devem ser:

1. Suas
2. Significativas
3. Específicas e mensuráveis
4. Flexíveis
5. Desafiadoras e interessantes
6. Harmonizadas com seus valores básicos
7. Bem equilibradas
8. Contribuir para a sociedade
9. Realistas
10. Contar com apoio

FAÇA ABAIXO UMA LISTA DE SEUS VALORES BÁSICOS:
Por exemplo: honestidade, integridade, viver uma filosofia otimista, vivenciar alegria e amor.

_____
_____

Suas 101 Metas

Para isso, use sua caderneta de notas. Antes de fazer a lista de todas as coisas que quer conseguir, volte ao Passo 2 na página 97. Releia atentamente essa seção. Anote seus pensamentos ao responder às perguntas. Isso o ajudará a desenvolver um marco de referência. Gaste nisso tanto tempo quanto precisar. Em seguida, prepare a lista concreta de suas 101 Metas. Depois disso, priorize a lista, utilizando sua carta de baralho, semelhante a que se encontra à pág. 99.

Seu Plano-mestre Pessoal

Use como guia o modelo de folha de registro que encontrará à pág. 112. Amplie-a, conforme necessário, dependendo do número de metas que se propõe alcançar em cada área. Certifique-se de que completa a coluna de razões e benefícios. As razões constituem as forças propulsoras por trás das metas. Além disso, escolha uma data específica para completar essa tarefa. Nós usamos o marco de referência Metas Fundamentais — sete áreas decisivas que possibilitam um estilo de vida de excelente equilíbrio. Se quiser, pode acrescentar outras áreas de importância especial para você. Utilize uma página semelhante para suas metas de três, cinco e dez anos.

Prepare um Livro Ilustrado de Metas

Releia o passo três (pág. 100). O fundamental aqui é divertir-se e ser criativo. Quanto maior o impacto produzido pelas ilustrações, melhor. Escolha-as grandes, bem nítidas, vivamente coloridas. Se uma das metas é ser dono de um carro novinho em folha, procure o revendedor local e consiga uma foto sua no assento do motorista. Um de nossos clientes queria ter um corpo bacana. Então, recortou o corpo de um atleta, decepou-lhe a cabeça e substituiu-a por uma foto da dele!

Use um Livro de Idéias

Releia o Passo 4 (pág. 103). Você pode escolher qualquer coisa, de uma caderneta de notas comum a "um diário" fina classe gravado a ouro. São muitas as opções. Dê uma passada na papelaria local.

Numere todas as páginas, caso não estejam já numeradas. Quando o livro estiver quase no fim, talvez seja bom iniciar um índice nas últimas páginas, a fim de ajudá-lo a encontrar mais tarde anotações específicas. Desenvolva o hábito de anotar suas melhores idéias, pensamentos e *insights*. Não se trata de um "Meu querido diário". Use-o para anotar estratégias com aplicação em seu ramo de negócio, idéias que gerem dinheiro, historietas que ilustram um argumento importante, conceitos de *marketing* e tudo mais que considerar importante. Se gosta de coisas bem estruturadas, invente etiquetas para tópicos específicos. O mais importante, contudo, é treinar-se para escrever. Comece nesta semana.

MEU PLANO-MESTRE PESSOAL

Folha de amostra de metas de um ano. Prepare uma folha de trabalho para suas metas a longo prazo.

De_____ Para_____	Meta específica	Razão para atingir esta meta	Data em que conseguirei isso
FINANCEIRA Renda total $150.000 Poupança/investimento $ 20.000 Eliminação de dívidas $ 25.000	1. Hipoteca saldada em 1º de janeiro de 2001. 2. Estarei ganhando $150.000 (antes dos impostos) em 1º de janeiro de 2001. 3. Até 30 de novembro de 2000, descobrirei um mentor rico para me aconselhar.	1. Livre de dívidas depois de 20 anos pagando empréstimos/investimentos. 2. Uma renda de seis algarismos aumentará minha confiança/reforçará meu negócio. 3. Planejo ser rico em seis anos e um mentor me orientará.	
CARREIRA & NEGÓCIOS Novos projetos, parcerias, expansão, novos produtos/serviços, vendas, novos empreendimentos, relacionamentos.	1. Em 31 de agosto de 2001 iniciarei minha própria companhia de programas de computadores. 2. Estou procurando um sócio que, até 30 de maio de 2001, investirá $1 milhão. 3. Até 30 de julho de 2001 terei desenvolvido dois novos produtos de programa de computador.	1. Quero a liberdade de ser meu próprio chefe, em vez de trabalhar por salário. 2. Estar bem capitalizado me dará uma forte base. 3. Provar que minha habilidade criativa pode gerar soluções excepcionais.	
TEMPO PARA ME DIVERTIR Férias, viagens, esportes, eventos especiais. Número de semanas livres __4__	1. De 22-29 de janeiro de 2001 vou tirar uma semana de férias no Colorado. 2. Vou organizar e comparecer ao 25º aniversário de uma reunião familiar. 3. De 1º de junho a 14, de 2001, vou fazer uma excursão pelas montanhas Rochosas.	1. Uma oportunidade de passar tempo de qualidade com meus melhores amigos. 2. Agradecer a meus pais pelo apoio e orientação. 3. Conhecer novas pessoas, passar o tempo refletindo e saboreando a natureza.	

© Programa The Achievers Coaching.

SAÚDE & APTIDÃO FÍSICA Perder/ganhar peso, programas de exercício, hábitos de saúde e alimentares, esportes, artes marciais.	1. Estarei com meu peso ideal de 85kg em 21 de fevereiro de 2001. 2. Vou correr 40 minutos por dia, quatro vezes por semana. 3. Vou começar a aprender Tai Chi no dia 15 de novembro de 2001.	1. Vou gozar de melhor saúde, ter melhor aparência e me sentir melhor. 2. Vou reforçar minha energia e resistência e apreciar o ar fresco. 3. Eu me sentirei mais relaxado, focalizado e consciente.
RELACIONAMENTOS 1. Família – cônjuge, filhos, pais, parentes. 2. Pessoais – amigos (locais & longa distância), mentores. 3. Profissionais – alianças estratégicas, mentores, sócios, clientes, funcionários, colegas.	1. Todas as semanas, vou ligar para minha irmã Gloria. 2. Até 31 de 2001, conquistarei seis clientes para minha nova empresa. 3. Até 1º de março de 2001, criarei um Grupo de Consultores de Alto Nível.	1. Dar-lhe apoio e ajudá-la através do divórcio. 2. Estabelecer uma forte base para meu novo negócio. 3. Cercar-me de pessoas ambiciosas, gozadoras da vida, positivas.
PESSOAL 1. Tudo que eu quiser pessoalmente ter, ser ou fazer. 2. Educação – cursos, palestrante profissional, consultoria, leitura etc. 3. Espiritual – cursos, estudo da Bíblia, igreja, relacionamentos, retiros.	1. Até 30 de junho de 2001, comparecerei a três grandes concertos. 2. Até 1º de abril de 2001, completarei um curso de falar em público de dez semanas. 3. Até 31 de agosto de 2001, lerei quatro livros que aumentarão minha consciência espiritual.	1. Apreciar e saborear música clássica. 2. Melhorar em muito minha capacidade de apresentar argumentos. 3. Tornar-me mais consciente de minha finalidade na vida.
CONTRIBUIÇÃO Caridade, comunidade, aconselhamento, igreja.	1. Até 14 de outubro de 2001, servirei de mentor, uma vez por semana, a um estudante de escola secundária. 2. Doarei 10% de minha renda a duas obras de caridade favoritas e à igreja. 3. Eu me apresentarei como voluntário para ajudar na campanha anual da United Way.	1. Ajudar e estimular alguém que pode estar enfrentando dificuldades. 2. Experimentar sempre a alegria da doação incondicional. 3. Ajudar pessoas menos afortunadas.

© Programa The Achievers Coaching.

Sistema de Focalização dos Profissionais Bem-sucedidos

Este é o plano de trabalho semanal que assegura que você atingirá as maiores metas constantes de seu Plano-mestre pessoal de longo prazo. As categorias são idênticas. Releia as folhas de amostra constantes das págs. 116-117. O primeiro passo consiste em anotar a meta mais importante em cada uma das sete áreas. Lembre-se, seja específico.

1. FINANCEIRA. É dividida entre renda total e volume que deseja poupar ou investir durante esse tempo. Se está pagando dívidas, pode também anotar o total na mesma página.
2. NEGÓCIOS/CARREIRA. Você provavelmente atingirá várias metas de negócios nesse marco temporal. Selecione, no entanto, as que o ajudarão a progredir mais e focalize-se nelas. Talvez seja uma meta de vendas, um novo projeto, um empreendimento conjunto ou contratar (ou mandar embora) uma pessoa importante para seu progresso.
3. TEMPO DE LAZER. Esta é sua meta de tempo livre, longe do trabalho. Registre o número de dias e lembre-se: você merece.
4. SAÚDE E APTIDÃO FÍSICA. Neste particular, há três principais componentes a levar em conta — o físico, o mental e o espiritual. O que é que você vai fazer para melhorar sua saúde geral? Pense em exercícios físicos, hábitos alimentares, novos conhecimentos e despertar espiritual.
5. RELACIONAMENTOS. Em qual relacionamento importante vai trabalhar nesse período de tempo? Quem sabe, mais tempo com um membro da família, um consultor, empregados importantes ou um cliente. Eviden-

temente, durante todas as semanas, você interage com um bocado de pessoas. Não obstante, concentre-se em expandir bastante um desses relacionamentos.

6. PESSOAL. Esta é uma opção em aberto, envolvendo aquilo que lhe dá satisfação pessoal. Pode incluir comprar alguma coisa, aprender uma nova habilidade, tal como tocar violão ou planejar umas férias especiais.

7. CONTRIBUIÇÃO. Com o que, durante esse período, você vai contribuir para a sociedade? Talvez com uma contribuição financeira para sua instituição de caridade predileta ou uma obra de igreja. Ou talvez contribua com tempo para projetos comunitários ou clubes esportivos locais, quando não simplesmente ajudar alguém como bom ouvinte.

Ao terminar de anotar as sete metas principais, mude a focalização para a semana seguinte — nós a chamamos de A Focalização de Sete Dias. A coisa funciona da seguinte maneira: no início de cada semana, selecione as três coisas mais importantes que quer realizar. Certifique-se de que escolhe atividades que o levam para a realização de suas sete principais metas.

Se a meta de saúde e aptidão física é organizar um novo programa de exercícios, por exemplo, o primeiro passo talvez seja entrar numa academia de ginástica. Se sua principal meta de relacionamento é passar mais tempo com os filhos nos fins de semana, o primeiro passo poderia ser marcar esse tempo em sua agenda semanal. Se sua meta global nos negócios é atingir um determinado volume de vendas, você poderia marcar um certo número de reuniões nos sete dias seguintes, para ter um bom começo.

Claro, você estará fazendo simultaneamente outras coisas todas as semanas em sua vida empresarial e pessoal. Este plano de ação o ajudará a focalizar-se nas ati-

SISTEMA DE FOCALIZAÇÃO ACHIEVERS

De _____ Para _____ Escolha um objetivo em cada uma das sete áreas. Para maior clareza, mantenha a coisa simples e específica.	A FOCALIZAÇÃO DE SETE DIAS: No início de cada semana, escolha as três coisas mais importantes que você quer focalizar. Escolha atividades que o levarão para a conquista de suas sete principais metas. Faça contato com seu parceiro de focalização para conferir seu progresso.	Parceiro de Focalização: Nome: Linda Martin Fone: 555-4000 Fax: 555-9045
FINANCEIRO Tenho uma renda total de Estou poupando ou investindo Estou reduzindo minhas dívidas em	$ 12.000 $ 2.000 $ 1.000	**Semana 1.** Contato com parceiro de focalização: ❏ sim ❏ não 1. Plano de jogo específico para concurso de vendas. 2. Início de programa de caminhada. 3. Contato com instituição de ensino.	**Semana 7.** Contato com parceiro de focalização: ❏ sim ❏ não 1. Lançamento de grupo de focalização de clientes. 2. Prolongamento por um mês de grupo de consultoria. 3. Escolher um presente surpresa para Fran.
NEGÓCIOS (Por exemplo, projetos, vendas ou novos empreendimentos)	Na sexta-feira, 22 de fevereiro, vou comemorar o lançamento de nosso novo produto.	**Semana 2.** Entrar em contato com parceiro de focalização: ❏ sim ❏ não 1. Marcar dez visitas de vendas. 2. Finalizar brochura sobre novo produto. 3. Ligar para os principais clientes.	**Semana 8.** Entrar em contato com parceiro de focalização: ❏ sim ❏ não 1. Checagem final para lançamento de produto na sexta-feira. 2. Marcar oito visitas de venda. 3. Ligar para os clientes principais.
TEMPO PARA ME DIVERTIR! (Dias de folga para relaxamento, férias e rejuvenescimento)	Vou tirar 17 dias de folga.	**Semana 3.** Entrar em contato com parceiro de focalização: ❏ sim ❏ não 1. Esboçar Capítulo Um do livro. 2. Completar primeiro encontro de consultoria. 3. Marcar na mídia apresentação do novo produto.	**Semana 9.** Entrar em contato com parceiro de focalização: ❏ sim ❏ não 1. Esboçar Capítulo Três do livro. 2. Ligar para consultor financeiro; investir bônus de $ 2.000. 3. Marcar oito visitas de venda.
SAÚDE	Vou dar um passeio de 30 minutos, quatro dias por semana.		

© Programa The Achievers Coaching.

RELACIONAMENTOS (Por exemplo, família, pessoais ou profissionais.)	Estou me concentrando em meus três principais clientes; mínimo de dois contatos pessoais, semana sim, semana não.	**Semana 4.** Contato com parceiro de focalização: ☐ sim ☐ não 1. Ligar para principais clientes. 2. Manter programa de caminhada, aumentar o tempo. 3. Marcar oito visitas de venda.	**Semana 10.** Contato com parceiro de focalização: ☐ sim ☐ não
PESSOAL (Por exemplo, projetos, compras ou aprendizagem.)	Estou esboçando os três primeiros capítulos de meu novo livro.	**Semana 5.** Contato com parceiro de focalização: ☐ sim ☐ não 1. Planejando longa folga no fim de semana de 23-25 de fevereiro. 2. Confirmar data de entrega do novo produto. 3. Pagar o cartão de crédito: $ 1.000.	**Semana 11.** Contato com parceiro de focalização: ☐ sim ☐ não
CONTRIBUIÇÃO (Por exemplo, obras de caridade, comunidade ou donativos.)	Uma vez por semana, durante seis semanas, aconselhamento a um aluno de escola secundária.	**Semana 6.** Contato com parceiro de focalização: ☐ sim ☐ não 1. Ligar para os clientes principais. 2. Marcar oito visitas de venda. 3. Esboçar Capítulo Dois do livro.	**Semana 12.** Contato com parceiro de focalização: ☐ sim ☐ não
Marco temporal sugerido: 60 ou 90 dias.			

© Programa The Achievers Coaching.

vidades mais importantes. Não esqueça de monitorar seu progresso. Tudo que é medido acaba sendo feito! É divertido, todas as semanas, dar um tique em tarefas que completou, e isso lhe reforçará a confiança, uma vez que o leva para mais perto das principais metas. Recomendamos encarecidamene que arranje um parceiro de focalização, que lhe cobre bons resultados. Ele poderia ser um colega na empresa, que talvez gostasse também de usar o Sistema de Focalização de Profissionais Bem-sucedidos.

Telefone para o parceiro no começo da semana e lhe diga quais são suas três atividades mais importantes. Sete dias depois, discuta com ele os resultados, vitórias e desafios, bem como inicie o processo para a semana seguinte. Ao se apoiarem e desafiarem reciprocamente, é menos provável que recorram à proscrastinação durante a semana. Há uma expectativa quando vocês reconhecem que progresso foi feito. Vocês podem também criar alguns incentivos que os estimularão a se manterem focalizados. Uma de nossas clientes, por exemplo, é uma esquiadora entusiástica. Ela reservou um dia de folga na estação de esqui favorita como recompensa por ter atingido a meta semanal. Como mais um incentivo, se não completasse os três objetivos semanais mais importantes, prometeu a si mesma que transferiria a reserva paga na estação para o parceiro de focalização. Outro cliente disse que poderia telefonar para seu maior concorrente e lhe dar três importantes dicas de negócio, se não atingisse as metas da semana. E essa era toda motivação de que ele precisava.

VIVENDO COM UMA FINALIDADE

INICIAR UMA AÇÃO DECISIVA

PERSISTÊNCIA INVARIÁVEL

PEÇA AQUILO QUE QUER

O FATOR CONFIANÇA

FORMANDO EXCELENTES RELACIONAMENTOS

CRIANDO O EQUILÍBRIO IDEAL

VOCÊ PERCEBE A SITUAÇÃO EM SEU TODO?

**ISTO NÃO É EMBROMAÇÃO.
TRATA-SE DE FOCALIZAÇÃO**

OS HÁBITOS DETERMINARÃO SEU FUTURO

Você construiu um sólido alicerce. Parabéns!

Estratégia de Focalização nº 4

Criando o equilíbrio ideal

"Quando trabalhar, trabalhe, e quando se divertir, divirta-se."

— *Jim Rohn*

Gerry, arquiteto projetista, vive muito ocupado

Como sócio da empresa, ele trabalha longas horas. Acorda bem cedo todos os dias — nunca depois das 6h da manhã. Seu desjejum é uma xícara de café tomada às pressas no carro. Às vezes, come uma rosca grudenta com o café.

Jane, a esposa, trabalha também em tempo integral, de modo que os dois filhos, Paul, de quatro anos de idade, e Sarah, de dois, são levados para uma creche. Gerry pouco vê os filhos. Já saiu para o escritório quando eles acordam e, em geral, só volta para casa depois das 7h30 da noite. Nessa ocasião, as crianças já estão em geral dormindo. Mesmo nos fins de semana, os negócios lhe consomem um bocado de tempo. Há sempre mais alguma coisa a fazer no escritório e, quando Jane o censura por "morar lá", ele traz uma pilha da papelada burocrática para despachar em casa, geralmente até depois da meia-noite, quando todo mundo está dormindo.

Os filhos têm uma maneira interessante de comunicar-se com ele. Deixam pequenos desenhos ou adesivos no espelho do banheiro. Gerry sente-se culpado quando os vê, especialmente quando lê os que dizem o quanto sentem falta dele. Mas o que é que pode fazer? A empresa está numa situação crítica. Após três anos de longas horas de trabalho, ele e os dois sócios estão iniciando um grande plano de expansão. Sendo o sócio mais novo, grande parte do trabalho extra cai sobre os ombros dele.

Mesmo com duas fontes de renda em casa, o dinheiro anda curto. Jane quer levar as crianças para conhecer a Disneylândia, mas, sem um orçamento que inclua poupança, é provável que isso não aconteça tão cedo.

Você participa realmente da vida familiar? Essa situação de omissão está se tornando cada vez mais comum, à medida que pessoas lutam para atingir um equilíbrio sadio entre carreira, vida pessoal e família. Não raro, as maiores pressões caem sobre as mulheres, que trabalham em tempo integral para construir uma carreira e das quais se espera que cozinhem, façam faxina na casa e, ao mesmo tempo, atendam a maioria das necessidades das crianças. Na verdade, essas pressões múltiplas tornaram-se, nos dias correntes, uma das maiores razões dos divórcios e dissolução da família. Por quanto tempo Gerry, Janes, Sarah e Paul poderão continuar com tal rotina? No fim, alguma coisa tem que ceder e, provavelmente, isso acontecerá mais cedo do que mais tarde.

Se você sente estresse ou preocupação com a qualidade da vida que leva atualmente, estude este capítulo com todo cuidado. Nas próximas páginas, você encontrará soluções para essas preocupações. Mais importante ainda, nós lhe ensinaremos um sistema excepcional que lhe garantirá um estilo de vida sadio e bem equilibrado. Há uma maneira melhor de viver. Viver preso como Gerry não dá. De modo que, continue a ler. Leia e releia as informações seguintes e prepare-se para fazer mudanças.

Em primeiro lugar, queremos enfatizar que algumas pessoas de fato gozam de equilíbrio perfeito na vida diária. Vejamos um exemplo. Os nomes delas são John e Jennifer. Tal como Gerry no caso anterior, John tem 38 anos de idade. Está casado e feliz com Jennifer há 15 anos. Têm três filhos, David, de três anos, Joanne, de sete, e Charlene, de nove. John também trabalha muito em sua empresa de instalações elétricas, que fundou há seis anos. Ao contrário de Gerry, John e família tiram férias anuais. Na verdade, reservam para isso seis semanas, todos os anos. John e Jennifer têm pais com fortes valores e sem dúvida esse fato os influenciou enquanto cresciam. Um deses valores é uma excelente ética de trabalho: "Se vai fazer um trabalho, faça o melhor que puder." Outra diz respeito ao valor da poupança e de investimento. Quando casaram, ambos tinham um plano de poupança. Nos primeiros anos, juntaram o potencial de poupança de ambos com o objetivo de criar uma sólida e diversificada carteira de investimentos. Com ajuda de um especialista financeiro escolhido a dedo, o plano de investimento de ambos valia nesse momento cerca de 200 mil dólares. Haviam criado também um fundo de educação com vistas a custear as despesas dos filhos na faculdade.

No trabalho, John tem um assistente pessoal de primeira classe, o que lhe permite concentrar-se no que faz melhor. Em coseqüência, não fica emaranhado em papelada burocrática nem é distraído por pessoas que poderiam lhe desperdiçar períodos valiosos de tempo. Devido a habilidade de organizar bem o trabalho, pode gozar folga na maioria dos fins de semana. Embora comece cedo o dia, raramente chega em casa depois de 6h da tarde, o que lhe permite passar tempo de qualidade com a família.

No início de cada ano, John e Jennifer reúnem-se e planejam as metas pessoais e familiares de cada um, que incluem tempo específico para férias, incluindo um feriadão com toda família e pequenas folgas de três ou quatro dias com os filhos. Duas vezes por ano, John goza um longo fim de semana longe de casa e vai jogar golfe com seu Grupo de Consultores de alto nível. Jennifer planeja também alguns passeios para esquiar, com um grupo de amigas.

LEMBRE-SE, SE QUER RESULTADOS DIFERENTES,

Faça Alguma Coisa Diferente.

Graças à autodisciplina e bons conselhos, John e Jennifer criaram um sadio equilíbrio de vida. Não sucumbiram à síndrome do viciado em trabalho, que prejudica tantos relacionamentos. E John não sente nenhuma culpa quando tira uma folga. Sua atitude é: "Trabalho muito e bem em minha empresa, de modo que mereço um tempo para me divertir." Como resultado, consegue obter alta renda. Esse fato, combinado com o hábito do casal de investir, minimiza qualquer pressão financeira. E, fato interessante, nem John nem sua família são orientados para o consumo. Não gastam um dinheirão em bens de consumo típicos. Em vez disso, preferem economizá-lo para umas férias memoráveis. Os filhos não ganham tudo que pedem, mas tampouco sofrem com isso. John sente-se mais do que feliz guiando seu carro velho de quatro anos, ao contrário de Gerry, que prefere um novo modelo ano sim, ano não, mesmo que realmente não tenha folga para fazer essa despesa.

Examinando os estilos de vida de John e Gerry, em qual deles você se encaixa? Não é difícil descobrir qual o que tem o melhor estilo de vida. Bem, você talvez não dirija sua própria empresa nem esteja na mesma faixa etária deles. E talvez nem mesmo seja casado ou tenha filhos. Mas o importante não é isso. O importante é:

— Você desfruta um estilo de vida bem equilibrado, fazendo o trabalho que adora, que lhe dá um excelente retorno financeiro e lhe abre um tempo só seu para atender a outros interesses?

A resposta é "Sim" ou "Não".

O SISTEMA Alerta-E

Se a resposta é "Não", vamos lhe ensinar agora um sistema que o manterá focalizado e equilibrado. Mesmo que tenha respondido "Sim", este sistema excepcional lhe eleva a percepção a um novo nível. É denominado de Sistema de Equilírio Ideal **Alerta-E**. Com ele, você estará mais alerta todos os dias para aquelas pressões sutis que podem, com tanta facilidade, desviá-lo da meta.

Se procurar a palavra alerta no dicionário, vai encontrar a seguinte definição: "Pronto, atento, usando a inteligência, de guarda, consciente, preparado."

Obviamente, estar pronto todos os dias e usar de inteligência o manterá atento a suas prioridades e estado de equilíbrio. Quando está realmente alerta, você fica mais consciente do que acontece. E o que é o oposto de alerta? Desatento, despreparado ou estúpido! Se tivesse opção, em qual prato da balança gostaria de sentar-se — alerta, despreparado ou estúpido? A opção é sua e pode exercê-la todos os dias. Escolher o alerta e não a opção negativa é a opção óbvia. Por que, então, se é uma opção fácil, a maioria das pessoas senta-se no outro prato da balança? A verdade é: velhos hábitos custam a morrer. É incômodo introduzir mudanças e parece que nunca há tempo suficiente para isso. É mais fácil fazer as coisas à velha maneira, mesmo que as conseqüências a longo prazo talvez sejam desastrosas. Quando a questão é desfrutar um excelente equilíbrio na vida, a maioria das pessoas está inteiramente despreparada, é facilmente surpreendida de guarda baixa e não se mostra muito sabida.

Agora vamos ver o que é a realidade. Analisaremos em detalhes seu comportamento diário, usando o acrônimo **Alerta-E**. Essas sete letras constituem uma fórmula poderosa, que o ajudará a ter um dia bem equilibrado. Repita o processo sete vezes e terá uma semana bem equilibrada. Insista durante apenas quatro semanas e terá um mês maravilhoso. Transforme isso em hábito de todos os meses e, quando menos se der conta, descobrirá que está entrando um bocado mais de dinheiro em seu bolso. Dando os sete passos, preste atenção a suas emoções. Torne-se consciente de qualquer resistência que sentir. Pense nos motivos dessa resistência potencial. Desfazer-se de quaisquer bloqueios mentais o ajudará em muito a forjar o novo hábito de Equilíbrio Ideal.

> TODAS AS CASAS BEM CONSTRUÍDAS
> COMEÇARAM COM UM PLANO DEFINIDO
> SOB A FORMA DE PLANTAS-BAIXAS.
> — *Napoleon Hill*

E significa esquema de construção

É assim que você se prepara para a vida. Você realmente se prepara, não? Um esquema de construção é simplesmente um mapa para o dia. Ajuda-o a priorizar tarefas importantes em sua pauta de atividades. Como exemplo, imagine um prédio alto, belo, em uma grande cidade. De uma arquitetura estonteante. Por toda parte, vemos mármore e vidro com detalhes refinados que complementam o projeto excepcional. Mas, antes de ser posta a primeira pedra, um esquema de construção foi preparado e aprovado. Os donos do prédio não disseram simplesmente ao empreiteiro:

— Queremos um prédio grande, alto, com um bocado de vidro e mármore — e aqui está o dinheiro. Vejam o que podem fazer.

Não, cada detalhe foi meticulosamente planejado e visualizado claramente antes.

Se você pede a uma gráfica que imprima uma brochura, tem que aprovar o esquema gráfico antes que o trabalho seja passado às máquinas. Dessa maneira, você examina tudo com atenção antes do início do trabalho, dada a possibilidade de haver erros ou omissões. É a última checagem antes de ser iniciada a ação.

No preparo de seu esquema de construção para o dia, você tem duas opções: ou fazer isso na noite anterior ou bem cedo pela manhã, antes de começar o expediente. E precisa de apenas dez ou 15 minutos para fazer isso.

Pesquisa recente indica que se preparar o esquema na noite anterior, e não pela manhã, sua mente inconsciente trabalhará durante a noite, resolvendo como cumprir o plano para o dia seguinte, isto é, preparando a melhor argumentação de vendas, enfrentando potenciais objeções ou solucionando quaisquer conflitos ou problemas. De modo que, se puder, reserve um tempo todas as noites para planejar o dia seguinte e passe em revista o plano antes de dormir. Esse repasse deve focalizar suas atividades mais importantes, tais como as pessoas com quem vai se encontrar e a finalidade e objetivo do encontro. Estabeleça limites específicos de tempo para os encontros. Além disso, reveja os projetos em que terá que trabalhar e providencie para lhes reservar tempo suficiente.

É importante ter seu próprio sistema de registro, que pode ser diário, do tipo padrão, como uma agenda em forma de livro, ou, quem sabe, você prefere uma agenda eletrônica ou *software* de computador. Escolha simplesmente o sistema que funciona bem em seu caso. Para obter melhores resultados, conserve-o simples. Faça-o sob medida para ajustar-se a seu estilo.

Você já observou pessoas que não têm o hábito de preparar um esquema para o dia? Você encontrará algumas delas na maioria das equipes de venda. Como primeira coisa pela manhã, elas tendem a perder tempo em volta do bule de café. E para muitas delas, que não estão nem aí para planejamento, a "primeira coisa" do dia é algo após as 9h da manhã. Na pauta de atividades, bater papo com os amigos e ler o jornal figuram em lugar de destaque em suas agendas. Talvez o primeiro telefonema de vendas ocorra por volta de 11h da manhã, de modo que você pode imaginar como será provavelmente produtivo o resto do dia.

Um esquema bem planejado lhe fornecerá meios para assumir o controle do dia. Você está no controle desde o início, preferivelmente cedo. Essa situação lhe dará uma enorme sensação de confiança e é provável que consiga realizar muito mais coisas.

A ÚNICA COISA QUE SEPARA VENCEDORES DE PERDEDORES É QUE OS PRIMEIROS AGEM!
— *Anthony Robbins*

A significa ação

Você na certa notou que a letra A é mais larga do que as demais do acrônimo **Alerta-E**. Isso não acontece por acaso. Quando o assunto é passar em revista os resultados obtidos, o volume de ação que investe em seu dia determinará diretamente sua pontuação. Por favor, note que há uma diferença entre estar ocupado e executar uma ação específica, bem planejada. Você pode viver um dia muito ocupado sem nada ter para mostrar. Você não chegou mais perto da conquista de suas metas mais importantes. Até pareceu que o dia simplesmente se evaporou. Talvez você estivesse tratando de problemas banais ou se deixou interromper um sem-número de vezes. Como perguntamos no Capítulo 3: você percebe a situação no seu todo? É melhor investir seu tempo no que faz de melhor. Concentre-se nas atividades que produzem os maiores resultados. Estabeleça limites ao que fará e não fará. Delegue judiciosamente autoridade e fique de guarda para não ultrapassar seus limites.

No Capítulo 9, Iniciar Ação Decisiva, nós lhe ensinaremos algumas estratégias excelentes, que o ajudarão a eliminar a procrastinação e a tornar-se altamente proativo.

Um último comentário: quando estiver de férias ou tirando um dia de folga para divertir-se, a ação no seu caso é simplesmente a de curtir a si mesmo. Não é necessário passar em revista suas metas ou fazer qualquer coisa recionada com os negócios. Na verdade, para se energizar de verdade, é essencial relaxar 100%. Lembre-se: você merece uma folga. Portanto, aproveite-a.

> HÁ BASICAMENTE DUAS COISAS QUE O
> TORNARÃO MAIS ESPERTO — OS LIVROS QUE LÊ
> E AS PESSOAS QUE CONHECE.
> — *Charles "Tremendous" Jon*es

L significa leitura

Outro aspecto de um dia bem equilibrado consiste em reservar um tempo para expandir seus conhecimentos, o que, aliás, não exige muitas horas de estudo. Há muitas maneiras de aprender, à medida que o dia vai passando. O fundamental é que você sinta curiosidade. O nível de curiosidade sobre como a vida e os negócios realmente funcionam contribuirá em muito para que você se torne um homem rico. De modo que, vamos mostrar algumas opções de aprendizado. Você pode aprender com livros, fitas gravadas, vídeos e veículos bem escolhidos da mídia. Conforme mencionado acima, desenvolva o hábito de ler durante pelo menos 20 ou 30 minutos pela manhã, o que será uma excelente maneira de iniciar o dia.

O que é que você deve ler? Leia aquilo que for estimulante, constitua um desafio ou lhe traga uma vantagem em sua indústria ou profissão. Neste particular, há muito para escolher, como, por exemplo, ler alguns contos de nossa série *Histórias para aquecer o coração*, que lhe consumirá apenas alguns minutos enquanto toma o café da manhã. Biografias e autobiografias são especialmente inspiradoras. A leitura lhe dará um empurrão extra de energia positiva. O que quer que faça, evite digerir quaisquer partes negativas dos jornais. Empanturrar-se de guerras, assassinatos, distúrbios de rua e calamidades servirá apenas para lhe drenar as energias antes de começar o dia — o que não é lá um bom plano.

Milhares de livros contam a vida de pessoas interessantes e bem-sucedidas na vida, de astros do esporte a celebridades, aventureiros, empreendedores e grandes líderes. Há uma riqueza de idéias nesses volumes, à espera de serem absorvidas por todos aqueles com um pouco de curiosidade e desejo de fazer melhor as coisas. E você nem mesmo tem que pagar por isso. Essa imensa riqueza de conhecimentos está à disposição de todos na maioria das bibliotecas, de um lado a outro do país. E, claro, há a Internet, ao alcance da ponta de seus dedos. Muitos desses livros podem ser obtidos em forma condensada. Em vez de gastar uma semana ou um mês para lê-los, você pode extrair deles todos os destaques e pontos mais importantes. Claro, certifique-se de que quem faz a condensação é altamente qualificado para isso. (Ver o Guia de Recursos de nossa lista de leituras recomendadas, além de outros recursos muito valiosos.)

Último comentário sobre leitura: pense em fazer um bom curso de leitura dinâmica, o que conseguirá reduzir espetacularmente o volume de tempo gasto neste particular. Como tudo mais, vai precisar praticar para se tornar proficiente, mas, a esta altura, você já compreendeu isso.

Fique de olhos abertos para comentários especiais na TV, tais como *Biography*, na A & E. O Learning Chanel, o Discovery Chanel, o History Chanel e a PBS Television oferecem, todos, excelentes programas. E você pode também aprender muito com filmes e peças de teatro que lhe causem um impacto profundo não só intelectual, mas também emocional. Quando em contato com as emoções, desenvolvemos *insights* e compreensão profunda. E, lembre-se, tudo bem se chorar um pouco de vez em quando.

APRENDENDO COM TODAS AS FONTES

Falamos nisso antes, mas um reforço nessa idéia vale a pena. Você sabia que pode obter o equivalente a um diploma universitário simplesmente indo e vindo de carro do trabalho todos os dias? Eis como: em vez de escutar algum *disc jockey* maluco no rádio ou um bocado de notícias deprimentes, transforme o carro em um centro de aprendizagem. Fitas de áudio constituem uma das maneiras mais produtivas de lhe expandir a percepção. Pondo-as para tocar uns 20 minutos por dia lhe dará mais de 100 horas por ano para aprender mais coisas. E quando aplicar o que aprendeu, ganhará mais dinheiro.

Você pode escolher entre milhares de fitas. A maioria das livrarias oferece versões cassete dos livros mais vendidos sobre negócios e desenvolvimento pessoal. E você pode também alugar fitas em lojas de auto-ajuda, bem como excelentes vídeos sobre uma grande variedade de tópicos. Eles são muitas vezes apresentados por alguns dos melhores palestrantes do mundo. (Ver, para maiores detalhes, nosso Guia de Recursos.)

Além do mais, aprenda consigo mesmo. Você pode tirar grande proveito das experiências diárias. Como foi que venceu seu último desafio? Toda vez em que assume um risco ou sai da zona de conforto, é grande a oportunidade de aprender mais sobre si mesmo e sua capacidade. Mais sobre este assunto sob a letra *T* do sistema **Alerta-E**.

Aprenda também com os demais. Poderá aprender muita coisa observando e avaliando pessoas. O que é que os ricos fazem? Como foi que se tornaram ricos? Por que algumas pessoas lutam durante toda vida? Por que só há uma pequena percentagem de pessoas financeiramente independentes? Por que algumas delas têm relacionamentos carinhosos, maravilhosos? Usar a experiência das outras pessoas como meio de comparação será uma tremenda ajuda para você. Tudo que precisa fazer é manter olhos e ouvidos abertos e fazer umas poucas perguntas.

JACK:
Recentemente, dirigi um curso intensivo sobre motivação de vendas para uma companhia fabricante de lentes ópticas na Califórnia. Cerca de 200 vendedores compareceram. Pedi que aqueles que conheciam os maiores vendedores da companhia levantassem a mão. Quase todos. Pedi em seguida que levantassem a mão se haviam abordado qualquer um desses grandes vendedores e lhes perguntado quais seus segredos de sucesso. Ninguém mexeu nem um dedo. Que tragédia isto é! Todos nós conhecemos pessoas bem-sucedidas na vida, mas temos medo de abordá-las e lhes pedir informações, direções e orientação. Não permita que o medo de rejeição o impeça de perguntar. A pior coisa que pode acontecer é que elas não lhe digam nada. Você terminaria não sabendo o

que elas sabem. Mas também você não sabe agora o que elas sabem, de modo que a situação não pode tornar-se pior, pode? De modo que, assuma o risco. Pergunte!

Transforme isso em hábito. E eis outra idéia: arranje coragem e convide uma pessoa bem-sucedida para almoçar todos os meses — alguém que respeite e admire. Prolongue o almoço, quanto mais pratos, melhor. Faça perguntas. Você descobrirá uma mina de ouro de informações e nela talvez encontre algumas autênticas pepitas de sabedoria que poderão lhe transformar a empresa, os assuntos financeiros ou a vida pessoal. Não é possível? Claro que é. A maioria das pessoas, porém, nem se coça para fazer isso. Vivem ocupadas demais para fazer uma pausa e aprender com pessoas mais experientes. Aprender simplesmente lhes ampliaria as oportunidades.

JACK:
No começo da carreira, meu sogro, que era um dos maiores vendedores da NCR, criou o hábito de convidar os maiores vendedores e gerentes para um drinque e de lhes fazer perguntas sobre as maneiras como haviam entrado naquele ramo de atividade, bem como sobre o que poderia fazer para ter melhor desempenho. Todos esses conselhos lhe renderam excelentes resultados. E no fim ele acabou como presidente da NCR Brasil.

Por falar nisso, a aprendizagem diária não precisa ser do tipo que lhe transforma inteiramente a vida ou em mega-escala. Não raro, são os pequenos detalhes que fazem a diferença. Sintonia fina constante é o verdadeiro caminho para a competência. De modo que, aprenda um pouco todos os dias.

MARK:
Estávamos levando nossos esquis para o carro depois de um dia inteiro nas encostas das monta-

nhas. Com uma boa distância para percorrer, eu estava tendo dificuldade para transportá-los. Um de meus amigos apontou para a instrutora de esqui, que ia à frente, carregando todo seu equipamento sem nenhum esforço. Notei que ela levava a parte central dos esquis empoleirada no ombro direito e que a mão direita segurava de leve a parte dianteira, o que lhe dava excelente equilíbrio. Imitamo-lhes a técnica. E que diferença! Pouquíssimas pessoas usavam por ali esse método simples — estavam todos lutando, como nós mesmos havíamos feito. A moral da história é que a vida nos ensina todos os dias alguma coisa, se apenas mantemos os olhos e ouvidos abertos e estamos conscientes do que acontece em volta.

Charles "Tremendous" Jones teve toda razão quando disse:
— Há basicamente duas coisas que nos tornarão mais competentes: os livros que lemos e as pessoas que conhecemos.

Não deixe de fazer ambas as coisas. Além disso, as fitas que escuta e o treinamento pessoal que recebe desempenharão um papel importante em sua vida.

Se quer realmente subir para as alturas, reserve uma hora por dia para aprender mais sobre si mesmo e sua indústria. O desenvolvimento desse único hábito pode transformá-lo em um perito num prazo de cinco anos. Lembre-se, o uso de conhecimentos implica poder. E pessoas poderosas atraem grandes oportunidades. Para isso, é preciso autodisciplina, mas as vantagens não valem a pena?

TER TODO O DINHEIRO DO MUNDO NÃO
ADIANTA MUITO SE VOCÊ MAL CONSEGUE
LEVANTAR-SE DA CAMA PELA MANHÃ PARA
DESFRUTÁ-LO!

— *Autor desconhecido*

E significa exercício

Agora, não solte um profundo suspiro e nem diga:
— Oh, não!
Por favor, leia com todo cuidado esta seção. Ela será de grande proveito para você. A maioria das pessoas não gosta nem de pensar em fazer alguma forma de exercício regular, o que é um grande erro. A pergunta importante neste particular é:
— Você quer ser rico em saúde?
Mais uma vez, a resposta é "Sim" ou "Não", e não "Vou pensar nisso".
Hoje em dia, está ocorrendo uma verdadeira explosão na questão de aptidão física e saúde. Trata-se de uma indústria de muitos bilhões de dólares. E a razão é que estamos finalmente compreendendo que há um benefício direto para nós em cuidar do corpo. Você, com toda probabilidade, viverá mais. Mais importante ainda, gozará de maior vitalidade e qualidade de vida. Vamos encarar a questão de frente: qual a vantagem de ganhar um mundo de dinheiro e não ter a saúde ideal para aproveitá-lo na velhice? Isso não seria uma tristeza?
A criação de um equilíbrio excelente na vida implica não menosprezar o corpo. Um pouco de exercício diário faz parte da receita. E a boa notícia é a seguinte: você não precisa correr maratonas ou malhar numa academia durante três horas por dia. Uns 20 minutos bastam. E há uma infinidade de maneiras de fazer isso.
Lembra-se de George Burns, o famoso comediante que levou uma vida maravilhosa até a madura idade de 100 anos? Aos 90, George ainda adorava sair com mulheres muito mais jovens do que ele. Um amigo, certo dia, lhe fez uma pergunta:
— George, por que você não sai com mulheres de sua própria idade?
Com um piscar de olhos, ele respondeu, em cima da bucha:
— Não há nenhuma delas!

George era um homem de imensa vitalidade. Em uma reveladora entrevista concedida a Barbara Walters, ela lhe perguntou qual o segredo de sua longevidade. Ele respondeu que sempre praticava um pouco de alongamento todos os dias, geralmente durante uns 15 minutos. Era um hábito antigo. E há aqui uma pista para você. Quanto mais velhos ficamos, menos flexíveis nos tornamos, especialmente se deixamos de nos exercitar. E há um número enorme de rotinas de alongamento. Qualquer quiroprático, fisioterapeuta ou academia de ginástica poderá ajudá-lo, ou você pode pegar um livro sobre o assunto na biblioteca pública. Em umas duas semanas, vai notar diferença em sua mobilidade, especialmente se tem mais de 40 anos de idade.

Uma das melhores maneiras de exercitar-se é a caminhada rápida. Se reservar para isso uns 15 minutos, quatro vezes por semana, e der algumas voltas em torno do quarteirão, você poderá perder até nove quilos em um ano, e isso sem fazer dieta. Caminhar traz ainda outros benefícios. Leva-o para o ar fresco e lhe dá oportunidade de expandir comunicação e relacionamentos. Caminhe com seu (sua) cônjuge, um membro da família ou um amigo. Para obter melhores resultados, exercite-se por 30 minutos todos os dias, incluindo alongamento. Pratique um esporte, faça ginástica aeróbica, trote, use uma bicicleta ergométrica ou uma esteira rolante, entre numa academia ou crie sua própria rotina.

O exercício não tem que ser tedioso. Há um mundo de maneiras de criar variedade. Se isto é algo novo para você, basta entender uma coisa: tal como qualquer hábito, ele talvez seja difícil no começo. Estabeleça uma meta de 30 dias. Faça o que for possível para chegar ao fim desse período crítico. Adote uma política de exceção zero e dê a si mesmo um prêmio por não saltar um único dia. Sua garantia é a seguinte: você vai se sentir muito melhor ao fim desse período de 30 dias. Lembre-se para não exagerar nessas primeiras fases. Se tem algum problema de saúde, consulte primeiro seu médico.

Se ainda não estiver convencido, veja abaixo uma lista de oito benefícios específicos que obterá com a prática regular do programa de exercícios:

- Exercitar-se melhora os hábitos de sono.
- Exercitar-se aumenta os níveis de energia.
- Exercitar-se alivia o estresse e a ansiedade.
- Exercitar-se promove uma postura sadia.
- Exercitar-se atenua problemas digestivos.
- Exercitar-se realça a auto-imagem.
- Exercitar-se aumenta a longevidade.

Com esse mundo de benefícios, por que você não quereria exercitar-se?

LES:
Há alguns anos, iniciei uma rotina diária de exercícios. Gosto de praticá-la como primeira coisa pela manhã. Começo com cinco minutos de alongamento, seguidos por 25 minutos de corrida e mais dez de alongamento. A rotina é hoje um hábito bem implantado, simplesmente parte de algo que faço todos os dias. Quando a iniciei, meu corpo doía e eu ficava sem fôlego. Aos poucos, porém, aumentei minha capacidade e agora gosto, mesmo, de ir gozar o ar fresco lá fora. Rafferty, meu cachorro Golden Retriever, me faz companhia. E, ao mesmo tempo, posso completar outro de meus deveres. Uso mentalmente esse tempo para dar graças e pensar nas prioridades do dia.

Temos invernos frios em Calgary. Às vezes, a temperatura cai para 20 graus abaixo de zero. Isso é frio pra caramba! E algumas pessoas me perguntam:

— Mas você não corre nessa temperatura, corre?

E a resposta é:

— Claro que corro!

Tiro tanto proveito de minha corrida diária que, se não sair para correr, fico psicologicamente irritado durante o resto do dia. É fácil acrescentar umas camadas extras de roupa para permanecer aquecido. Quando viajo, não encho a mala. Isso me dá uma excelente oportunidade de ser criativo. Em vez de correr ao ar livre, faço isso em passo de trote pelo corredor do hotel ou uso a garagem subterrânea se não houver outros lugares apropriados. Mas há sempre uma maneira. O importante é: se descobrir alguma coisa que lhe melhora a vida, continue a praticá-la. As vantagens superam de longe o desconforto inicial. Persista na rotina até que o novo hábito se torne parte de seu comportamento diário.

Mais uns dois pensamentos finais sobre boa saúde. Transforme-a em matéria de estudo. Descubra mais sobre o metabolismo que é só seu e como otimizar o veículo magnífico que lhe foi dado. Até mesmo pessoas com as chamadas deficiências podem desfrutar uma dimensão física sadia. Você já observou um esquiador perneta deslizar montanha abaixo, não raro com mais rapidez e graça do que pessoas com duas pernas? É uma coisa espantosa. E, claro, esses esquiadores não se consideram deficientes. Eles simplesmente descobriram uma nova maneira de esquiar com ajuda de um esqui curto especialmente projetado. Além disso, estude nutrição. Há um bocado de coisas a aprender neste particular. O corpo responde melhor a certas combinações de alimentos. Peça ajuda a um nutricionista ou naturopata experientes. E com isso vai aumentar não só seus conhecimentos como também os níveis de energia.

Se está tendo dificuldade com a autodisciplina necessária para iniciar um programa de exercícios, eis uma dica: contrate um *personal trainer* que o mantenha na linha. Como sempre, faça seus deveres de casa. Descubra qual é a pessoa mais competente em sua área. Converse com alguns treinadores e escolha aquele que realmente entende a sua situação. Esse pessoa poderá organizar um programa especial para você.

— Vamos suspender suas vitaminas durante uns dois dias.

Um bom treinador introduzirá variedade no tipo de exercícios, evitando que você fique entediado. Será dinheiro bem investido e custará menos do que você pensa. Aprenderá a técnica correta quando se exercitar e, com isso, tirará o benefício máximo. A maioria das pessoas que faz seu próprio programa pratica incorretamente os exercícios. Aprender com um profissional irá acelerar seu progresso.

O corpo é o veículo físico que lhe foi dado para que se mova de um lugar para outro. Não o negligencie ou ele pode parar com um rangido, como um carro que passou por manutenção. Você poderia acabar no monte de sucata da vida, como um observador esgotado, em vez de desfrutar o prazer de estar no assento do motorista. A escolha é sua. E a mensagem é simples: se quer ser rico em saúde, alimente-se da maneira certa e exercite-se.

Por falar nisso, caso esteja curioso, nós não esquecemos a importância da saúde mental e espiritual. Esse assunto é discutido ano Capítulo 6, O Fator Confiança.

> OH, SER LIVRE DAS PRESSÕES SUFOCANTES DA VIDA
> — DESCANSAR, TIRAR UMA SONECA TRANQÜILA
> QUE ME REJUVENESCERÁ A ALMA.
> — *Les Hewitt*

R significa relaxamento

Chegou a hora de recarregar as baterias durante o dia. Há anos pensava-se que o computador nos daria mais tempo para o lazer. Iríamos jogar golfe três vezes por semana, enquanto a nova tecnologia cuidaria de toda a carga de trabalho no escritório. Que piada! Na maioria dos casos, trabalhamos ainda mais horas do que antes. A carga de trabalho é maior e, devido à diminuição de tamanho dos empreendimentos, o apoio que recebemos também foi significantemente reduzido.

Você fica fisicamente cansado durante um dia típico de trabalho? Se fica, há algum momento em particular em que parece que vai desabar? Se é um tipo madrugador (5h30 às 6h30 da manhã), sua hora de desmoronamento ocorre principalmente por volta de 1h30 às 3h da tarde). Se não toma o desjejum, a queda pode acontecer mais cedo. Algumas pessoas se fortificam com seis ou sete xícaras de café durante o dia para superar a perda de energia. Esse costume pode levar ao vício em cafeína, hipertensão e outros efeitos colaterais que de modo algum o ajudarão a relaxar.

Mas há uma maneira excelente de conservar a energia, de modo a habilitá-lo a desfrutar um dia produtivo. Tire um cochilo! *Nós o chamamos de VMT, que significa Vinte Minutos Tranqüilos.* Em climas quentes, a *siesta* é uma parte normal do dia. Quando você era criança, sua mãe provavelmente fazia-o tirar uma soneca depois do almoço. *Como adulto, por que não fazer o mesmo?* Isso é bom para você. E não ficará tão rabugento durante o resto do dia. Bem, no caso de você estar pensando "Você pirou de vez? Eu não tenho tempo suficiente para desperdiçar minha tarde dormindo. E, além disso, como é que posso tirar uma soneca de 25 minutos com tanta gente em volta? E nem tenho cama nem divã no escritório. Você está esperando que eu me estire no chão? Era só o que faltava!"

LES:
Todos em nosso escritório têm o direito de tirar uns VMT todos os dias. Penduro uma nota na porta de minha sala que diz simplesmente VMT. Ela significa Não Perturbe. Em seguida, apago as luzes, tiro os sapatos, solto a camisa e a gravata, pego um travesseiro que guardo num armário e me espicho no chão. Antes disso, desligo o telefone e boto pra tocar uma música de fundo relaxante. Marco 25 minutos no despertador, tomo umas duas respirações para limpar o sistema, fecho os olhos e relaxo. Não há interrupções. Meu assistente conhece a rotina, como também o resto do pessoal. É uma coisa maravilhosa. Essa mini-siesta me recarrega as energias. Consigo permanecer focalizado e produtivo até bem dentro da noite, em vez de desmoronar em cima do sofá e não me mexer mais até a hora de dormir. Essa energia extra me permite desfrutar tempo de qualidade autêntica com a família.

Se não tem uma sala só sua, torne-se criativo. Relaxe no carro. Se está viajando a negócio, talvez precise mudar um pouco o horário, mas ainda poderá encontrar uma maneira de conseguir esses poucos minutos para descansar. Se for dono da empresa, não dê uma de dinossauro. Essa rotina de só-nos-seus-momentos-defolga realmente já era. As empresas mais progressistas e lucrativas compreendem que uma força de trabalho altamente produtiva não é formada pressionando os empregados até caírem de exaustão. Esse fato, porém, não significa que você tem que baixar seus padrões de desempenho, mas, simplesmente, reconhecer que alta produtividade exige um bocado de energia.

Outro de nossos clientes, Ralph Puertas, é presidente da Zep Manufacturing Company, no Canadá. Ele mantém uma espreguiçadeira no escritório para fins de rejuvenescimento e estimula seus outros gerentes a tirar uns VMT quando necessário.

Os VMT constituem uma maneira excelente de pôr sua energia em sobremarcha. Se você tem família, outra ocasião importante de pensar nos VMT é na chamada mudança de tempo, quando você chega do escritório. Sua mente continua fervendo com negócios, não se livrou ainda das tensões do dia e, de repente, as crianças caem em cima de você. Se puder planejar uns VMT antes de mudar de papéis, isso lhe dará oportunidade de recuperar o fôlego, relaxar e preparar-se mentalmente para focalizar-se na família. Para realçar essa possibilidade, pense em relaxar ouvindo sua música favorita. Qualquer que seja o método que escolha, é necessária boa comunicação para torná-la eficaz.

Passando ao cenário mais amplo do relaxamento, quanto tempo de folga você tira todas as semanas? E quantas semanas por ano reserva para se divertir? Em primeiro lugar, vamos definir o que é tempo de folga. Se você pensa em tirar um dia de folga por semana, dê um jeito para que sejam todas as 24 horas do dia. Nós o chamamos de tempo de divertimento. Isso significa que durante todo o período de 24 horas você não faz absolutamente nada relacionado com negócios. Nada de telefonemas nem de consultar, mesmo por alguns minutos, um único arquivo. Numerosos profissionais fazem confusão sobre tempo de folga, em especial empresários. Para eles, dia de folga significa andar com o celular ligado, responder a todas as chamadas relativas a negócios e fazer eles mesmos algumas ligações. A desculpa é "Tenho que estar sempre disponível". Em casa, possuem uma máquina de fax ou enviam *e-mails* para monitorar mensagens urgentes, a maioria das quais não é absolutamente urgente.

O importante é o seguinte: se trabalhou longas e cansativas horas durante toda a semana, você merece uma pausa para se reernegizar. Você não vai se sentir mais rejuvenescido se tirar uma folga completa por 24 horas, em vez de aproveitar uma ou duas horas quando puder? Evidentemente, uma folga completa será muito melhor para você. Numerosos homens de negócio têm dificuldade para entender esse fato. Mentalmente, eles se torturam com sentimentos de culpa. Dando um exemplo, um pai está levando o filho para a aula de natação em um sábado e pensa ao mesmo tempo: "Eu devia estar no escritório, terminando aquele projeto." E quando está no escritório no fim de semana, sente-se culpado por ter negligenciado o filho, pois havia prometido levá-lo ao jogo de futebol. Esse ciclo contínuo de culpa eleva os níveis de estresse e frustração. Quando o trabalho vence a batalha contra tempo livre com a família, ocorre uma polarização de relacionamentos. Outras conseqüências a longo prazo incluem esgotamento, divórcio e problemas de saúde.

A fim de evitar potenciais rompimentos em casa, planeje todas as semanas o tempo que vai dedicar à família. No início do ano, decida quando quer tomar grandes férias e marque esse período na agenda. Você pode escolher folgas de três a sete dias ou férias de duas a três semanas de duração — o que for melhor no seu caso. E se não estiver em condições de fazer isso neste exato momento, dê um jeito para ter pelo menos um dia de folga por semana e estabeleça a meta de aumentar o tempo de folga no próximo ano. O importante é desenvolver o hábito de criar tempo real para relaxamento total. Quando voltar da semana de folga, bem descansado e revigorado, você se sentirá mais criativo, mais focalizado e mais produtivo.

Nos últimos 20 anos, um de nossos colegas trabalhou com milhares de empresários altamente bem-sucedidos. E observou que quanto mais tempo de folga esses indivíduos tiravam, mais dinheiro ganhavam. E provou isso com o crescimento de sua própria empresa. Todos os meses, ele tira uma semana de folga. Logo que sai da cidade, não se preocupa realmente para onde vai. Não liga para o escritório e tampouco atende telefonemas. Embora tire três meses de férias anualmente, a empresa cresceu de modo notável todos os anos, nos últimos 11.

SE QUER MAXIMIZAR SEU PROGRESSO

Crie o Hábito de Tirar Folgas para Recarregar as Energias.

Não estamos sugerindo que você adote a mesma estratégia. Simplesmente dê um jeito de ter folgas regulares para recarregar as energias e reduzir o nível de estresse. E, por favor, faça isso sem nenhum sentimento de culpa. A vida é curta demais para andarmos constantemente preocupados com tudo. É realmente certo divertir-se um pouco.

SE COMPREENDESSE COMO PENSAMENTOS SÃO PODEROSOS, VOCÊ JAMAIS DARIA ABRIGO A UM PENSAMENTO NEGATIVO.

— *Peace Pilgrim*

T significa tempo para pensar

Certo, sabemos que você pensa durante a maior parte do dia. Este, porém, é um tipo diferente de pensamento. É chamado de pensamento reflexivo. Conforme mencionado antes, se quer desenvolver uma clareza incomum sobre o que está ou não funcionando em sua vida, reserve um tempo para pensamento reflexivo. Esta é a parte final de seu sistema **Alerta-E** que o ajudará a criar todos os dias um excelente equilíbrio. A coisa funciona da seguinte maneira: ao fim do dia de trabalho, ou pouco antes de ir deitar-se, reserve alguns minutos para bater como que um instantâneo mental do dia. Considere cada dia como um minifilme, no qual é o astro principal. Como foi que se saiu? Passe novamente a fita e dê outra olhada nela. O que foi que você fez bem? Houve ajustes que poderia ter feito para obter melhores resultados? Focalize diariamente os progressos que conseguiu. Fique alerta para quaisquer falhas, mas não se castigue. Aprenda com os erros. Afinal de contas, amanhã é um novo dia, outra oportunidade de ter melhor desempenho. Transforme a reflexão em um hábito diário. Embora isso só lhe custe alguns minutos, vai torná-lo mais forte e sensato nas semanas e meses à frente.

No início, o sistema **Alerta-E** para obter equilíbrio ideal pode parecer opressivo. Um de nossos clientes pensou na verdade que tinha que fazer tudo em seqüência — começar com o *E* e terminar com o *T*. Não, não, não! A coisa é muito mais flexível do que isso. Você vai descobrir que esse sistema único não exige um bocado mais de tempo. Na verdade, criar uma planta-baixa lhe economizará tempo, porque terá uma imagem clara de suas prioridades. Ao focalizar-se nas atividades mais importantes durante o dia, você

será mais produtivo e conseguirá melhores resultados. A aprendizagem da técnica pode levar uns 30 minutos, se você resolver ler ou escutar uma fita cassete pessoal de desenvolvimento. Mas pode combinar essa rotina com o tempo reservado a exercício físico.

Seja criativo. Por outro lado, a aprendizagem pela experiência não consome absolutamente tempo. Ela é simplesmente o que você observa todos os dias enquanto trabalha. Essa ocasião para relaxar e refletir constitui também uma oportunidade para recarregar as energias e obter maior acuidade mental.

CONCLUSÃO

Pense bem na pergunta fundamental seguinte: você desfrutaria de melhor equilíbrio na vida se tivesse um esquema claro para o dia, fosse capaz de permanecer focalizado nas atividades mais importantes, carregasse ao máximo suas energias e lucidez com um pouco de exercício físico e pensamento reflexivo e, finalmente, reservasse algum tempo para se divertir? A resposta é óbvia. Claro que sim!

De modo que, faça o esforço agora para usar nosso sistema de controle **Alerta-E**. (Consulte os Passos para Ação.) Este é um lembrete diário que o manterá no caminho certo. Simplesmente, tire uma xerox do mesmo e cole-o em todas as páginas de sua agenda. Ou inclua-o no computador ou agenda eletrônica. E, lembre-se, um equilíbrio excelente lhe enriquecerá mente, corpo e espírito, para nada dizer de seus relacionamentos mais importantes e conta bancária.

PASSOS PARA AÇÃO

O Sistema Alerta-E de Pontos de Controle

O Sistema Alerta-E de Pontos de Controle

Esta é uma maneira simples de lhe monitorar o progresso. Você vai precisar de apenas um minuto para fazer o controle. Ao fim de cada dia, pergunte a si mesmo se completou todas as seis partes do sistema **Alerta-E**. Por exemplo, se a planta-baixa estava organizada, dê um tique na letra *E*. Se passou a maior parte do dia trabalhando nas atividades mais importantes, dê um tique na letra *A*. Repita esse procedimento no tocante às letras restantes. Seja honesto na sua avaliação. Você vai descobrir que todas as semanas surgem padrões que colocarão em destaque o que você fez certo e o que precisa ser corrigido. Use uma caneta vermelha para desenhar um círculo nas situações em que o desempenho foi deficiente. Por exemplo, se planejou praticar 30 minutos de exercício todos os dias e nota que a letra *E* tem cinco círculos vermelhos na primeira semana, você vai precisar fazer algumas mudanças! Como sempre, vá devagar no estabelecimento do novo hábito. No início, não exija demais de si mesmo. Quanto mais praticar, melhores serão os resultados.

ALERTA-E:

UM SISTEMA COMPROVADO PARA CRIAR O EQUILÍBRIO IDEAL

Esquema de Construção

Meu plano etratégico para o dia. Prioridades, encontros marcados, projetos. À noite, ou cedo na manhã do dia seguinte, passe em revista os resultados.

Ação

Concentre-se nas atividades mais importantes que o levarão a atingir suas metas de 60 dias.

Leitura

Amplie seus conhecimentos com leitura, fitas cassete, vídeos, consultores, cursos.

Exercício

Recarregue as energias durante 30 minutos diários.

Relaxamento

Elimite o estresse diário. Tire um cochilo, medite, escute música, reserve tempo para a família.

Tempo para pensar

Dê a si mesmo um tempo para refletir no que fez durante o dia. Passe em revista as metas, visualize, desenvolva novas idéias, use um diário.

Todas as semanas, confira seu progresso. Crie seu próprio gráfico simples de conferência, como no exemplo abaixo. Ao fim de cada dia, reserve um momento para anotar sua pontuação. Destaque no gráfico todas as áreas em que não trabalhou.

Segunda	Terça	Quarta	Quinta	Sexta	Sábado	Domingo
✓ E	✓ E	✓ E	✓ E	✓ E	✓ E	✓ E
✓ A	**A**	✓ A	✓ A	✓ A	✓ A	✓ A
✓ L	✓ L	**L**	✓ L	✓ L	✓ L	✓ L
E	✓ E	**E**	**E**	✓ E	**E**	✓ E
✓ R	✓ R	✓ R	✓ R	✓ R	✓ R	✓ R
✓ T	✓ T	✓ T	✓ T	✓ T	✓ T	✓ T

VIVER COM UMA FINALIDADE

INICIAR UMA AÇÃO DECISIVA

PERSISTÊNCIA INVARIÁVEL

PEÇA AQUILO QUE QUER

O FATOR CONFIANÇA

FORMANDO EXCELENTES RELACIONAMENTOS

CRIANDO O EQUILÍBRIO IDEAL

VOCÊ PERCEBE A SITUAÇÃO EM SEU TODO?

**ISTO NÃO É EMBROMAÇÃO.
TRATA-SE DE FOCALIZAÇÃO**

OS HÁBITOS DETERMINARÃO SEU FUTURO

Você Está Quase Chegando Lá — Mantenha-se Focalizado!

Estratégia de Focalização nº 5

Formando excelentes relacionamentos

"Algumas pessoas entram em nossa vida e vão embora quase no mesmo instante. Outras permanecem e produzem tal impressão sobre nossa alma e coração que somos mudados para sempre."

— *Autor desconhecido*

LES:
Naquela época, minha mãe tinha 80 anos de idade. Morava sozinha em Belfast, no norte da Irlanda, e tinha sofrido um ataque cardíaco. Meu pai havia falecido 16 anos antes e, sendo o único filho, eu estava preocupado. Meu maior medo era não saber qual a verdadeira gravidade da situação. E, residindo no Canadá, não seria lá muito fácil para mim viajar de um lado para o outro, se o estado de saúde dela piorasse.

Meu bom amigo Denis, que trabalhava no hospital local de Belfast, mantinha-me informado com telefonemas regulares. Ele e a família, contudo, iriam dentro de alguns dias passar férias em Chipre e estavam muito animados com a viagem.

O telefonema seguinte foi daqueles dos quais sempre me lembrarei. De Denis. A boa notícia era que minha mãe tivera alta do hospital — embora continuasse muito fraca. Disse ele:

— Vou cancelar nossa viagem a Chipre. Beenie (a esposa, uma enfermeira diplomada) e eu gostaríamos que sua mãe ficasse conosco até que se recuperasse. Desta maneira, ela receberá os cuidados e atenção necessários.

Senti um nó na garganta, lágrimas me subiram aos olhos e não consegui falar durante um momento. E ele perguntou:

— Tudo bem com você?

— Tudo — respondi. — Mas eu não sei o que dizer... Estou arrasado.

O comentário final dele foi:

— Nem pense nisso. É para isso que existem amigos, não?

Depois disso, nosso relacionamento subiu para outro nível. É um sentimento maravilhoso termos na vida pessoas que podem nos enriquecer e apoiar de tantas maneiras diferentes. Na verdade, quando nosso tempo está quase no fim neste planeta e refletimos um pouco em como se desenvolveu nossa vida, provavelmente lembramos os relacionamentos que cultivamos e as recordações e experiências únicas ligadas a essas pessoas, especialmente membros da família e amigos. Esses sentimentos são importantes, em contraste com o tempo em que nos esgotamos no escritório.

Neste capítulo, você vai aprender várias estratégias importantes que lhe garantirão excelentes relacionamentos na vida pessoal e profissional. Formar esses relacionamentos é um hábito que traz maravilhosas recompensas.

A ESPIRAL
Dupla

Relacionamentos podem ser muito frágeis. Numerosos casamentos fracassam, famílias se dissolvem e, não raro, as crianças crescem com apenas um dos pais para cuidar delas. O que faz com que esses relacionamentos acabem quando, no início, eles trouxeram tanta alegria e amor?

É útil pensar em sua vida como se ela fosse uma espiral. Às vezes, você está na Espiral Ascendente. Isso acontece quando as coisas correm bem, é alta sua confiança e a vida lhe traz o que quer. Seus relacionamentos mais importantes são sadios e viçosos. O oposto é a Espiral Descendente. Acontece isso quando as coisas começam a ficar ruins, ocorre falta de comunicação, o estresse aumenta e a vida se transforma em uma luta constante. Os relacionamentos tornam-se polarizados durante a Espiral Descendente.

A natureza nos fornece versões dramáticas dessas espirais. No particular, um tornado constitui um exemplo espetacular. Descendo em espiral do céu, esses funis escuros atingem o chão, sugando tudo para o alto em seu caminho, com resultados devastadores. O filme *Twister,* de Michael Crichton e Steven Spielberg, mostra um *close-up* dessas apavorantes espirais e da energia incrível que contêm.

Temos outro exemplo da Espiral Descendente no redemoinho de água. Na borda externa do redemoinho a água em nada parece perigosa. Mas, se não estiver ciente das forças poderosas que giram no centro, você pode ser sugado para baixo quando menos espera.

COMPREENDER A ESPIRAL DESCENDENTE

Mas vejamos como é que a Espiral Descendente surge na vida real. A fim de compreender bem o impacto potencial que ela pode produzir sobre seus relacionamentos presentes e futuros, pense em uma na qual esteve envolvido e que não deu certo. Você vai precisar recriar mentalmente todos os passos que fizeram com que o relacionamento acabasse aos pedaços. Visualize claramente o que aconteceu. Volte no passado tanto quanto puder e reviva a situação. Qual foi a primeira coisa que aconteceu? E o que aconteceu depois dela? E depois, o que aconteceu ainda depois? A fim de compreender o pleno impacto da situação, não deixe de completar os Passos para Ação que encontrará ao fim deste capítulo. Anotar cada passo indvidual da espiral até o ponto mais baixo o ajudará a compreender o padrão.

Em um casamento, por exemplo, o marido torna-se egocêntrico e não ajuda mais nos trabalhos de casa. Passa mais tempo no escritório, saindo cedo pela manhã, antes de as crianças acordarem, e chega tarde da noite. As comunicações limitam-se a negócios e finanças. Talvez o dinheiro se torne escasso e não haja o suficiente para pagar a hipoteca, as prestações do carro, as lições de dança e o tratamento dentário das crianças. Aos poucos, a tensão aumenta, as discussões tornam-se mais freqüentes e cada cônjuge culpa o outro pela situação. A Espiral Descendente está ganhando força, exatamente como acontece quando alguém é sugado para o centro do redemoinho. Um ou outro dos cônjuges pode buscar alívio bebendo, saindo com os rapazes (ou as moças), jogando ou, nos piores casos, agredindo-se física e mentalmente. Nesse ponto, o relacionamento foi sugado e nada mais há dele e a Espiral Descendente atinge seu ponto mais baixo. Freqüentemente, ocorre a separação, terminando em divórcio, e outra família entra na lista de lares destruídos, uma estatística que parece crescer a cada ano.

Quando reflete com todo cuidado sobre as causas que levam ao fim de relacionamentos, você pode fazer alguma coisa para eliminá-las. Mesmo que o relacionamento esteja além de recuperação, você ficará mais bem preparado para o próximo e poderá impedir que se repita a mesma situação. A consciência do que está acontecendo é sempre o primeiro passo para o progresso. Você pode também usar essa técnica da espiral para passar em revista os relacionamentos profissionais mais importantes. Mas vejamos um cenário comum neste particular:

Duas pessoas formam uma sociedade. Têm uma grande idéia para um novo produto ou serviço e dedicam um bocado de tempo e energia a esse novo e interessante empreendimento. Uma vez que estão muito ocupadas em fazer com que coisas aconteçam, nenhum documento legal sobre a sociedade foi preparado ou assinado. Eles são bons amigos e tencionam continuar assim no futuro. Além do mais, não há uma descrição nem métodos para a indenização e partilha de lucros.

Projete esse cenário alguns anos à frente. A soiedade enfrenta nesse momento dificuldades porque um dos sócios é do tipo controlador e não permite que o outro tome quaisquer decisões sem sua permissão. A situação financeira está apertada e todas as semanas os sócios brigam sobre a maneira como a receita deve ser investida. Um deles quer reinvesti-la na empresa, de modo que ela possa crescer, ao passo que o outro adota uma atitude do tipo em-primeiro-lugar-pague-o-meu. Aos poucos, todo o resto do pessoal é puxado para o conflito e surgem dois campos políticos bem definidos. Ocorre uma crise e um dos sócios quer deixar a sociedade, mas não há cláusula proibitiva final nem acordo que facilite essa solução. Os sócios fazem fincapé e finalmente contratam advogados. A batalha começou. Não raro, os advogados terminam ficando com a maior parte do dinheiro, a empresa vai para a cucuia e duas pessoas começam a bradar:

— Parcerias jamais funcionam!

Isso mesmo, a Espiral Descendente pode ser igualmente devastadora no mundo dos negócios.

Uma dica: se tem um arranjo de negócios com um ou mais sócios ou anda pensando em um no futuro, planeje em primeiro lugar sua estratégia de saída, antes de envolver-se demais. Certifique-se que isso está registrado por escrito. E cuidado com apegos emocionais. O fato inegável de que seu novo sócio é um cara bacana, ou seu melhor amigo, não constitui razão para dispensar um acordo por escrito. Falta de espírito de previsão e de preparação arruina hoje mais negócios do que qualquer outro fator.

Agora que estudou como a Espiral Descendente pode surgir em sua vida, aprenda com ela. Uma vez que somos criaturas de hábitos, há uma grande chance de que você repita a mesma conduta no próximo relacionamento importante. Compreenda bem esse fato. Ele é de importância decisiva para sua futura saúde e riqueza. Se descobrir que se encontra na mesma Espiral Descendente, tome imediatamente uma folga mental. Interrompa o padrão com pensamento claro e resolva fazer ajustamentos positivos. Mudar o comportamento é a única maneira de conseguir um resultado diferente. Veja como: use um novo gabarito, isto é, superponha uma Espiral Ascendente de relacionamento excelente sobre a Espiral Descendente, que lhe causou tantos problemas.

COMPREENDER A ESPIRAL ASCENDENTE

Vamos analisar como funciona a Espiral Ascendente, para que você possa colher rápido as recompensas que ela lhe trará. Repita o processo como antes, com a exceção de que, desta vez, focalizará um relacionamento que gradualmente alimentou, expandiu e enriqueceu até florescer em uma maravilhosa ligação fraternal ou profissional de longo prazo. Mentalmente, reveja todas as coisas importantes que aconteceram desde que vocês se conheceram até que o relacionamento amadureceu por completo. A maioria das pessoas esquece de fazer isso, o que lhes daria uma enorme vantagem no mercado quando preparassem uma planta-baixa fiel, que poderiam reproduzir numerosas vezes no futuro. Fortes relacionamentos asseguram grandes resultados.

Vejamos um exemplo positivo que o ajudará... Dave é proprietário de uma firma de engenharia. Adapta idéias dos clientes e os ajuda a criar novos produtos. As áreas em que brilha são as de desenho inovador e fino acabamento. Nos últimos 22 anos, aperfeiçoou essas aptidões, levando-as a um alto grau de refinamento. Ao longo do caminho, aprendeu também como tratar pessoas corretamente. Possui uma base de clientes leais e dá atenção a coisas simples como retornar imediatamente telefonemas e atender cuidadosamente as solicitações dos clientes.

Ao ser abordado certo dia por um novo cliente com uma idéia para vulcanização de borracha, sentiu-se feliz em poder ajudá-lo. O jovem tinha grandes visões. Sonhava com sua própria instalação fabril, que abasteceria alguns dos maiores usuários do mundo com seu produto excepcional. Dave contribuiu com sua perícia e introduziu mudanças sutis no protótipo. Esses refinamentos tornaram-no mais barato e mais robusto. Essa nova aliança entre o jovem empreendedor e o experiente engenheiro floresceu nos anos seguintes, transformando-se em uma amizade agradável e mutuamente vantajosa. Cada um à sua maneira ajudava o outro a atingir níveis mais altos de criatividade e produtividade. No fim, o sonho do jovem empresário tornou-se realidade. Devido a sua visão mais ampla e persistência, ele conseguiu vários contratos exclusivos, de muitos milhões de dólares. Durante todo esse período, manteve contatos com Dave, a quem pedia conselhos.

À medida que seu negócio crescia, o mesmo acontecia com o de Dave. Certo dia, refletindo sobre seu incrível sucesso, ele deu um importante telefonema, que realçaria ainda o relacionamento especial entre ambos. Ofereceu a Dave uma percentagem de todos os seus futuros lucros. Esta era sua maneira de dizer:

— Obrigado por ter acreditado em mim, ajudando-me a decolar e me apoiando em tempos difíceis.

Todos os relacionamentos excelentes têm um ponto de partida. Muitas vezes, as primeiras e poucas interações entre os parceiros nada têm de memoráveis. Ainda assim, cada um desenvolve bem cedo uma afinidade em relação ao outro. Talvez seja a integridade, o entusiasmo, a atitude positiva ou apenas o que ele diz que vai fazer. Surge um laço entre ambos e cada novo passo fortalece ainda mais a união, tornando-a cada vez mais especial.

Entendeu o grande cenário? Quando você passa em revista, em minúcias, a maneira como desenvolveu seus melhores relacionamentos, esse ato lhe fornece um processo único para forjar maiores e melhores ligações no futuro. Saber o que funciona e não funciona ajuda-lo-á a evitar os erros dispendiosos que criam a Espiral Descendente. A boa notícia é que você pode aplicar esse gabarito para formar relacionamentos excelentes em todas as áreas da vida. Ele funciona no caso de relacionamentos pessoais e familiares, como também em parcerias profissionais e empresariais.

Desenvolva o hábito de reavaliar constantemente as Duas Espirais — use-as para protegê-lo de qualquer puxão para baixo e para guiá-lo pelo mundo positivo de relacionamentos realmente especiais e carinhosos.

Diga "Não" às Pessoas TÓXICAS

Antes de continuarmos, preste atenção ao importante conselho seguinte — **evite pessoas tóxicas!** Infelizmente, há pessoas por aí que vêem o mundo como um grande problema e, aos olhos delas, você faz parte desse mundo. Por melhores que andem as coisas, elas se concentram em detalhes banais e negativos. E fazem isso sem parar. E este é um hábito que destrói irremediavelmente relacionamentos. Uma rajada de energia negativa delas pode apagar para sempre o sorriso em seus lábios. Essas pessoas são venenosas para sua saúde. Em todas as ocasiões, você vai precisar de uma antena de longo alcance para avisá-lo e para mantê-las longe de suas fronteiras.

Por esta altura, você pode estar pensando: "Isso é mais fácil de dizer do que fazer. Você quer dizer que se meu amigo, que conheço há anos, vive sempre se queixando do emprego, dizendo que é péssima sua situação financeira e que ninguém quer ajudá-lo, eu devo simplesmente lhe dar as costas e me afastar, antes que ele comece?" Não — fugir delas! Com tanta rapidez quanto puder e para tão longe quanto puder. O negativismo constante delas lhe sugará cada migalha de vida.

Agora, por favor, entenda que não estamos falando de alguém que enfrenta um autêntico desafio e que precisa de ajuda real. Estamos nos referindo àqueles chorões crônicos que sentem um grande prazer em despejar, em todas as oportunidades, todo seu lixo negativo em cima de você. E eles lhe dizem, com um cinismo que nada tem de sutil, que você não vai conseguir fazer isto ou aquilo, especialmente quando lhe ocorre uma idéia realmente maravilhosa. Elas sentem um grande prazer em estourar sua bolha positiva. Este é o ponto culminante do dia dessas pessoas. Não tolere isso, nunca mais.

O poder real está no seguinte: a opção é sempre sua. Você pode escolher o tipo de pessoa que quer em sua vida. E pode resolver explorar novas oportunidades. Talvez você precise apenas fazer melhores opções. A coisa é simples assim. Se isso implica deixar que algumas pessoas saiam de sua vida, bem, você vai sobreviver. Na verdade, dê uma boa olhada em seus atuais relacionamentos. Se alguém o está puxando para baixo o tempo todo, tome uma decisão. Dê-lhe as costas e siga seu caminho.

JACK:
Uma das primeiras coisas que meu consultor sobre sucesso na vida, W. Clement Stone, sugeriu foi que eu fizesse uma lista de amigos. Em seguida, disse-me para escrever a letra *P* ao lado do nome de cada pessoa que me energizasse e me estimulasse a ser grande — indivíduos positivos, otimistas, orientados para soluções e que adotassem uma atitude do tipo "é possível". Em seguida, disse que eu escrevesse a letra *T* ao lado de todas as pessoas tóxicas, isto é, negativas, choronas, queixosas, que faziam pouco dos outros e de seus sonhos e que eram em geral pessimistas em visão do mundo. E finalmente me dis-

se para deixar de perder tempo com pessoas que tinham um *T* ao lado do nome. E você tem por que tem de aprender a lição seguinte — conviva apenas com pessoas positivas. Stone ensinou-me que nós nos tornamos semelhantes às pessoas com quem convivemos. Se quer ser bem-sucedido na vida, você tem que procurar a companhia de pessoas bem-sucedidas.

As Três Grandes
PERGUNTAS

Agora que teve a chance de compreender a Espiral Dupla e de fazer uma faxina na casa no tocante às pessoas negativas em sua vida, vejamos outra excelente estratégia que lhe trará imensas vantagens. Nós as chamamos de As Três Grandes Perguntas.

O magnata Warren Buffet é hoje um dos investidores mais conhecidos e mais bem-sucedidos no mundo. Sua empresa, a Berkshire Hathaway, cresceu a partir de uns poucos clientes particulares, de modestas posses, para se transformar em uma empresa de muitos bilhões de dólares. Buffet é famoso pela análise cuidadosa e por investir em oportunidades a longo prazo. Raramente vende suas açõe após fazer um investimento. A preparação intensa a que se submete inclui uma análise exaustiva dos números, especialmente dos balanços das empresas. Se os números lhe agradam, passa muito tempo conversando com figuras-chave das empresas, querendo saber como elas dirigem o negócio. Descobre-lhes a filosofia e a maneira como tratam os empregados, fornecedores e clientes. Completada essa parte, faz a si mesmo três perguntas relativas às pessoas que decidem nessas empresas:

— Gosto delas? Confio nelas? Respeito-as?

Se qualquer uma dessas perguntas tiver um "Não" como resposta, cancela o negócio. Pouco importa se os números parecem muito bons ou o mesmo acontece com o potencial de crescimento da empresa. Essas três perguntas simples e importantes constituem para Warren Buffet os alicerces dos relacionamentos. Faça-as como se fossem suas. Elas, em última análise, determinarão o quão rico você vai se tornar.

Há alguns anos, Buffet era o homem mais rico da América. Recentemente, ele perdeu o título para Bill Gates, o fundador da Microsoft. É interessante notar que a despeito da enorme diferença de idade, esses dois empresários fenomenalmente vitoriosos são amigos íntimos. As pessoas com quem você convive *fazem*, de fato, uma diferença.

Na próxima vez em que estiver para iniciar um negócio importante ou um relacionamento pessoal com pessoas que não conhece bem, faça antes seu dever de casa. Procure pistas que demonstrem a integridade, honestidade e experiência dessas pessoas. Observe como elas tratam as outras. Pequenos detalhes fornecem grande *insights*. Elas têm por hábito dizer "Por favor" e "Obrigado", especialmente a pessoas que trabalham em posições de serviço, tais como garçons e garçonetes, mensageiros de hotel e motoristas de táxi? Comunicam-se em termos simples ou sentem necessidade de impressionar? Use tempo suficiente para lhes compreender bem o comportamento habitual antes de assumir um compromisso. E lembre-se sempre das Três Grandes Perguntas. Esteja atento para sua intuição. Esse sentimento profundo o orientará bem. Não deixe que só o coração lhe domine a cabeça. Quando estamos emocionalmente envolvidos, tomamos em geral más decisões. Dê a si mesmo tempo para pensar, antes de iniciar correndo qualquer relacionamento. Olhe de outro ângulo para essa questão: por que resolver iniciar relacionamentos com pessoas em quem não confia, não respeita e nem gosta? Ir em frente quando o instinto lhe diz para não fazer isso é uma fórmula para o desapontamento e mesmo para o infortúnio.

Há um bocado de gente excelente por aí com quem pode desfrutar seu tempo valioso. Seja o cônjuge, o sócio no negócio ou a contratação de uma equipe de vendas, escolher as pessoas certas é de importância crítica para sua saúde e riqueza futuras. Escolha com cuidado.

Principais Clientes e
TODOS VENCEM

O passo seguinte no desenvolvimento do hábito de formar Relacionamentos Excelentes consiste em aprender a aprofundá-los em uma atmosfera de vantagens para todos os interessados. Muita coisa foi escrita e falada sobre a filosofia desse tipo de vantagens. Em nossa experiência, a maior parte disso é apenas conversa mole. As vantagens para todos constituem basicamente uma filosofia sobre a maneira como você leva a vida. No mundo dos negócios, isso significa querer realmente que a outra pessoa ganhe tanto quanto você, seja isso nas vendas, na contratação de empregados, nas negociações ou numa aliança estratégica.

Infelizmente, a atitude de numerosas pessoas no mundo dos negócios tem sido extrair cada centavo de todas as situações. Essas chamadas táticas de guerrilha geram falta de confiança, cinismo, ética duvidosa e alto nível de inquietação no mercado de trabalho. O resultado é que um ganha e o outro perde. Por outro lado, vantagem para todos não significa abrir mão de tudo, em todas as ocasiões em que se faz um negócio. Essa situação seria de um perde, o outro ganha, com a outra pessoa recebendo demais, o que, no fim, acabaria tirando você do mundo do mercado.

Há ainda outra categoria, denominada todos perdem. Isso acontece quando ambas as partes são teimosas ou egoístas demais para chegar a uma solução que satisfaça a todos. Um exemplo comum neste particular são as negociações entre empresas e sindicatos. Se ocorre um impasse, o resultado pode ser uma demorada greve, na qual ninguém ganha realmente coisa alguma.

Na vida pessoal, vantagens para todos constituem o fundamento de relacionamentos calorosos, carinhosos. É a situação do marido que quer que a esposa e os filhos ganhem. Ele está disposto a ocupar-se de parte igual das tarefas domésticas em casa e ajudar nas atividades extracurriculares dos filhos, especialmente quando a esposa trabalha fora em expediente integral. Todos vencem significa que a esposa dá apoio total ao marido quando ele se esforça para abrir um novo negócio ou iniciar uma nova carreira e se mostra disposta a aceitar alguns sacrifícios ao longo do caminho. Todos vencem significa também contribuir para o bem-estar da comunidade, tornando-se um bom vizinho e pessoa menos egocêntrica. Mas para que essa estratégia funcione, você tem que praticá-la todos os dias. Tal situação requer tempo e o desafia a assumir o compromisso sério de formar essas importantes alianças.

Mas examinemos agora outro elemento crucial no crescimento de sua empresa — **Construir um Núcleo de Principais Clientes.**

Esses clientes são pessoas fundamentais para sua empresa. Eles compram constantemente e constituem uma de suas principais fontes de renda. E têm toda boa vontade em fazer boas recomendações de sua firma, o que gera novos negócios, porque eles gostam realmente de seu produto e serviço.

Curiosamente, hoje em dia numerosas pessoas nem mesmo sabem quem são seus clientes principais. Esses clientes são seu passaporte para o crescimento de sua empresa. Infelizmente, esses importantes relacionamentos são muitas vezes ignorados por serem julgados como coisas naturais e esperadas. A atitude no particular é: "Ele sempre faz uma encomenda de duas mil unidades por mês. O que temos que fazer é nos focalizar em novos clientes."

NEM TODO NEGÓCIO MERECE SER SALVO

Fazer novos negócios é importante. Manter contato com os melhores clientes, porém, é ainda mais importante. É muito mais difícil descobrir novos clientes do que manter e servir bem os antigos.

Além disso, fique de olho no tempo que gasta com indivíduos que são clientes periféricos. Vale a pena guardar na memória a palavra *periférico*. Ela significa na margem externa, sem importância e que nem vale a pena mencionar. Outra palavra neste particular é dispensável. Você tem em sua empresa clientes periféricos? Se não tem certeza, veja como identificá-los. Eles geralmente lhe consomem um bocado de tempo e energia e, em troca, poucos negócios lhe trazem Às vezes, nenhum negócio, absolutamente. Mas o questionam em cada pequeno detalhe e exigem demais de seu tempo. Claro, você talvez não queira recusar qualquer negócio que lhe bata à porta. Mas o que é que está lhe custando em tempo e energia perder tempo com resultados irrisórios? Alguns negócios simplesmente não merecem o esforço.

Mas voltemos aos seus principais clientes. Há um elementto crítico que você precisa compreender a respeito dessas pessoas. Você não vai nunca querer perdê-los. E neste particular a grande pergunta é a seguinte: quanto tempo real você gasta com eles?

Vale a pena estudar esse assunto. Nossa pesquisa indica que pouquíssimo tempo é dedicado a eles. Em conseqüência, esses relacionamentos nunca amadurecem e alcançam todo seu potencial. No fundo, isso significa que um bocado de dinheiro é desperdiçado.

Agora que sabe quem são essas pessoas importantes, dedique-lhes mais atenção. As vantagens a longo prazo bem que justificam o esforço. Seus negócios se expandirão e você reduzirá também a probabilidade de perdê-las para os concorrentes.

Lori Greer é diretora nacional de vendas de uma grande empresa chamada Company's Coming, que se especializou na venda de livros de receitas culinárias. Até hoje, a Company's Coming vendeu 15 milhões de livros. Um dos principais clientes de Lori faz anualmente pedidos no valor de um milhão de dólares. A fim de servi-lo bem, Lori e seu responsável pela conta encontram-se com ele pelo menos uma vez por ano. Em um de nossos cursos intensivos de treinamento, ela foi desafiada a elevar esse relacio-

Formando excelentes relacionamentos

> ESTOU DEVOLVENDO ESTES ÓCULOS QUE COMPREI PARA MEU MARIDO. ELE AINDA NÃO CONSEGUE VER AS COISAS À MINHA MANEIRA.

I NEED HELP. Reproduzido com permissão do King Features Syndicate.

VIC LEE

namento a um novo nível. Aceitando o desafio, ela reuniu sua equipe para uma troca de idéias que durou cinco horas. O único objetivo da reunião era gerar idéias que seriam úteis para o cliente.

Quando os vendedores fizeram suas apresentações seguintes de argumentos de venda, as novas idéias foram incluídas. Para aprofundar ainda mais o relacionamento, Lori passou um tempo extra em contato social com o cliente, em vez de voltar correndo para o escritório. O resultado? Um pedido de 20% mais livros de receitas culinárias. E mais importante ainda: um novo nível de satisfação e confiança foi alcançado, e assegurará um relacionamento a longo prazo de que todos tirarão proveito. Mais do que qualquer outra coisa, essa orientação manterá os concorrentes à distância.

Agora, vamos dar uma olhada em seus relacionamentos pessoais mais importantes. Eles incluem família e amigos, consultores, conselheiros espirituais e qualquer pessoa que seja especial em sua vida fora do mundo empresarial. Mais uma vez, pense com todo cuidado em quem se qualifica para figurar nessa lista única de pessoas fundamentais. Em seguida, anote-lhes os nomes. Se tentado a saltar esse exercício, pare! A procrastinação é seu pior inimigo. Não feche a porta a um futuro melhor. Dê todos os passos logo que terminar de ler este capítulo. Lembre-se, este livro é um trabalho em andamento. Quando terminar de lê-lo, você deu o pontapé inicial em muitos desses novos e estimulantes hábitos. Sua vida será mais frutífera e muito mais satisfatória.

Examine com toda atenção a lista e verifique o volume de tempo que passa com essas pessoas. Suficiente? Você gosta de tempo de qualidade ou apenas de uns poucos segundos ao telefone? Com quem mais você compartilha seu tempo pessoal? Estarão elas lhe roubando um tempo que seria mais bem empregado desenvolvendo seus relacionamentos principais? Se respondeu "Sim" à última pergunta, o que é que vai fazer a esse respeito? Talvez seja hora de dizer "Não" a pessoas que, todos os dias, o desviam do que é importante. Elas não estão em sua lista de pessoas mais importantes. Caso contrário, por que lhe roubam tempo? De agora em diante, defenda o tempo que reserva para a família e para si mesmo. Seja delicado mas firme.

Mencionamos rapidamente a teoria das vantagens para todos no que diz respeito às pessoas que figuram em sua vida. É importante compreender realmente o que isso significa. Stephen Covey, autor de *best sellers*, nos fornece uma boa analogia neste particular. Diz ele que devemos tratar nossos relacionamentos mais importantes como fazemos com uma conta bancária. Quanto mais depósitos você fizer na conta bancária de seus relacionamentos principais, mais fortes se tornarão essas ligações. E, no processo, você se torna mais valioso para tais pessoas.

De modo geral, o que você deposita no banco é dinheiro. No caso dos relacionamentos principais, porém, você pode fazer uma grande variedade de depósitos. No caso dos clientes principais de sua empresa, você provavelmente lhes oferecerá serviços especiais e todos aqueles pequenos extras que o definem como uma pessoa fora de série. Eles podem incluir saídas para partidas de golfe, jantares ou viagens especiais. Outros bons depósitos incluem tempo para discutir idéias ou aconselhá-las sobre como enfrentar certos desafios. Talvez você faça sempre boas recomendações, que lhes possam expandir os negócios. Às vezes, isso consiste em recomendar-lhes um livro excelente ou enviar por fax um artigo sobre o passatempo ou *hobby* predileto que eles tenham. Você pode também apresentá-los a pessoas que oferecem um serviço ou produto excepcionais. Quanto mais sabe sobre aqueles que constam de sua lista de clientes e outras pessoas especiais, mais pode ajudá-las. E o verdadeiro espírito da situação "vantagens para todos" implica que pode fazer incondicionalmente esses depósitos. Em outras palavras, não dê para receber alguma coisa de volta. Simplesmente, experimente a pura alegria de dar.

Se já não possui uma pasta de informações sobre cada um dos clientes e relacionamentos principais, faça isso agora. Descubra tudo que puder sobre esses indivíduos. Inclua as coisas de que elas gostam ou não gostam, não esquecendo restaurantes prediletos, datas de aniversário, outras datas importantes, nome dos filhos, *hobbies* prediletos, esportes e passatempos.

O guru de negócios Harvey MacKay, proprietário da MacKay Envelope Corporation, de Minnesota, denomina essas pastas de informação de MacKay 66, porque sua equipe de vendas faz 66 perguntas para obter conhecimento em profundidade de todos os clientes importantes. A maioria das pessoas não usa esses arquivos porque não leva muito a sério a teoria da vantagem para todos. É preciso muito tempo e esforço para cultivar relacionamentos altamente bem-sucedidos. Isso significa que muitas vezes você terá que fazer aquele esforço extra. Essa maneira de viver torna-se aos poucos seu comportamento normal. Você faz isso sem sequer pensar. Quando o conceito "todos ganham" torna-se realmente parte integral de sua vida diária, as comportas das oportunidades se abrem para você como nunca antes. Você se tornará mais rico e não estamos falando apenas do aspecto financeiro.

LES:
Vejamos uma história divertida sobre o conceito todos vencem. Dois trabalhadores irlandeses, Big Paddy e Wee Jimmy, acabam de ganhar na loteria.

Cada um ganhou cinco milhões de dólares. Tendo recebido o prêmio, ficaram ansiosos para comemorar. A feliz dupla andava pelo Centro da cidade, ainda espantada com a boa sorte, quando viu uma lanchonete especializada em peixe e fritas. Big Paddy disse:

— Estou morto de fome. Vamos pegar um belo rango de peixe e rebater tudo com uma boa cerveja.

Entraram, Bigg Paddy usando ainda o chapéu de operário e Wee Jimmy as botas de borracha preta do trabalho. Pela aparência, ninguém teria imaginado que os dois tinham milhões de dólares no banco. Big Paddy pagou pelos pratos de peixe e fritas e lamberam os beiços com cada pequena porção.

Saciada a fome, continuaram a andar e minutos depois passaram por uma concessionária de carros Rolls Royce. Wee Jimmy abriu a boca de espanto ao ver os luxuosos automóveis.

— Eu sempre sonhei em ter um Rolls — disse ele baixinho.

— Vamos dar uma olhada neles — disse Big Paddy com uma risada, abrindo e segurando a porta para o amigo.

Na concessionária, Wee Jimmy olhou para um belo carro cinza-prateado, que brilhava de ponta a ponta.

— Paddy, você não gostaria de ter um carro como esse? — perguntou.

— Isso seria maravilhoso — concordou Paddy.

Wee Jimmy virou-se para o gerente de vendas imaculadamente bem vestido e perguntou:

— Senhor, quanto custa este belo carro?

O preço, na casa da centena de milhares de dólares, não o deteve sequer por um momento.

— Muito bem — disse com um grande sorriso. — Vou levar dois... um para mim e o outro para meu amigo. — Virou-se para Big Paddy e disse: — Guarde a carteira, Paddy. Você pagou pelo peixe e as batatas fritas!

... E em seguida ALGO A MAIS

Isso mesmo, a vantagem para todos é uma maneira maravilhosa de viver e relacionamentos autênticos não são fáceis de formar. Dê valor aos que tem e faça o que precisar para torná-los ainda mais satisfatórios. Veja abaixo uma estratégia poderosa, que tornará isso fácil, a chamada de técnica Algo a Mais.

Vamos supor que você deseja aprofundar um importante relacionamento pessoal com seu marido ou esposa. Se não for casado, pode aplicar a mesma técnica a quase todos os relacionamentos importantes, de modo que, adapte-a a essa conformidade. Na verdade, escolha alguém com quem gostaria de desfrutar um nível mais profundo de amizade. Para demonstrar como a estratégia funciona, usaremos o exemplo de marido e mulher.

Imagine um fim de semana e que David, o bom marido, chegou em casa vindo do trabalho. A esposa igualmente boa gente, Dianne, tem o jantar pronto e os dois saboreiam uma excelente refeição. David elogia a comida e em seguida faz a seguinte pergunta:

— Dianne, em uma escala de um a dez (um sendo o fim da picada e dez uma coisa maravilhosa), de que maneira você avaliaria meu desempenho como marido na última semana?

Trata-se de uma pergunta séria. Dianne pensa por um momento e responde:

— Eu lhe daria um oito.

David aceita a resposta sem comentário e faz a pergunta E Algo a Mais:

— O que é que eu devia ter feito para merecer um dez??
Dianne respondeu:

— Bem, eu teria gostado mesmo se você tivesse ajudado John com os deveres de casa na quarta-feira. Eu estava sob pressão para não perder minha aula de computador às 7h da noite e me senti culpada por deixá-lo sem lhe dar a devida atenção. Além disso, você prometeu consertar a torneira do banheiro esta semana, mas ela continua pingando. Eu gostaria mesmo que você a consertasse.

David, simplesmente, respondeu:

— Obrigado. Na próxima vez, vou ser mais atento.

Em seguida, os dois mudam os papéis. Quando Dianne lhe pede que a classifique na escala de um a dez, David lhe dá um nove. Nesse momento, chegou a oportunidade de ela fazer a pergunta E Algo a Mais.

— O que era que eu precisava ter feito para ganhar um dez?

David lhe deu o *feedback*:

— Houve uma pequena coisa. Você se lembra que prometeu gravar para mim o jogo de futebol quando viajei na segunda e na terça-feira? Sei que você simplesmente esqueceu, mas eu estava esperando ver as melhores jogadas quando voltei para casa. Fiquei realmente desapontado.

Dianne escutou, pediu desculpas e prometeu a si mesma anotar na agenda pedidos como esse.

Mas antes de você dizer: "Isso parece bacana mas nunca funcionaria em meu caso", pare e pense. Você tem razão, pouquíssimas pessoas usam a técnica E Algo a Mais, e ainda menos fazem isso em base semanal. As desculpas mais comuns são: "Vivo ocupado demais", "Isso é tolice" ou "Caia na realidade, meu marido (esposa ou amigo) jamais concordaria com isso".

ABRA-SE INTEIRAMENTE AO *FEEDBACK*

O que essas respostas surradas estão realmente dizendo é o seguinte:

— Meu parceiro e eu não estamos abertos ao *feedback*, porque nosso relacionamento não amadureceu até esse nível.

Dar e receber habitualmente um *feedback* honesto é uma das melhores maneiras de enriquecer seu casamento, amizade ou relações de negócios. É a característica de seres humanos que atingiram alto nível de percepção e de sensibilidade apurada para as necessidades dos demais. Tendo atingido tal maturidade, eles desfrutam de relacionamentos honestos, francos e satisfatórios com as pessoas mais importantes em sua vida. E você pode usar essa mesma técnica com os filhos e outros membros da família. Seus filhos lhe contarão a verdadeira história — e não o embromarão!

Fazendo algumas perguntas simples todas as semanas, você pode aprender mais sobre si mesmo com as pessoas que o respeitam o suficiente para lhe dar um *feedback* honesto. Em vez de assumir uma atitude defensiva, como faz a maioria das pessoas, aceite a informação como um presente. E ela o ajudará a tornar-se mais autêntico e digno de confiança.

E o emprego da técnica E Algo a Mais significa que você está disposto a aprender mais, fazer mais e contribuir com mais para os relacionamentos que considera importantes. No processo, ambas as partes ganham e se tornam mais fortes. Pense nos benefícios de aplicar a técnica na vida profissional. Se é dono do negócio, pode perguntar a seus principais empregados:

— Em uma escala de um a dez, de que maneira você me classifica como chefe? O que é que eu posso fazer para me tornar um melhor chefe — numa escala de um a dez?

Gerentes podem fazer o mesmo com suas equipes de vendas ou administrativas. E com os principais clientes? Neste particular, você tem uma grande oportunidade de compreender os pontos fracos e fortes de sua empresa e como melhorar as áreas em que seu desempenho fica a desejar. Lembre-se, esses clientes podem incluir também fornecedores ou seu grupo externo de apoio.

Se a técnica é nova para você, as primeiras tentativas de usá-la talvez sejam desajeitadas ou incômodas. Isso é normal. Todos os novos hábitos precisam de prática e perseverança antes de se instalarem. Ouvir a verdade de pessoas que você respeita e ama precisa também de um pouco de costume. Às vezes, a verdade dói, você talvez tenha de engolir o orgulho algumas vezes, antes de aproveitar os benefícios futuros. Outro ponto importante: se está fornecendo *feedback* crítico, faça isso sempre em particular. Por outro lado, elogie em público. Pessoas precisam e gostam de reconhecimento bem-merecido, de todos os tipos. Em curtas palavras: critique em particular, elogie em público.

LEMBRE-SE, PARA QUE AS COISAS MUDEM,

Você Tem que Mudar.

Como Descobrir Grandes MENTORES

Cercar-se de mentores ou orientadores bem escolhidos mudará dramaticamente sua vida. O mentor é alguém com vasta experiência ou talentos excepcionais disposto a trocar idéias com você em base regular. Você, como *beneficiário*, o recebedor dessas preciosas informações, tem a responsabilidade de usá-las prudentemente ao promover sua carreira ou seu *status* financeiro, quando não para melhorar a vida pessoal ou familiar. É um relacionamento do tipo professor-aluno, exceto que você goza do benefício de instrução pessoal e exclusiva. E a grande vantagem é que você, de modo geral, não tem que pagar pelas lições. Em suma, um negócio de pai pra filho!

Vejamos um método comprovado, em três etapas, para ajudá-lo a aproveitar as grandes vantagens de ter um mentor.

1. Identifique o alvo

Escolha uma área específica em que quer melhorar. Pode haver várias delas, mas, para a finalidade de começar, escolha apenas uma. Eis algumas idéias neste particular: expandir seu negócio, vendas, *marketing*, contratação de pessoal de alta classe, elaboração de balancetes financeiros, aprendizagem de novas tecnologias, estratégias de investimento, acumulação de riqueza, eliminação de dívidas, alimentação e exercício para ter saúde ótima, ser excelente pai/mãe ou apresentar argumentos de venda eficazes.

2. Selecione seu candidato a mentor

Pense em alguém de talento ou experiência excepcional na área que escolheu para melhorar. Pode ser uma pessoa que você conhece pessoalmente ou um líder em sua atividade. Talvez seja alguém reconhecido como grande autoridade nesse tópico — escritor, orador ou celebridade. Quem quer que seja, certifique-se de que ela tem uma fé de ofício excepcional e é realmente pessoa bem-sucedida.

3. Formule um plano estratégico

Se já não sabe onde encontrar seu futuro mentor/orientador, de que maneira vai localizar esse indivíduo excepcional e, quando descobrir isso, como fazer contato com ele? A primeira coisa a compreender é que, com toda probabilidade, você nunca estará a mais de seis pessoas de distância de alguém que quer conhecer, incluindo o novo mentor. É interessante saber ... e trate isso como se fosse um jogo. Talvez haja seis portas que você precise abrir antes de reunir todas as informações de que necessita. Quem pode abrir a primeira para você? Comece daí e continue a perguntar. E vai ficar surpreso ao descobrir a rapidez com que outras portas se abrem, logo que você diz o que quer.

Você talvez esteja olhando agora para o nome de seu esperado mentor e dando a si mesmo palpites como "Eu nem mesmo conheço esse cara e com certeza ele não me conhece. E se conhecesse, provavelmente não iria gastar comigo seu tempo valioso." Pare, agora mesmo! A historieta seguinte é uma prova clara de que descobrir e entrar em contato com mentores está bem dentro de sua capacidade.

> **LES:**
> Um de nossos principais clientes é um jovem que possui uma pequena empresa de transporte em caminhões e que está doido para expandi-la. Após comparecer a um de nossos cursos intensivos sobre o trabalho de mentores, escolheu um dos figurões de sua atividade de transporte para ser seu novo orientador. Ao longo dos anos, este indivíduo criou e construiu uma empresa enorme, sendo altamente respeitado por colegas e concorrentes.

Nosso cliente, Neil, localizou-lhe a sede no Texas. Deu vários telefonemas para o endereço e, no fim, conseguiu falar com o bem-sucedido empresário. (Em minutos nós lhe ensinaremos o que dizer ao dar um telefonema como esse. Portanto, seja paciente.) Embora um pouco nervoso, Neil reuniu coragem suficiente para fazer perguntas. O vitorioso empresário concordou em, todos os meses, passar 20 minutos com Neil ao telefone, transmitindo-lhe sua experiência e melhores idéias. Cumprindo a palavra, o arranjo foi levado adiante e, certo dia, Neil recebeu um interessante oferecimento. O novo mentor convidou-o a passar cinco dias no Texas estudando todos os aspectos de sua companhia. Ele poderia ver tudo, conversar com o pessoal e observar bem de perto como a empresa prosperara.

Claro, Neil topou na hora. O resultado? Ele não só conseguiu expandir a companhia de muitas maneiras lucrativas, mas o relacionamento de ambos amadureceu e subiu para novos níveis. Em vez de uma ligação mentor-discípulo, desenvolveu-se entre ambos uma crescente amizade. Além disso, ele descreveu algumas de suas próprias estratégias bem-sucedidas, que não estavam sendo praticadas pelo mentor. Com o passar do tempo, surgiu um autêntico relacionamento que a todos beneficia e a confiança de Neil cresceu, juntamente com os lucros.

Tudo isso começou com um único telefonema. Vamos, portanto, analisar a maneira como você pode obter sucesso semelhante. A coisa mais importante é ser sincero. A sinceridade o ajudará muito a conseguir o que quer na vida. Veja só o que Neil disse quando conseguiu ser atendido ao telefone:

— Alô, Sr. Johnston (não é o verdadeiro nome), meu nome é Neil. Nós não fomos apresentados ainda. E eu sei que o senhor é um homem muito ocupado. De modo que, vou ser breve. Eu tenho um pequeno negócio de transporte de carga em caminhão. Nestes últimos anos, o senhor realizou um trabalho fenomenal, transformando sua companhia em uma das maiores de nossa indústria de transportes. Tenho certeza de que o senhor enfrentou alguns grandes desafios quando começou. Bem, eu estou ainda nesses estágios iniciais, tentando descobrir tudo que é útil nessa atividade. Sr. Johnston, eu ficaria muito grato se o senhor tivesse a generosidade de se considerar como meu mentor. Isso tudo significaria apenas passar uns dez minutos comigo ao telefone, uma vez por mês, de modo que eu lhe pudesse fazer algumas perguntas. Eu ficaria, mesmo, muito grato. O senhor toparia fazer isso?

Quando alguém faz essa pergunta final, as respostas são em geral "Sim" ou "Não". Se for "Sim", controle a emoção e faça outra pergunta:

— Qual seria o melhor horário para eu lhe ligar nas próximas semanas?

Em seguida, confirme um horário específico para a primeira conversa com o mentor. E arremate tudo isso com uma nota de "Muito obrigado" enviada imediatamente.

Se a resposta for "Não", agradeça polidamente à pessoa pelo tempo que lhe concedeu. Dependendo da firmeza da recusa, você poderia perguntar se seria conveniente telefonar em um horário mais adequado para ele reexaminar a solicitação. Se isso não der certo, passe para o plano B — isto é, ligue para a pessoa seguinte em sua lista.

Mas passemos em revista os elementos básicos do telefonema. Em primeiro lugar, vá direto ao assunto. Gente ocupada gosta disso. Nada de trocar figurinhas. Siga um roteiro bem preparado, usando um tom relaxado de conversa. Você vai precisar de apenas um minuto. Além disso, é importante controlar a convesa. Diga o que quer dizer, faça a pergunta final e, em seguida, cale a boca. Nessa altura, você dá ao mentor potencial a oportunidade de falar. Se seguir essa seqüência, será alta sua possibilidade de sucesso. E o motivo é o seguinte: em primeiro lugar, quando pede a alguém que seja seu mentor, o pedido é o máximo em matéria de cumprimento. Em segundo, raramente lhe pedem isso. E se usar de sinceridade total, tendo lhe lembrado dos desafios que enfrentou no início, você muitas vezes recebe uma resposta afirmativa.

Antes de dar o telefonema, porém, é útil reunir tantas informações quanto possível. Peça à companhia que lhe envie qualquer matéria promocional que utilize, incluindo o relatório anual mais recente.

Lembre-se, você pode ter vários mentores e escolher pessoas para todas as áreas da vida em que queira melhorar. Eles podem residir em outra cidade, país ou estar a meia hora de distância de carro. De modo que, comece e divirta-se. Esses relacionamentos excepcionais podem lhe acelerar espetacularmente o progresso. O processo de tentativas e erros é uma das maneiras de ganhar experiência, mas é também trabalho cansativo descobrir tudo sozinho. Aproveitar as fórmulas de sucesso de outras pessoas e adaptar-lhes as idéias é coisa muito mais sabida. E em geral são as pessoas que conhece que lhe abrem as portas para maiores e melhores oportunidades. Trate o assunto como se fosse o jogo Ligue os Pontos. Pessoas bem-sucedidas têm boas ligações. Simplesmente, faça o que elas fazem. A fim de ajudá-lo ainda mais, você encontrará ao fim deste capítulo um Plano Gradual de Ação para Desenvolver Relacionamentos com Mentores.

Esses relacionamentos são do tipo pessoa a pessoa, semelhantes aos que existem entre professor e aluno. Outra maneira excepcional de acelerar o seu crescimento é criar uma aliança com um grupo de Consultores de Alto Nível. Tal como no caso do mentor, a aliança acrescentará uma dimensão inteiramente nova a sua vida, constituindo-se numa poderosa fonte de apoio e força.

Grupos de CONSULTORES DE ALTO NÍVEL

Um Grupo de Consultores de Alto Nível, como sugere o nome, exige uma reunião de mentes. A origem desses grupos retroage ao passado remoto. Antigos filósofos gregos, como Sócrates, apreciavam muito os debates animados e a oportunidade de compartilhar idéias e *insights* com outras pessoas. Nosso conceito sobre a forma ideal desses grupos é de cinco ou seis pessoas, que resolvem desenvolver excelentes relacionamentos de longo prazo. O principal objetivo do grupo é dar apoio emocional, pessoal e profissional recíproco a seus membros. E também criar um foro excepcional único para troca de idéias e informações, bem como discutir tópicos importantes e desafios diários. Se você escolher as pessoas certas, esse maravilhoso sistema de apoio pode ser desfrutado durante muitos anos.

Você pode dar quatro principais passos de ação para tornar realidade esse conceito.

1. Escolha as pessoas certas

Para que haja melhor interação, deve limitar o grupo a seis pessoas, incluindo você. Não precisa escolher todas na mesma ocasião. Pode começar com duas e, aos poucos, subir para seis. Lembre-se, o primeiro membro da equipe talvez seja o mais difícil de escolher, mas não deixe que isso o detenha. A quem escolher? Esta é a grande pergunta. Mas vejamos algumas diretrizes para ajudá-lo. Escolha pessoas com probabilidade de criar sinergia — ambiciosas, de mente aberta, orientadas para metas, que têm pontos de vista positivos e trazem energia positiva para cada discussão. Você não vai querer um bando de chorões que andam à procura de uma oportunidade de despejar todo seu lixo negativo.

Será bom também incluir pessoas com experiência real e sucesso nos negócios, que superaram potenciais situações desafiadoras. No processo de seleção, resolva se será importante ou não convidar pessoas de diferentes áreas de atividade. Você, por exemplo, talvez não queira cinco vendedores no grupo. Uma mistura de experiências e meios formativos diferentes ampliará a profundidade e variedade das reuniões que tiverem.

Pense ainda se vai querer um grupo só de homens ou misto. Além disso, que faixa etária prefere? Uma faixa etária mais ampla, com inclusão de homens e mulheres, contribui para uma perspectiva diferente e um leque mais amplo de opiniões. Se prefere um foco mais concentrado, escolha pessoas do mesmo sexo, mais ou menos de sua idade. A decisão é inteiramente sua. Mas, antes, pense bastante no processo de escolha. Isso será de importância vital para o sucesso do grupo.

2. Todos devem assumir um compromisso

O Grupo de Consultores de Alto Nível é formado com vistas a ser um sistema de apoio a longo prazo. Não serve para pessoas displicentes. Você conhece esse tipo. Aparecem quando lhe dão na telha ou se nada têm agendado para aquele dia. Explique claramente essa condição a todos os candidatos. Você vai querer também, desde o início, uma política de encerramento da contribuição de cada um. Se, por qualquer razão, uma pessoa não se encaixa bem no grupo, é importante ter um processo que se aplique a essa situação. Você não vai querer acabar com a síndrome "maçã podre na cesta", caso em que um indivíduo controlador ou negativo domina todo o grupo. Uma votação democrática 90 dias depois da reunião inicial é uma maneira fácil de evitar uma rápida dissolução do grupo. Mas você pode também implementar esse curso de ação em qualquer futura data.

O nível de comprometimento determinará até que ponto o grupo será eficiente. O comprometimento exige comparecimento regular, disposição de participar em todas as ocasiões em que se reunirem e acordo de manter confidencial tudo que for tratado no grupo. Esse código de discrição é de suprema importância. Segundo nossa experiência, são necessários vários meses antes que as pessoas alcancem esse nível, especialmente quando do sexo masculino. Vai ser preciso superar aquela imagem *macho* própria desse sexo. Mulheres mostram-se geralmente muito mais dispostas a compartilhar seus pensamentos e sentimentos.

Os benefícios reais ocorrem apenas quando há um alto nível de confiança dentro do grupo. O ambiente que você vier a criar deverá ser o de um lugar seguro, onde tudo possa ser dito sem medo de indiscrição.

3. Decida quando, onde, com que freqüência e por quanto tempo quer reunir-se com o grupo

Duas ou três horas por mês é uma boa regra prática, mas, se quiser, as reuniões podem ser também mais freqüentes. Algumas pessoas preferem um café da manhã cedo em um local relaxante, bem arrumado. Outras gostariam mais de reunir-se à noite, quando termina o dia de trabalho. Mais uma vez, a decisão é sua. Entre os pontos importantes neste particular, temos os seguintes: escolha um local em que não serão interrompidos por telefone, fax ou outras pessoas. Estabeleça a regra de todos desligarem os celulares quando se reunirem. Não considere a reunião do grupo como outra típica de escritório. Esse tempo é especial, com pessoas especiais, de modo que tire o máximo proveito da oportunidade para concentrar-se nos assuntos em pauta.

4. Vocês vão conversar sobre o quê?

Boa pergunta! O que você não vai querer é meia hora de papo furado sobre notícias locais e o estado do tempo. Realizadores de alta energia não gastam tempo dessa maneira. Vejamos algumas sugestões: escolha o líder cujo principal papel será manter a conversa fluindo e conceder a todos tempo igual. Inicie as reuniões com um comentário curto de cada um dos presentes sobre a melhor coisa que aconteceu desde a última reunião. Essa orientação dará partida às coisas, de forma positiva. Em seguida, faça as duas perguntas seguintes:

— O que é que está acontecendo em sua vida profissional (ou no seu emprego) e o que é que está acontecendo em sua vida pessoal?

Faça estas perguntas a cada um dos presentes. Somente esse processo pode consumir toda a reunião. Tudo bem. Será uma oportunidade para todos se conhecerem melhor. Outra boa pergunta é:

— Qual é seu maior desafio nesta ocasião?

Além disso, discuta e dê todo apoio às metas dos demais membros do grupo. Inspire todos os presentes a conseguir o que querem. Estimule-os a pensar grande e apresente-os a pessoas que lhes possam acelerar o progresso.

Em algumas ocasiões, você pode querer incluir na agenda um tópico especial. É também uma boa idéia reservar tempo para alguém que tenha uma necessidade particular — uma crise financeira que precisa ser resolvida, ou um problema de saúde. Essas situações são realmente laços que aproximam mais os membros do grupo. Aproveite a oportunidade para ajudar no que puder para solucionar o problema. Se surgir uma situação urgente, você poderá sempre convocar uma reunião especial para resolvê-la.

LES:
Nosso grupo é constituído de cinco pessoas. Todas são donas de seus negócios, que abrangem cinco indústrias diferentes. No momento em que escrevemos, o grupo se reúne há 14 anos. Não temos muitos contatos pessoais fora das reuniões mensais. Durante nossa ligação, todos enfrentaram uma grande variedade de problemas e conseguiram melhoramentos importantes. Os assuntos de discussão abrangeram uma grande variedade de tópicos, incluindo desafios e oportunidades correntes nos negócios, como formular apresentação de argumentos de venda de grande impacto, onde conseguir capital de risco e como mandar embora um empregado importante. Discutimos ainda dificuldades no casamento, problemas com filhos adolescentes, questões de saúde, crises

financeiras e grandes mudanças de carreira. Em várias das reuniões, a emoção correu solta, com lágrimas jorrando livremente. Temos agora maravilhosos laços entre nós e a satisfação de saber que, quando alguém precisa de ajuda, quatro pessoas estarão prontas e dispostas a prestar auxílio imediato. É uma situação que nos dá grande sustento e valeu definitivamente o tempo e o esforço necessários para criá-la.

TORNANDO-SE À PROVA DE BALA

Queremos lhe falar agora sobre outro importante fator no desenvolvimento do hábito de Excelentes Relacionamentos, denominado Construindo Sua Própria Fortaleza. A definição de fortaleza é a de uma estrutura inexpugnável, um santuário ou lugar de refúgio. Dentro da fortaleza, você está protegido das tempestades do mundo dos negócios e da vida. Vejamos a maneira de construir uma delas.

A FORTALEZA

**Seu
Sistema de
Apoio Total**

Formando excelentes relacionamentos

Utilize as categorias seguintes para orientá-lo na construção de sua fortaleza. Elas não são classificadas em qualquer ordem específica de importância.

1. A Unidade Familiar.

2. Mentores e Treinadores Específicos.

3. Equipe de Saúde e Aptidão Física.

4. Equipe de Apoio Empresarial (interna).
(Por exemplo: Pessoal Burocrático, Equipes de Venda e Administração.)

5. Equipe de Apoio Empresarial (externa).
(Por exemplo: banqueiros, advogados, fornecedores.)

6. Principais Clientes.

7. Grupo Pessoal de Consultoria de Alto Nível.

8. Biblioteca de Desenvolvimento Pessoal.

9. Conselheiro Espiritual.

10. Alianças Estratégicas Diversas.

11. O Santuário. (Seu retiro pessoal, local para ficar sozinho.)

A coisa se assemelha a formar um time de futebol ou hóquei. Cada jogador tem um papel a desempenhar e o time só será tão bom quanto o jogador mais fraco. O time é armado pelo treinador. Ele (ou ela) é o centro da ação. A combinação de jogadores excepcionais com um treinador que pode formular e implementar um plano eficaz terá como resultado vencedores.

Considere-se como o treinador. Nesta altura da vida, você precisa responder a duas grandes perguntas:

— Quem está no meu time? Eles jogam no nível de que preciso para realizar meus sonhos e atingir minhas metas?

Não esqueça de dar os Passos para Ação. Eles o ajudarão a descobrir quem merece continuar no time e quem precisa ser substituído. A questão se resume em estabelecer altos padrões, de modo que você possa ter um estilo de vida que lhe dê total liberdade, prosperidade contínua e senso excepcional de valor próprio. Quando precisar de ajuda, terá as melhores pessoas para lhe dar a mão. Este é um processo permanente, não uma meia-sola.

A coisa funciona da seguinte maneira: examine bem seus relacionamentos importantes. Divida-os em duas categorias principais: negócios/carreira e pessoais. Faça uma lista das pessoas importantes em cada uma delas. Na lista negócios/carreira, os exemplos incluiriam seu banqueiro, advogado, contador, guarda-livros, especialista em impostos, fornecedores, assessor financeiro, pessoal de chefia, equipe de vendas, empregados administrativos, assistente pessoal e secretária/recepcionista. Na categoria pessoal, a faixa é muito mais ampla: clínico geral, quiroprático, médicos especializados, massagista/fisioterapeuta, preparador físico, nutricionista, dentista, dermatologista, consultor financeiro, cabelereiro, loja de lavagem a seco de roupas, eletricista, bombeiro, agente de viagem, corretor de imóveis, vendedor de seguros, concessionária de carro, alfaiate, jardineiro, empregados domésticos, babá e todos aqueles cujos conhecimentos especializados poderiam ser necessários.

Evidentemente, você não mantém contato todas as semanas com todas essas pessoas. A questão é a seguinte: quando você precisa de ajuda, elas prestam um serviço brilhante? Às vezes, a pessoa que você escolhe deixa a desejar. A fim de evitar isso, dê um tempo para conhecer a história dessas pessoas. Pessoas brilhantes fazem trabalho brilhante. Fazem isso rápido e invariavelmente bem. No processo, fazem com que você se sinta bem e cobram um preço justo. São pessoas em quem pode sempre confiar para conseguir um serviço bem feito.

Quantos são os que não merecem figurar em sua lista porque não têm desempenho suficientemente bom? Seja inteiramente honesto. Quantos buracos há em sua equipe? Isso é fácil de descobrir. Estas são as ocasiões em que você, no último minuto, corre para as Páginas Amarelas a procura de alguém. Muitas vezes, a pessoa que escolhe não faz um serviço lá muito bom porque você não teve tempo para conhecer a experiência prévia do tal indivíduo.

De agora em diante, não tome decisões apressadas. E não tolere trabalho relaxado, atrasos, preços exorbitantes e qualquer tipo de confusão que crie mais estresse em sua vida. Você não tem que agüentar isso. Peça referências aos amigos. Faça seus deveres de casa. Pesquise. Seja paciente e aos poucos cerque-se de uma equipe de primeira classe, que lhe tornará a vida mais alegre e mais completa. Comece imediatamente. Você vai ficar espantado ao descobrir como isso lhe transformará os relacionamentos.

CONCLUSÃO

Alan Hobson e Jamie Clarke são dois interessantes jovens "aventurempresários". Eles cunharam essa palavra para descrever o amor que sentem pela combinação de aventura e negócio. Uma das metas dos dois era escalar o monte Everest, a montanha mais alta do mundo. Em 1991, fracassou a primeira tentativa da equipe de ambos de chegar ao pico. Em 1994, voltaram a tentar. Desta vez, a equipe era menor. Um dos membros, John Mclsaac chegou à altitude de 8.700 metros, mas não pôde continuar por lhe ter surgido um grave edema pulmonar. A apenas 195 metros do cume, teve que voltar. Uma grande operação de resgate foi necessária para trazê-lo em segurança do alto da montanha, uma vez que lhe faltavam forças para fazer isso sozinho. Essa operação exigiu o esforço combinado de todos, cada um contribuindo com seus talentos particulares. Outros montanhistas de diferentes equipes que se encontravam na montanha foram chamados para ajudar.

Finalmente, em 1997, tendo aprendido com as duas experiências, Alan e Jamie enfrentaram o Everest pela terceira vez. Ambos chegaram ao cume, um êxito realmente magnífico E comentaram.

— Foram os relacionamentos que tornaram nossas experiências no Everest aquilo em que se transformaram. Mesmo que não chegássemos ao cume, tínhamos ainda os bons momentos, os bons sentimentos, a despeito de todas as dificuldades. Voltamos vivos, querendo fazer mais coisas com aquele pessoal. Em uma expedição, contribuímos juntos com nossa vida. Sabíamos praticamente tudo que precisávamos saber uns sobre os outros.

Uma das razões por que Alan e Jamie conseguiram finalmente a vitória foi o fato de se cercarem de uma equipe brilhante. Elas incluíam um organizador profissional de expedições, uma equipe para levantar recursos financeiros, uma turma de apoio, um grupo encarregado de traçar a rota e a equipe que chegaria ao cume. Sem essa "Fortaleza" única, a expedição teria fracassado. Com essas equipes ajudando-os, porém, Alan e Jamie puderam focalizar-se por completo em se prepararem física e mentalmente para a escalada.

Tome hoje a decisão de construir uma fortaleza em volta de sua pessoa. Escolha apenas os melhores. Há muitos entre os quais escolher. Lembre-se, a vida gira exclusivamente em formar e desfrutar grandes relacionamentos. Você merece sua parte! Você vai precisar de confiança para marcar presença e procurar pessoas excelentes. E vai aprender tudo sobre esse importante hábito no capítulo seguinte.

A PROSPERIDADE BASEIA-SE MAIS NAQUELES QUE VOCÊ CONHECE DO QUE NAQUILO QUE VOCÊ SABE.

PASSOS PARA AÇÃO

A Espiral Dupla

Construindo sua Fortaleza

Desenvolvendo Relacionamentos com Mentores

Certifique-se de completar esses exercícios. Se os saltar, você provavelmente não leva a sério formar excelentes relacionamentos. Não se subestime. Faça o esforço agora para aprender sobre si mesmo e sobre o impacto que produz sobre outras pessoas.

1. A Espiral Dupla

RELACIONAMENTOS QUE NÃO DERAM CERTO — Mentalmente, repasse um relacionamento importante que não funcionou. Começando no número um, identifique cada passo no processo que fez com que o relacionamento desmoronasse. Seja específico.

1. _____
2. _____
3. _____
4. _____
5. _____

RELACIONAMENTOS EXCELENTES — Mentalmente, repasse um de seus melhores relacionamentos. Começando com o número um, identifique cada passo no processo que fez com que esse excelente relacionamento se expandisse.

5. _____
4. _____
3. _____
2. _____
1. _____

2. Identificando os Principais Clientes

Escreva o nome de seus relacionamentos profissionais mais importantes. Estas são as pessoas que lhe trazem mais vendas e renda. Elas adoram seus produtos e serviços. Fazem compras repetidas e dão boas referências a seu respeito. (Nota: se você é gerente ou chefe de serviço, a equipe que lhe é subordinada faz parte de sua lista de clientes principais.) Por favor, reserve tempo suficiente para pensar nisso. Essas pessoas são os módulos de armar de um melhor futuro para você. Trate-as bem! As pessoas mais importantes são as que fazem parte de seu núcleo de principais clientes. A palavra núcleo significa centro, o coração ou essência de tudo que é valioso.

Em seguida, anote quanto tempo passa com cada uma dessas pessoas em um mês típico. O que é que isso lhe diz? Que ajustamentos você precisa fazer?

1. _____ 6. _____
2. _____ 7. _____
3. _____ 8. _____
4. _____ 9. _____
5. _____ 10. _____

CONSTRUINDO SUA FORTALEZA – Analisando pontos fracos e fortes

Este é um exemplo de como definir e avaliar suas Equipes de Apoio Empresarial (Interna/Externa) e o que será necessário para levá-las ao nível superior seguinte. Use este modelo para criar as demais áreas de sua Fortaleza

	Equipe de Apoio Empresarial	Nomes	*Grau	Mudanças Necessárias	Passos para Ação	Investimento Necessário
A	Administrativo (recepcionistas, secretárias)					
B	*Marketing* e Promoção					
C	Vendas					
D	Administração					
E	Fornecedores					
F	Finanças (banqueiros, investidores, acionistas)					
G	Contador					

Equipe de Apoio Empresarial	Nomes	*Grau	Mudanças Necessárias	Passos para Ação	Investimento Necessário
H Contabilista					
I Especialista em assuntos fiscais					
J Consultor jurídico (advogado, negociador)					
K Pessoal interno (contratação, treinamento, coordenação)					
L Assistente pessoal/Encarregado de projeto					
OUTROS Por exemplo: consultores, mentores, treinadores					
OUTROS					

* Grau avaliado da seguinte maneira: adequação para o cargo, capacidade de sincronizar com outros membros da equipe e desempenho geral. Levar em conta também o quanto confia, gosta e respeita esses indivíduos. Seja honesto!

E = Excelente   B = Bom   A = Acima da Média   M = Mediocre   N/A = Não Aplicável   0 = Cargo Vago

Formule e implemente um plano específico para melhorar constantemente sua equipe de apoio. Preencha quaisquer cargos que estejam vagos.

DESENVOLVENDO RELACIONAMENTOS COM MENTORES

Que áreas específicas de perícia você quer desenvolver?

1. Dê um tique nas mais importantes
- ☐ Expandir Minha Empresa
- ☐ Vendas e *Marketing*
- ☐ Saúde e Aptidão Física
- ☐ Contratar Pessoal Excelente
- ☐ Estilo de Vida Equilibrado
- ☐ Estratégias Financeiras
- ☐ Habilidades de Comunicação
- ☐ Desenvolver Alianças Estratégicas
- ☐ Saldar Dívidas
- ☐ Nova Tecnologia
- ☐ Cuidados Paternais e Maternais
- ☐ Diversos _____
- ☐ Diversos _____

2. Faça uma lista das três principais áreas de perícia que quer melhorar e dê o nome de dois possíveis mentores para cada uma delas.

1. _____   _____
                              _____

2. _____   _____
                              _____

3. _____   _____
                              _____

3. Na lista acima, escolha a área mais importante em que quer trabalhar imediatamente e o seu mentor preferido.
_____

4. Pegue uma folha de papel em branco e usando o exemplo da página 175, prepare um roteiro para o primeiro contato. Pratique ao telefone com um amigo. Insista até que as palavras comecem a fluir.

Agora, escolha a ocasião, a data e dê o telefonema.

Se não puder falar imediatamente com a pessoa, continue a ligar até fazer contato. A persistência realmente dá resultado. Lembre-se, um relacionamento excelente mesmo com um único mentor poderá ajudá-lo a saltar para um nível inteiramente novo de confiança e percepção.

VIVER COM UMA FINALIDADE

INICIAR UMA AÇÃO DECISIVA

PERSISTÊNCIA INVARIÁVEL

PEÇA AQUILO QUE QUER

O FATOR CONFIANÇA

FORMANDO EXCELENTES RELACIONAMENTOS

CRIANDO O EQUILÍBRIO IDEAL

VOCÊ PERCEBE A SITUAÇÃO EM SEU TODO?

**ISTO NÃO É EMBROMAÇÃO.
TRATA-SE DE FOCALIZAÇÃO**

OS HÁBITOS DETERMINARÃO SEU FUTURO

Você conseguiu — agora, siga em frente!

Estratégia de Focalização nº 6

O fator confiança

"A experiência lhe diz o que fazer.
a confiança lhe dá meios de fazer."

— *Stan Smith*

Em 1999, o presidente da África do Sul, Nelson Mandela, comemorou seu 80º aniversário

Durante quase 26 desses anos ele viveu numa cela de prisão por dizer, sem papas na língua, o que pensava do *apartheid*. Durante esse período, sua confiança deve ter sido submetida a duros testes. Constitui um tributo à sua fé e sua convicção o fato de, no fim, haver triunfado, vindo a ser eleito para o mais alto cargo do país.

A confiança é um hábito que pode ser aprimorado e fortalecido todos os dias. Durante o processo, você será desafiado pelo medo, preocupação e incerteza. Esses elementos constituem os altos e baixos da vida. É uma luta constante, um campo de batalha mental que deve ser conquistado, se você quer ter prosperidade na vida. Para começar, leia com toda atenção as palavras pronunciadas por Nelson Mandela em seu discurso de posse. Assimile sem pressa cada frase. Use-as como alicerces para seu novo nível de realização pessoal.

Nosso medo mais profundo não é que sejamos inadequados para o cargo.

Nosso medo mais profundo é que sejamos excessivamente poderosos.

É nossa luz, e não nossas sombras, que nos amedronta.

Perguntamos a nós mesmos, quem somos nós para sermos brilhantes, maravilhosos, talentosos, fabulosos?

Na verdade, quem não devemos ser?

Vós sois filhos de Deus.

Ser humilde nos atos em nada serve ao mundo.

Nada há de iluminado em retrair-se para que os demais não se sintam inseguros em vossa presença.

Nascemos para tornar manifesta a glória de Deus que está em nós.

Não apenas em alguns de nós, mas em todos nós.

E na medida em que deixamos nossa luz brilhar, inconscientemente damos aos demais permissão para que façam o mesmo.

Na medida em que nos libertamos de nossos medos, nossa presença liberta automaticamente os demais.

Fonte: *A Return to Love,* de Marianne Williamson
(da forma citada por Nelson Mandela em seu discurso de posse, 1994).

Este capítulo contém numerosas estratégias práticas que não lhe reforçar e levarão ao auge a confiança em si mesmo. É importante que as utilize diariamente. A confiança é o fator decisivo de que você necessita para proteger-se das pedras e flechas da negatividade. Faltando confiança, o medo e a preocupação assumem o controle. O progresso é detido e o *momentum* pára com um rangido.

Vamos, portanto, adotar com entusiasmo e empenho esse hábito fundamental e eliminar, de uma vez por todas, as forças negativas. Em primeiro lugar, você precisa resolver qualquer assunto pendente que o esteja detendo. Faça disso seu ponto de partida.

Resolvendo ASSUNTOS Inacabados

Assuntos inacabados é uma expressão descritiva de todas as confusões de que você ainda não tratou. Você, quem sabe, enfrenta problemas judiciais, financeiros, de relacionamentos, organizacionais, de saúde ou carreira, para citar apenas alguns. Se permite que cresçam, elas podem sufocá-lo. E a razão por que numerosas pessoas não tentam resolvê-las é o medo. Medo gera dúvidas e dúvidas levam à perda de confiança. Forma-se um ciclo vicioso. Se for ignorada, surge uma espiral descendente que logo ganha velocidade. De repente, a vida escapa ao controle. Esse excesso de bagagem é como um peso morto em volta de seu pescoço. E pode paralisá-lo.

O resultado é uma imensa drenagem de energia. Algumas pessoas acumulam tantos assuntos inacabados ao longo dos anos que até parece que andam rebocando um elefante. Há três maneiras de resolver essa situação.

1. Você pode recorrer ao jogo da negação

Alguns fingem para si mesmos que nada disso está acontecendo. Um homem preocupado com dívidas, por exemplo, recusa-se ver os números reais, na esperança de que, de alguma maneira, eles desapareçam. Em vez de mudar maus hábitos, tal como o de gastar mais do que ganha, acha mais fácil viver em um mundo de fantasia. A negação resulta em geral em graves conseqüências, do tipo de que você não vai gostar.

2. Você pode mergulhar no limbo

A vida como que pára e você começa a nadar em pé no mesmo lugar. Não recua, mas também não vai para a frente. É uma situação frustradora e, claro, o assunto inacabado continua à espera de solução. Ficar em um limbo deixa-o paralisado.

3. Você pode enfrentar de frente o problema

Embora este pareça o curso de ação óbvio, numerosas pessoas escolhem as duas opções anteriores. Por quê? De modo geral, ninguém gosta de confrontações — são situações desagradáveis e nelas há um certo grau de risco. Às vezes, podem ser dolorosas e podem não acabar como você quer. Eis uma frase que pode ajudá-lo: **Pise em cima do medo.**

Na maioria das vezes, o medo existe apenas em nossa mente. A imaginação é poderosa. Pequenos problemas adquirem muitas vezes proporções descomunais e criamos imagens mentais que se tornam ridículas quando comparadas com os fatos. Um amigo nosso do Arizona, George Addair, contou-nos a história de um bombeiro que compareceu a um de seus seminários sobre autoconhecimento. Disse ele:

— Bombeiros enfrentam o medo em todas as ocasiões em que se preparam para entrar num prédio em chamas. Imediatamente antes de entrar em ação, eles a sentem — a incerteza de não saber se vão sobreviver ou não. Mas uma transformação incrível acontece logo que entram no prédio. Literalmente, pisam em cima do medo e, por fazerem isso, o medo desaparece. Eles se colocam 100% no momento presente. Podem, nessa ocasião, concentrar-se no combate ao fogo, evacuar pessoas e fazer tudo que foram treinados para fazer. Ao enfrentar o medo, podem focalizar-se na situação imediata e realizar seu trabalho.

Outro fator importante é a energia que você desperdiça quando vive com medo. Você não pode dar-se o luxo de manter represada toda essa vitalidade. Tal situação lhe limita a capacidade de agir. Se quer adquirir confiança, acelerar seu progresso e levar a energia a níveis máximos, você tem de enfrentar o medo. Tome agora a decisão de encarar os assuntos inacabados, de uma vez por todas. Faça o melhor que puder. Ponha os problemas para trás e siga em frente.

Transforme isso em hábito. Conscientize-se de que assuntos inacabados são uma realidade permanente. Todas as semanas acontecem coisas que precisam ser resolvidas. Não permita que elas o deixem em desespero. Enfrente-as imediatamente, cheio de confiança. Sua vida se tornará agradavelmente simples e desatravancada quando fizer isso.

O PARADIGMA do Caminho para a Liberdade

Mencionamos acima o empresário George Addair, do Arizona, que vem criando programas de treinamento em desenvolvimento pessoal há mais de 20 anos. Um dos elementos mais fortes nesses seminários é O Paradigma do Caminho para a Liberdade. A filosofia de Addair é a seguinte: tudo que você quer está do outro lado do medo. A fim de vencê-lo, você precisa ter fé no resultado. Na verdade, geralmente é necessário um salto de fé para transpor o fosso entre medo e confiança. O Dr. Robert H. Schuller, pastor da Crystal Cathedral, em Garden Grove, Califórnia, entende bem a importância desse fato. Diz ele:

> *A fé é chamada freqüentemente de "salto".*
> *Fé é saltar de um lado a outro de abismos*
> *entre o conhecido e o desconhecido,*
> *o provado e o incerto,*
> *o real e o possível,*
> *o estender a mão e o alcançar.*
>
> *Há sempre um abismo que permeia onde*
> *você está e aonde você vai — e, com fé, dê o salto!*
>
> *O que existe à frente? Amanhã? Na próxima semana? No próximo mês? No próximo ano? Além desta vida?*
>
> *Acredite na fé! Acredite em Deus!*
>
> *Acredite no amanhã! Dê o salto de fé!*
>
> Fonte: *Putting Your Faith into Action Today!*

De que modo pode você superar esses medos e incertezas e começar a desenvolver o hábito da confiança? Você terá que dar dois passos iniciais: resolva os assuntos inacabados e identifique seus medos mais profundos. Estude o gráfico do Paradigma do Caminho para a Liberdade, à pág. 200. Note a grande cesta de lixo cheia de assuntos inacabados. Nosso Passo para a Ação denominado Resolvendo Assuntos Inacabados lhe mostrará como livrar-se deles. Esse importante exercício ajuda-lo-á a achar uma solução prática que acabará com esses assuntos. Assuma consigo o compromisso de ir até o fim, o que o habilitará a experimentar aquela energia positiva maravilhosa e uma sensação de alívio. Livrar-se da culpa bem que valerá o esforço.

Agora, dê outro olhar na Parede do Medo, a seguir. A fim de romper esse grande obstáculo, você vai precisar identificar claramente as coisas que teme. Eis duas sugestões: reserve um tempo calmo para pensar. É importante não ser interrompido. E faça a si mesmo a pergunta fundamental seguinte:

— Eu tenho realmente medo do quê?

**O PARADIGMA
A ESTRADA PARA A LIBERDADE**

[CUIDADO MURO DO MEDO]

[LIXEIRA — Jogue aqui sua velha bagagem e negócios inacabados]

[FELICIDADE / SONHOS / PERDÃO / PAZ DE ESPÍRITO / PROSPERIDADE]

Reproduzido com permissão de George Addair.

Continue a repetir para si mesmo a pergunta, variando o fraseado se quiser. Eu tenho mais medo do quê? O que é que eu temo que aconteça no futuro? O que é que eu temo neste exato momento? Escreva as respostas. Continue aumentando a lista e fique aberto para as respostas. As respostas mais importantes talvez não apareçam imediatamente. Você pode obter mais *insights* desse exercício pedindo a um amigo em quem confia que lhe faça as perguntas. Ele (ou ela) pode anotá-las enquanto você pensa tranqüilamente, de olhos fechados.

Antes de ignorar essa técnica, considerando-a brega ou tola, pare um momento para pensar nos benefícios que ela trará. A melhor maneira de compreender realmente como e por que você sabota seus resultados consiste em conhecer-se melhor. Pensamento atento lhe dará clareza. É uma sábia opção. Não seja como a maioria das pessoas, que evita os problemas reais e termina em desespero e irrealizada.

Uma vez tendo realmente identificado seus medos, você passa a contar com uma enorme vantagem. Nesse momento, pode projetar estratégias para eliminá-los logo que surgirem. Enfrente cada medo com a pergunta seguinte: *O que é que eu posso fazer para eliminá-lo?* Ao fazer isso, você estará se preparando da mesma maneira que conferencistas profissionais antes de uma palestra, fazendo um esboço dos pontos principais da apresentação. Ao ter um plano estratégico para neutralizar o medo, você planta as sementes da confiança e da certeza.

O autoconhecimento é a chave. Forme o hábito de aprender mais sobre si mesmo: sobre a maneira como pensa, sente, reage e comporta-se. A seguir, veja uma lista de medos comuns e estratégias específicas para combatê-los. Anote os que mais o incomodam.

Medos comuns	Plano estratégico para combater o medo
Saúde frágil	Aprenda mais sobre hábitos de boa saúde, alimentação, exercício e sua herança genética.
Perder o emprego	Torne-se tão valioso que não possa ser mandado embora. E se for, suas aptidões especiais lhe abrirão novas oportunidades. Continue a refinar seus pontos fortes. Focalize-se em seu brilhantismo e forme excelentes conexões.
Solidão	Cerque-se de pessoas positivas e que o apoiem. A fim de atrair amigos, torne-se amigo.
Incerteza sobre o futuro	A maioria dos empregos do futuro não foi ainda inventada. Focalize-se em desenvolver seus maiores talentos. Formule metas emocionantes.

Medos comuns	Plano estratégico para combater o medo
Morte	Ela acontece a todos nós. Tenha fé. Viva cada dia ao máximo. Explore suas verdades espirituais.
Fracasso	O seu lado espiritual prova que há um plano maior. Deus deu talento a você. Procure-o. Esteja rodeado de vencedores. "Fracasso" é uma oportunidade de aprender. Cometer erros é essencial para um sucesso duradouro.
Tomar decisões importantes	Pense no papel — planeje — procure bons conselhos (veja Capítulo 9, Iniciar Ação Decisiva).
Rejeição	Não leve para o lado pessoal, especialmente em vendas. Todos nós experimetamos alguma forma de rejeição toda semana. Torne-se casca-grossa.
Conflito	Enfrente o medo. Procure uma solução que faça ganhar dos dois lados. Aceite o conflito como parte da vida. Faça um curso de solução de conflitos.
Ignorância/Falta de conhecimento	Tenha o hábito de aprender alguma coisa todos os dias. Leia, estude, torne-se mais consciente. Lembre-se: o uso do conhecimento é seu maior poder. Aprenda mais. Seja um especialista naquilo que você faz melhor.
Perder sua família	Alimente continuamente seus relacionamentos mais importantes. Construa uma vida de boas lembranças que você pode ter para sempre.
Falar em público	Junte-se aos mestres-de-cerimônia, faça um curso no Dale Carnegie, entre para a Associação Nacional dos Oradores (veja Guia de Recursos para detalhes), escolha um bom mentor, escreva um discurso de dez minutos sobre seu assunto preferido. Pratique. Aceite oportunidades de falar quando convidado. Contrate um técnico em oratória.
Pobreza	Aprenda sobre dinheiro e como ele funciona. Reveja suas crenças. Encontre um excelente técnico em finanças. Estabeleça objetivos específicos para poupar e investir um pouco de tudo que você ganha (veja Capítulo 10, Viver com uma Finalidade).
Sucesso	Aceite o fato de que o sucesso vem do estudo, do trabalho duro, do bom planejamento e dos riscos corridos. Você o merece, se passar por tudo isso.

Uma de nossas clientes tinha a meta de tornar-se cantora profissional. Dona de uma voz maravilhosa, especializava-se em músicas sertanejas. Até bem pouco tempo, havia cantado apenas para amigos e grupos da comunidade local. Um dia, porém, surgiu uma verdadeira oportunidade. Ofereceram-lhe uma brecha de dez minutos em uma companhia que ia apresentar-se na cidade.

Ao chegar a grande noite, quando deu por si, ela tremia nos bastidores, lembrando-se que ia cantar para dez mil pessoas. O coração disparou e começou a imaginar tudo que poderia sair errado. Talvez esquecesse a letra ou a boca ficasse tão seca que não poderia cantar absolutamente.

Finalmente, alguns minutos antes de ser chamada ao palco, controlou-se. Em silêncio, repetiu para si mesma uma vez após outra as palavras seguintes: "Eu posso fazer isso, eu posso fazer isso, eu posso fazer isso." Ao concentrar-se na certeza de que poderia apresentar-se bem, e ao eliminar os pensamentos negativos de medo, o medo se dissolveu. Ao terminar seu número, recebeu uma trovejante ovação, uma prova de que os medos iniciais eram totalmente infundados.

A confiança é necessária no auge de seu medo. É um dos maiores desafios do mundo. Aceite-o com a resolução de sair-se bem, qualquer que seja a situação que enfrenta.

O DESAFIO
de 25 Centavos

Nosso amigo Wayne Teskey tem um Grupo de Consultores de Alto Nível constituído de quatro outros profissionais. Eles formam um grupo dinâmico de empresários que se reúne uma vez por mês para trocar idéias e apoio mútuo. Em uma das reuniões, chegaram à conclusão de que a vida havia perdido alguns de seus desafios. Suas empresas iam bem, mas eles precisavam de um novo estímulo. E propuseram uma idéia que lhes submeteria a teste a confiança e os levaria a expandir suas zonas de conforto, conhecidas demais.

O plano era ir de avião de Edmonton, a cidade natal do grupo, até Toronto, situada a mais de 4.800 quilômetros de distância, em uma viagem só de ida e com apenas 25 centavos no bolso. Ao desembarcarem, tiveram que descobrir uma maneira de voltar para casa sem usar cartão de crédito, cheque ou uma mãozinha de amigos. Para tornar a coisa mais interessante, concordaram em usar pelo menos três meios de transporte. Em outras palavras, se um deles conseguisse arranjar um vôo para casa, parte da viagem teria de incluir duas outras formas de transporte — trem, ônibus, carro, bicicleta ou a pé. Além disso, não poderiam contar a ninguém a natureza do desafio que enfrentavam.

Imagine-se nessa situação. O que faria você?

Obviamente, seriam necessárias criatividade, inovação, coragem e uma forte crença em sua capacidade, bem como dinheiro, para fazer com sucesso a viagem de volta para casa.

Sem que esse grupo de malucos soubesse, um amigo havia avisado a mídia local em Edmonton, bem como as principais estações de rádio e jornais. Ao chegarem a Toronto, eles foram recebidos no aeroporto por numerosos fotógrafos e repórteres, todos eles intrigados com essa aventura incomum. Nesse momento, havia pressão real para que se saíssem bem!

A maioria do grupo precisou de cerca de uma semana para voltar para casa, mas todos alcançaram a meta. E tinham para contar algumas histórias interessantes. Um deles resolveu optar pelo caminho mais longo, pedindo carona nas estradas. As paradas incluíram Minneapolis, onde ele trabalhou como crupiê num cassino. E voltou para casa com mais de 700 dólares. Dois dos outros usaram de lábia para se hospedarem em um dos melhores hotéis de Toronto, grátis. Outros arranjaram empregos esquisitos.

TUDO QUE VOCÊ QUER ESTÁ NO OUTRO LADO DO MEDO.

Wayne divertiu-se nas ruas perguntando a homens de negócios elegantemente vestidos:

— O senhor tem algum dinheiro que não pensa em gastar hoje?

Se a resposta era "Tenho", ele continuava com um alegre sorriso:

— O senhor poderia me arranjar algum, por favor?

Algumas pessoas realmente lhe deram uns cobres!

De volta a Edmonton, a história teve cobertura na primeira página dos jornais. Na verdade, o grupo obteve mais publicidade do que muitas campanhas publicitárias bem caras. Os "Consultores Bacanas", como eram nesse momento afetuosamente conhecidos, concordaram unanimemente que a viagem constituiu uma das maiores experiências de aprendizagem do grupo. Descobriram que por menos dinheiro que tivessem, era possível não só sobreviver, mas prosperar. Os níveis de confiança dispararam para as alturas e o desafio de 25 centavos, que enfrentaram, lhes abriu maiores e melhores oportunidades nos meses seguintes.

Perdoe e ESQUEÇA

Você tem uma capacidade e habilidade incríveis de superar os maiores desafios da vida. Aceite essa realidade e use-a na próxima vez em que surgir uma crise. Na verdade, receba de braços abertos a oportunidade para atuar em um nível mais alto. Quando irromper através do muro do medo, as recompensas serão muitas. Você vai desfrutar de paz de espírito e da capacidade de sonhar e projetar um futuro sensacional, sem se sentir acorrentado por preocupação e culpa. Quando você invariavelmente resolve questões inacabadas, a vida se torna simples e sem atravancamentos. Este fato lhe dá um assomo de nova energia.

Tudo isso gera confiança. É fundamental que você compreenda uma coisa — confiança cresce com ação, não com pensamento. Só ação produz resultados. Ou, como canta Sheryl Crow: "Uma mudança lhe fará bem." A fim de gerar um resultado diferente, você vai precisar mudar alguma coisa. Tudo começa com você. Até que você mude, nada muda. A procrastinação é um bilhete só de ida para a paralisia. E uma desculpa pela falta de ação.

Mas vamos falar de um ponto importante no que concerne a assuntos inacabados. E você precisa compreender bem isso, se quer permanecer focalizado. A fim de livrar-se por completo da bagagem do passado, você tem de aprender a *perdoar*. Releia a frase: **Você tem de aprender a perdoar**. Nessa situação há dois lados. Em primeiro lugar, você tem de perdoar as pessoas que lhe criaram obstáculos no passado — pais, amigos, parentes ou professoras na escola. Na verdade, todos aqueles que solaparam ou abusaram de sua confiança, verbal, física ou mentalmente. Essa decisão talvez não seja fácil, mas é essencial, se quer ter paz de espírito e um futuro mais feliz.

Mas como é que se faz isso? Escreva uma carta, dê um telefonema, converse pessoalmente, faça o que quer que seja necessário, mas é de importância fundamental que resolva a questão em seu íntimo. Simplesmente, esqueça o passado e siga em frente.

Em segundo lugar, perdoe-se. Cale para sempre aqueles pensamentos negativos de culpa. O passado é história. Você jamais conseguirá mudá-lo. Em vez disso, aceite o fato de o que quer que tenha feito, as opções basearam-se em seu nível de conhecimentos e percepção naquela época. O mesmo se aplica a seus pais. Não os culpe por sua educação — eles agiram dessa maneira baseados nas circunstâncias em que viviam, sistemas de convicções e capacidade de agir como pais.

Olhe bem para a palavra *perdoar*. Nela está implícita a palavra doar. Você tem que doar para ser livre. E a maior dádiva que você tem para doar é amor. Lembre-se, você não pode doar o que não tem. Se não há amor em você, de que modo pode doá-lo? Tudo começa com o ato de perdoar-se. Você tem que ultrapassar as síndromes do "Não é culpa minha" e do "Coitado de mim", ou jamais desfrutará de autêntico amor no coração. Mas você vai precisar de um tipo especial de conscientização, isto é, viver em um nível mais alto. Fazer isso pra valer exige que se desligue de fatos do passado, de modo a tornar-se livre para doar, sem condições.

Um número grande demais de indivíduos jamais deixa que aflore o ser real que neles existe. Em conseqüência, levam uma existência apenas latente e irrealizada. Em vez de corajosamente se estenderem e desafiarem a si mesmos para serem tudo que podem ser, afundam na mesmice da vida diária. Mas você pode ser diferente! Tome agora mesmo a decisão de dar as costas a essa futilidade e explorar os talentos excepcionais que lhe foram concedidos. Eles estão em você, à espera apenas de serem libertados.

Livre-se dos medos. Perdoe aqueles que precisam ser perdoados e confie, sabendo que pode ter o que quer dando um passo de cada vez, tomando uma decisão de cada vez e alcançando um resultado de cada vez.

Uma das histórias mais maravilhosas sobre perdão e amor começou há muitos anos durante a Guerra do Vietnã. A jornalista Patricia Chisholm contou a história na revista *Maclean's*. Phan Thi Kim Phuc, de nove anos de idade, fugia de sua aldeia quando bombas americanas lançadas contra instalações militares começaram a explodir em volta dela. Lembra-se ela:

— Imediatamente, minhas roupas pegaram fogo, tudo, e vi minha mão, meu braço, também em fogo.

E ela começou a correr, em desespero, a fim de escapar do círculo de fogo. E continua:

— Não consegui pensar em nada.

Apenas um medo total e, mais tarde, um calor causticante. Ela sofreu horríveis ferimentos nas costas, onde grandes faixas de pele foram destruídas pelo *napalm*, um espessante que transforma gasolina em matéria gelatinosa capaz de se agarrar a superfícies, incluindo a pele, enquanto queima. Na cena da tragédia naquele momento, o fotógrafo Nick Ut levou-a às pressas a um hospital próximo, onde ela permaneceu durante 14 meses, passando por numerosas operações. A comovente foto de Nick, que lhe valeu o prêmio Pulitzer, captou toda a agonia daquele momento.

Vivendo agora no Canadá após anos de reabilitação e ajustamento à vida ocidental, Kim demonstra uma extraordinária capacidade de perdoar. No outono de 1996, participou da cerimônia do Dia dos Veteranos, no Vietnam War Memorial, em Washington, D.C. No local, teve um inesperado e emocional encontro com o capitão John Plummer, o homem que ordenou aos pilotos sul-vietnamitas que desfechassem o terrível ataque contra a aldeia. Sentados lado a lado, sorridentes e de mãos dadas, era claro que Kim nada sentia em relação a ele que não afeição. Neste particular, Kim é uma pessoa rara. Numerosas pessoas viveriam cheias de ressentimento e ódio, que as consumiriam durante anos. Ela resolveu evitar pensar na guerra.

— Eu nunca sofro dessa maneira — diz ela. — Sentir um traço de amargura, mesmo que bem dentro de mim, é cansativo demais, esmagador demais.

Em vez disso, Kim resolveu seguir em frente. Está casada e feliz e tem um filho novo para criar. Sem a menor dúvida, sua capacidade de amar e perdoar lhe acelerou o progresso na vida.

De modo geral, ninguém pensa em confiança como sendo um hábito. Não raro, olhamos para outras pessoas que parecem estar gozando a vida ao máximo e desejamos ter nascido com os mesmos genes que elas. Embora seja verdade que certos indivíduos parecem ser mais extrovertidos do que outros, a confiança pode ser desenvolvida. Ter confiança não significa que você precisa viver saltando para cima e para baixo todos os dias, transbordante de uma energia extra. Algumas das pessoas mais confiantes e bem-sucedidas que conhecemos possuem uma força interior tranqüila, raramente expressada de forma gregária. Basicamente, a confiança nasce da combinação de atitude positiva com ação positiva. E ambas envolvem o poder da opção. Todos os dias você pode fazer a escolha consciente de pensar mais positivamente. E também resolver iniciar ou não ação positiva. Há um elo direto entre a atitude que adota e as opções que acaba fazendo.

Uma ATITUDE Vitoriosa

Atitude tem muito a ver com seu sucesso e capacidade de conseguir o que quer. Como você provavelmente sabe, atitudes podem mudar rapidamente. Na verdade, todos os dias elas são submetidas a testes severos. Um dos maiores exemplos de perda de confiança ocorreu no Torneio de Masters de Golfe, em 1996, em Augusta, Geórgia. O australiano Greg Norman, golfista espetacular e um dos favoritos para a conquista do campeonato, havia jogado brilhantemente. Ao fim do terceiro dia, ele estava a seis tacadas à frente do rival mais próximo e só restava uma rodada para terminar a partida. Parecia uma certeza absoluta que, na tarde de domingo, Norman iria vestir a famosa jaqueta verde concedida ao vencedor. Tudo de que necessitava era de um desempenho médio para vencer. Inexplicavelmente, porém, sua perícia entrou em colapso na rodada final. Em 24 horas, a vantagem de seis tacadas evaporou-se e ele acabou perdendo por cinco tacadas para Nick Faldo, que havia destruído tranqüilamente a liderança aparentemente imbatível de Norman. Na verdade, foram a persistência e confiança de Faldo que, no fim, causaram a derrota do adversário. Faldo havia desenvolvido o hábito de vir de trás para vencer, tendo ganho o último Masters (1989-1990) de forma semelhante.

No decorrer da rodada final, a atitude de Greg Norman deteriorou-se visivelmente. Os passos largos e confiantes vistos no dia anterior transformaram-se em ombros caídos e numa expressão vazia nos olhos, enquanto ele via desaparecer o sonho acalentado havia tanto tempo de tornar-se o campeão do Masters. Sua espiral descendente, caindo como uma pedra, era um lembrete pungente de como a confiança pode ser caprichosa. Forte e positiva um dia e um completo desastre no outro. A fim de combater essa possibilidade, vejamos algumas estratégias práticas que lhe reforçarão a confiança.

Seis ESTRATÉGIAS
para Desenvolver Confiança

1. Todos os dias, lembre a si mesmo que fez bem algumas coisas

Em vez de remoer o que não deu certo ou trabalhos que deixou pela metade, focalize aquilo que realizou. Não minimize essas vitórias. Use seu hábito diário de **Alerta-E** para tornar mais claro esse ponto. Tenha consigo mesmo uma conversa para levantar seu moral no início e fim de cada dia. Treine-se, da mesma forma que treinaria outra pessoa a fim de ajudá-la a vencer um desafio.

2. Leia biografias e autobiografias inspiradoras

Queremos, mais uma vez, reforçar esse ponto. Leia livros, artigos, revistas. Reúna em uma pasta as histórias que mais o inspiram. Grave documentários especiais da TV. Escute fitas ou assista a vídeos. Vá ao cinema... onde encontrará um bocado de histórias maravilhosas. Descubra coisas sobre pessoas que partiram do nada ou que, embora enfrentando revezes devastadores, ainda assim descobriram uma maneira de vencer. Lembre-se, sua capacidade excede de longe seu atual nível de desempenho. Vida sem desafios é uma ilusão. Aceite o fato de que terá altos e baixos, como todo mundo. Sua confiança cresce quando você encara os desafios da vida. Não vai vencer todos eles, embora, com a atitude certa, vença mais do que o suficiente.

3. Seja grato

Por mais nefasta que seja sua situação, provavelmente há alguém em pior estado do que você. Se duvida disso, ofereça-se para trabalhar como voluntário na enfermaria de queimados graves no hospital infantil. Ponha as coisas em perspectiva. Pense em todas as coisas (e pessoas) que aceita como naturais e que **não** estão disponíveis em outros países. A maioria de seus problemass fica mixuruca na comparação, quando você bate um intantâneo mental de todos os benefícios de que desfruta todos os dias.

4. Cerque-se de apoio de primeira classe

Se precisa de um empurrão, refresque a memória, voltando a ler o Capítulo 5, Formando Excelentes Relacionamentos.

5. Obrigue-se a atingir metas a curto prazo

Não há melhor maneira de desenvolver confiança do que realizar coisas. Todas as semanas, crie um ambiente de realização pessoal. Concentre-se nos seus três alvos mais importantes. Todos os dias, faça alguma coisa que o aproxime mais do término de um projeto, como fechar uma venda ou aprofundar um relacionamento. Não se deixe ser desviado ou interrompido. Agindo dessa maneira, você elimina sentimentos de culpa ou fracasso. Dê um pequeno passo de cada vez.

Certifique-se de que suas metas são realistas. Auto-rejeição pode lhe destruir a confiança, de modo que não se castigue quando alguma coisa não sair como planejada. Seja maleável. E, quando outras pessoas lhe disserem "Não", não considere isso como ofensa. Aceite o fato de que vai precisar perder algumas vezes antes de poder vencer.

6. Todas as semanas, faça alguma coisa por si mesmo

Descubra uma maneira de comemorar suas realizações semanais. Você merece isso ou não? Se respondeu "Não" à pergunta, volte ao Passo 1 e recomece.

A ESTRADA PARA A CONFIANÇA É PAVIMENTADA COM VITÓRIAS SEMANAIS.

Aprenda a Aplaudi-las.

Confira seu
FATOR CONFIANÇA

Estudos recentes mostram que a felicidade está claramente relacionada com o nível de confiança. Numerosas pessoas estão encontrando também conforto e alegria total em uma forte ligação espiritual. George Gallup, cuja família iniciou as pesquisas sobre atitudes pessoais, focaliza cada vez mais seu trabalho em religião.

— Eu sempre quis conhecer as conclusões de inquéritos de opinião pública que sondam o que existe sob a superfície da vida — disse. — Aprendemos muita coisa sobre a amplitude, mas não sobre a profundidade da religião. Atualmente, estamos tentando explorar mais esta última dimensão.

Segundo ele, estudos iniciais dessa "dimensão de profundidade" revelaram que as pessoas mais comprometidas (13% dos crentes) figuram entre as mais felizes, mais caridosas, mais tolerantes e éticas.

— Elas formam uma raça à parte do resto da população. Um terço da população participa agora de uma grande variedade de grupos pequenos de interesses mútuos, 60% deles relacionados com alguma igreja. Essa descoberta é absolutamente fenomenal. E é muito importante em nossa sociedade fragmentada.

Segundo Gallup, nesses pequenos grupos, pessoas estão se descobrindo, descobrindo os outros e descobrindo Deus. Ainda na opinião de Gallup, os tempos modernos confrontam pessoas com um "conjunto estonteante de problemas", incluindo desapontamento com o materialismo como medida de sucesso.

— É um fracasso do sonho americano, se quiserem. E não apenas desânimo diante do fracasso do mundo material, mas desencanto com estilos de vida. A solidão é um fator neste particular. Somos profundamente solitários. E procuramos relacionamentos que façam sentido.

O que Fazer se Você
CAI NUM FOSSO

1. Reconheça que está num buraco

Dê a si mesmo um tempo para repensar a situação, reenergizar-se e refocalizar-se. Converse com as pessoas que mais o apóiam — seus consultores, amigos e família.

2. Lembre a si mesmo uma grande vitória pessoal que obteve

Lembre-se de uma grande vitória que o fez sentir-se o maior. Repita-a mentalmente com todos os detalhes. Fale sobre ela. Examine fotos, placas comemorativas ou cartas de agradecimento. Mantenha um Diário de Sucessos, um álbum de recortes que lhe documentem as memórias mais positivas. Reconheça que você tem talento. Você provou isso antes e pode fazer novamente a mesma coisa.

— Ele foi muito romântico quando nos casamos, mas, como você sabe, eles mudam.

HERMAN® é reproduzido com permissão de LaughingStock Licensing Inc., Ottawa, Canadá. Todos os direitos reservados.

© 1986 JIM UNGER

3. Volte ao fundamental

Uma das principais razões da interrupção de bons resultados é que você não está praticando o fundamental. Faça uma minichecagem da realidade. Está fazendo as coisas fáceis e não se ocupando das atividades que lhe garantem bons resultados? Tire uma folga se estiver física ou mentalmente esgotado. Recarregue as energias antes de voltar ao batente. Reconheça que pode sair dessa situação. A vida é uma sucessão de ciclos. Eles não duram para sempre, de modo que enfrente um por dia. E lembre a si mesmo:

— Isso também passará.

Aos poucos, o sol voltará a brilhar.

Como dissemos antes, o famoso aventureiro e explorador John Goddard é um dos maiores fixadores de metas do mundo. E realizou mais sozinho do que o fariam 20 pessoas juntas. Perguntado sobre como superava obstáculos, respondeu:

— Quando fico atolado, volto à atividade focalizando uma meta que posso alcançar nos sete dias seguintes — alguma coisa simples. Não penso em outra coisa — e isso em geral restabelece meu *momentum*.

QUANDO PENSAR QUE NÃO PODE...

Relembre um Antigo Triunfo.

CONCLUSÃO

O hábito da confiança é um componente vital em sua busca diária de sucesso contínuo. Tal como outras peças importantes do quebra-cabeça, esse hábito é invisível. Amor, fé, honestidade, incorruptibilidade, são todos invisíveis quando tentamos defini-los isoladamente. O mesmo acontece com a confiança. Vejamos um exemplo.

Na ocasião em que escrevíamos este livro, Elvis Stoijko já era o tricampeão mundial de patinagem artística e Medalha de Prata olímpica. Em princípios da casa dos 20 anos de idade, havia atingido o auge em um esporte não apenas difícil, mas saturado de políticas controversas. De modo geral, o indivíduo tem que esperar por sua vez, antes de ser aceito nos níveis mais altos. Elvis é fora do comum. Ele patina segundo um roteiro diferente que, no gelo, incorpora profundos conhecimentos de artes marciais.

É um talento em ação agradável de ver. Tal como todos os demais grandes atletas, ele treina e pratica incansavelmente. Ao lhe ser pedido que desse a razão número um de seu notável sucesso, ele parou por um momento para pensar e em seguida respondeu com simplicidade:

— Acredito em mim mesmo. Sim, é isso. Acredito em mim mesmo.

Confiança... esta é a cola que mantém o todo junto, um hábito forjado a partir de numerosas fontes. Agora você dispõe de uma infinidade de maneiras para aumentar a fé em si mesmo. Saboreie o desafio. Com todo cuidado, passe em revista essas estratégias. Cerfique-se de que lê todos os Passos para Ação que se seguem. Em seguida, comece a usá-los, um de cada vez. Pratique. Transforme isso em um hábito diário. Quando fizer isso, não demorará muito para criar sua própria lista de sucessos notáveis.

PASSOS PARA AÇÃO

Resolvendo Assuntos Inacabados

Faça uma lista de assuntos que quer resolver. Inclua pelo menos três. Em seguida, ponha no papel uma maneira específica de resolver cada um deles. Qual é o seu plano de ação? Defina-o claramente. Por último, decida sobre a data em que quer que o assunto esteja resolvido. Em seguida, mãos à obra.

Assuntos inacabados que quero resolver.

Questões relativas a assuntos de relacionamentos, financeiras, jurídicas, empresariais, de saúde, organização física (no escritório, no lar, na garagem etc.)

1. _____
2. _____
3. _____
4. _____
5. _____

Benefícios específicos com a solução desses assuntos inacabados. Descreva como vai se sentir.

1. _____
2. _____
3. _____
4. _____
5. _____

Plano de Ação para resolvê-los. O que, especificamente, você vai fazer?

1. _____
2. _____
3. _____
4. _____
5. _____

Data em que estarão resolvidos.

1. _____
2. _____
3. _____
4. _____
5. _____

VIVER COM UMA FINALIDADE

INICIAR UMA AÇÃO DECISIVA

PERSISTÊNCIA INVARIÁVEL

PEÇA AQUILO QUE QUER

O FATOR CONFIANÇA

**FORMANDO EXCELENTES RELACIONAMENTOS
CRIANDO O EQUILÍBRIO IDEAL**

VOCÊ PERCEBE A SITUAÇÃO EM SEU TODO?

**ISTO NÃO É EMBROMAÇÃO.
TRATA-SE DE FOCALIZAÇÃO**

OS HÁBITOS DETERMINARÃO SEU FUTURO

*Temos confiança em que você alcançará
os quatro itens restantes. Vá em frente!*

Estratégia de Focalização nº 7

Peça aquilo que quer

"Se houver alguma coisa a ganhar e nada a perder pedindo, peça, de qualquer maneira."

— W. Clement Stone

Jonathan tem 11 anos de idade e adora música

Ele é excepcionalmente talentoso no saxofone soprano e gosta também de compor. No futuro, talvez, tocará em uma orquestra filarmônica famosa e, no fim, tornar-se-á maestro. Impressionante!

Neste exato momento, a principal meta de Jonathan é ganhar dinheiro suficiente para comprar um novo saxofone e um teclado para compor. Aos 11 anos de idade, é difícil encontrar um emprego bem remunerado, especialmente quando a escola ocupa a maior parte do tempo de alguém. Ele, contudo, está resolvido. Quer realmente os novos instrumentos. Todos os sábados, vai para o mercado local de alimentos e se coloca perto de uma das principais portas. Monta uma estante de música e tira um clarinete de uma velha caixa. À frente, coloca um cartaz escrito a mão e, em seguida, começa a tocar. O cartaz diz o seguinte:

MEU NOME É JONATHAN E TENHO 11 ANOS DE IDADE. ESTOU TOCANDO PARA GANHAR DINHEIRO E COMPRAR UM SAXOFONE SOPRANO E UM TECLADO. VOCÊ PODE ME AJUDAR? MUITO OBRIGADO!

Ao lado do cartaz, colocou um pires de plástico e uma lista de solicitações pessoais dos ouvintes. Jonathan descobriu uma fórmula mágica, a de *pedir*, e faz o que a maioria das pessoas omite — está fazendo alguma coisa.

Enquanto toca habilmente uma seleção de músicas bem conhecidas, o dinheiro rola para dentro do pires: um dólar de um empresário que passa, 50 centavos de uma mocinha, cinco dólares de uma vovó bem vestida. Usando um pouco de criatividade e reunindo coragem para pedir ajuda, ele descobriu uma maneira diferente de conseguir o que quer. Com esse tipo de determinação corajosa, quem ousa apostar que ele não conseguirá tornar realidade suas maiores ambições musicais? Nós, não, quanto a isso, nenhuma dúvida.

Peça e
RECEBA

Há muito, muito tempo, existe esse talento chamado pedir. Na verdade, uma das verdades fundamentais da vida diz: *Pedi, e dar-se-vos-á*. Isso não é simples? Claro que é. E crianças são mestras neste particular. A fórmula delas consiste geralmente em pedir até que recebam o que querem. Como adultos, aparentemente perdemos essa habilidade. Inventamos todos os tipos de desculpas e razões para evitar qualquer possibilidade de rejeição. Crianças, porém, não foram programadas assim. Elas realmente acreditam que podem ter qualquer coisa que pedirem, seja uma piscina de 15 metros ou um sorvete de casquinha.

O que você precisa compreender é o seguinte: o mundo responde àqueles que pedem. Se não está se aproximando daquilo que quer, você provavelmente não está pedindo tanto quanto pode. Por sorte, para criar prosperidade futura há muitas maneiras de pedir. Nas próximas páginas, você vai aprender uma grande variedade de estratégias para pedir coisas que lhe garantirão um estrondoso sucesso. Elas são poderosas tanto na vida profissional quanto pessoal.

Vejamos três palavras úteis que deve lembrar sobre pedir:

SEMPRE
BUSCAR
CONHECIMENTO

Algumas pessoas dizem que conhecimento é poder. Isso não é verdade! O uso de conhecimento é poder. Isso é algo que deve gravar para sempre na mente. Quando pede, você pode receber todos os tipos de informação, idéias, estratégias, nomes de pessoas influentes e, sim, até mesmo dinheiro. Há muitas boas razões para pedir e as recompensas são substanciais. Se assim é, por que as pessoas hesitam quando têm uma oportunidade de pedir? Basicamente, por três razões.

1. Adotam um sistema de crenças que diz que não é correto pedir

2. Carecem de confiança

3. Têm medo de rejeição

(Para um estudo em profundidade sobre como superar barreiras pessoais ao ato de pedir, leia *The Aladdin Factor*. Ver o Guia de Recursos.)

Velhos e arraigados sistemas de crença podem paralisá-lo. Diz a Bíblia: "Pedi, e dar-se-vos-á; buscai, e achareis; batei, e abrir-se-vos-á." Essas palavras vêm de uma autoridade muito alta, dotada de muito mais poder do que algum superado sistema de crenças que você possa ter herdado anos antes, ao tempo de criança. Se essa situação o descreve, você precisa fazer uma análise dos sistemas de crenças que o limitam. Procure ajuda. Converse com um amigo confiável, conselheiro ou consultor. Desça aos detalhes. Compreenda que há outras maneiras de interpretar a vida e as situações da vida. Faça uma mudança na maneira como vê as coisas e naquilo a que realmente dá valor. Descarte todo aquele troço antigo, que lhe cria obstáculos para o futuro e lhe sufoca a capacidade de pedir.

Lembra-se da segunda razão? Isso mesmo, é aquele velho tipo de confiança contraproducente discutido no último capítulo. A falta da confiança autêntica retardará definitivamente seu desejo de pedir. Repetindo, tudo isso é sobre derrubar velhas barreiras. Confie em si mesmo. Dê um passo à frente. Peça, sempre. A pior coisa que você pode ouvir é "Não", o que traz a primeiro plano a terceira razão — rejeição. Quando recebe uma resposta negativa você fica em pior situação? Não, realmente, a menos que a receba como algo pessoal — o que é a razão número um por que as pessoas temem a rejeição. Algumas pessoas não conseguem controlar as emoções, mesmo que a palavra "não" jamais tenha sido dita com a intenção de ferir pessoalmente.

De modo que, como é que você se sai nessa questão de pedir? Alguma dessas três forças negativas está lhe destruindo a oportunidade de progredir? Se está, é daí que deve começar. Isso é chamado de dar o salto de fé. E significa descartar-se de velhas crenças, sentir-se bem sobre si mesmo e compreender que a vida não é perfeita — e que é normal enfrentar, ao longo do caminho, um bocado de obstáculos.

Sete Maneiras de Impulsionar seu Negócio
SIMPLESMENTE PEDINDO

Vejamos agora sete grandes maneiras de garantir que seu negócio torna-se mais lucrativo. Aplique-as e sua receita vai disparar para as alturas. Para auxiliá-lo neste particular, dê os Passos para Ação chamados de Sete Maneiras de Impulsionar seu Negócio.

1. Peça informação

Para conquistar novos clientes potenciais, você vai precisar saber, em primeiro lugar, quais os desafios correntes que eles enfrentam, o que querem obter e como pensam em fazer isso. Só então você poderá demonstrar as vantagens de seu produto ou serviço excepcionais. É espantoso quantas pessoas botam a perder um processo tão simples quanto esse. Vendedores são tristemente afamados por ignorarem essa parte essencial da argumentação de venda. Muitas vezes, só têm diante dos olhos o símbolo do dólar, o que mostra que o principal interesse deles é tornar mais leve a carteira de notas do cliente.

Nós os chamamos de dinossauros. Mas há uma maneira melhor: em primeiro lugar, esqueça seus interesses. Isto é fundamental. Concentre-se em ajudar sinceramente a pessoa com quem mantém contato. Faça perguntas, começando com as palavras *quem, por quê, o quê, onde, quando* e *como*, a fim de obter todas as informações de que necessita. Isso é chamado de processo de revelação compulsória. Advogados criminalistas são peritos nesse particular. Na argüição, eles têm liberdade de fazer virtualmente qualquer pergunta que os ajude a formular a defesa. Não confiam em palpites. Só quando armados com os fatos do caso é que podem fazer uma defesa ou uma acusação convincentes no tribunal.

O mesmo acontece no mundo dos negócios. Só quando compreende e avalia as necessidades das pessoas com quem entra em contato é que você pode oferecer uma solução. E se tudo se encaixar, a solução para elas será seu produto ou serviço.

No processo de argüição há duas importantes perguntas a fazer. Em primeiro lugar:

— Qual é seu maior desafio neste momento?

Descobrimos que esta pergunta é uma maneira maravilhosa de desenvolver comunhão de pensamentos e interesses. E o importante neste particular é o seguinte: você tem que demonstrar interesse autêntico quando pergunta. Se a pergunta parece um clichê tirado de algum velho manual de vendas, você vai encontrar resistência. Quando a pessoa responde, ouça com toda atenção e faça outra pergunta, que lhe dará mais informações. Repita o processo até que tenha explorado o processo em toda profundidade que precisar. Chamamos a isso de descascar a cebola. Toda vez que faz uma nova pergunta, você tira outra camada de casca. Removendo mais camadas, você chega finalmente ao núcleo da questão. Não raro, é nele que está a informação mais importante, mas é preciso habilidade em perguntar para chegar a ela. Bons conselheiros matrimoniais e psicoterapeutas utilizam a mesma técnica para descobrir o que se encontra atrás de um relacionamento disfuncional ou depressão aguda. De modo que, pratique, fazendo perguntas simples e diretas. Seja atento. Escute com atenção e aprenda a ler nas entrelinhas. Lembre-se, as questões importantes ficam geralmente abaixo da superfície.

A segunda pergunta importante para abrir a conversa é:

— Quais as suas metas e objetivos mais importantes nos próximos anos?

Se acha que elas não responderão a uma pergunta como esta, pense duas vezes. Se desenvolveu comunicabilidade nos primeiros dez minutos, deu um tempo ao desejo de fechar a venda e demonstrou interesse sincero pelo negócio do outro, ele vai lhe dizer mais coisas do que pensa.

> LES:
> É espantoso — dez minutos depois de me encontrar pela primeira vez com um dono ou gerente de empresa, quando faço a pergunta sobre metas, eles freqüentemente se levantam e dizem:
> — Deixe que eu feche a porta.
> E em seguida abrem o coração. A impressão é que estavam esperando que aparecesse alguém disposto a escutar, de modo a poder descarregar alguns fardos pesados que carregam nos negócios ou na vida pessoal. Jamais subestime o poder de perguntas bem escolhidas e da capacidade de ouvir com interesse.

Outra dica para quando estiver pedindo informações: não interrogue ninguém com uma artilharia pesada sobre questões de lucros e perdas. Entre as perguntas, faça alguns comentários, compartilhe uma idéia ou ofereça uma sugestão útil. Escute o que a outra pessoa diz, e em seguida, cortesmente, faça outra pergunta. Quanto mais puder demonstrar interesse sincero, mais à vontade e relaxado se tornará o cliente potencial. Essa postura desenvolve aquele ingrediente mágico chamado confiança. Quando a estabelece, a porta da oportunidade se abre de par em par e você é acolhido de braços abertos. No fim, isso vai resultar em polpudos cheques. Você pode também usar esse tipo de pergunta em sua vida pessoal, com a família e amigos. As compensações são igualmente substanciais.

"Você o aborda e pede um milhão. Eu peço cinco pratas e ele vai achar que está fazendo um bom negócio."

2. Cobre

Note a importante estatística seguinte: depois de ter feito uma apresentação completa dos benefícios do produto ou serviço que vende, em mais de 60% das vezes o vendedor jamais solicita o pedido do cliente potencial. Trata-se de um mau hábito que, no fim, pode jogá-lo no monte de lixo do mundo dos negócios.

Se precisa de ajuda, as crianças são seus melhores modelos. Como demonstrou o jovem Jonathan, elas são vendedoras dotadas de um talento natural. Veja um pouco mais de prova neste assuntos. Estamos jogando golfe em uma quente e ensolarada tarde de junho. A área de lançamento do sexto buraco fica perto de uma cerca situada no perímetro do campo. No outro lado da cerca de malha de arame, uma menininha de uns seis anos está sentada a uma pequena mesa de madeira. Na mesa, duas grandes jarras de plástico, uma cheia de chá gelado e a outra de limonada. Enquanto nosso grupo de jogadores espera que a dupla à frente passe pelo buraco, a menininha pergunta:

— Querem um pouco de uma gostosa bebidinha gelada enquanto esperam?

E se levanta, com uma xícara plástica numa das mãos e um grande sorriso nos lábios. O nome dela é Melanie...

Faz calor e todos nós estamos com sede, de modo que vamos até a cerca.

— Vocês querem chazinho gelado ou limonada? — pergunta ela.

Depois de fazermos nossa escolha, ela serve as bebidas, estende a mão e diz:

— Cinqüenta e cinco centavos, cada, por favor.

Passamos quatro notas de um dolar através da cerca. Depois de guardar com todo cuidado o dinheiro em uma pequena bolsa, ela passa as bebidas através de um buraco na cerca e diz:

— Um bom-dia pra vocês.

Nenhum de nós recebe troco! E quem é que vai se queixar? Afinal de contas, ela vale uma gorjeta de 45 centavos com uma apresentação de vendas como aquela.

SOLICITE SEMPRE O PEDIDO.

Sempre.

Com que freqüência pensa que a menininha pede? Você tem razão. Sempre que alguém chega ao sexto buraco. Essa pequenina empresária não fez nenhum curso de treinamento de vendas de dez semanas — faz a coisa naturalmente. Pense só na estratégia brilhante que ela usa — uma lição sobre negócios que pode ser útil para todos nós. Em primeiro lugar, ela escolheu uma localização excelente. Em segundo, fornece também um serviço valioso em um dia quente. A pergunta "Você quer chá gelado ou limonada?" prova que ela conhece a importância da opção. E seu fator confiança é tão alto que não julga necessário dar troco.

Como Melanie, você deve sempre fazer uma pergunta de fechamento para obter o negócio. Não encha lingüiça nem faça rodeios ou, o que é pior que tudo, não espere que o cliente potencial lhe faça a pergunta. Veja abaixo alguns exemplos que funcionaram bem em nosso caso.

"Que tal experimentar?" Esta não é uma pergunta do tipo pressão ou ameaça. Se você fez uma apresentação de argumentos de vendas mencionando valor e benefícios, a maioria das pessoas pensa: "O que é que eu tenho a perder? Bem que posso experimentar." Quando oferecemos programas de treinamento e cursos intensivos, perguntamos diretamente:

— Você gostaria de participar do próximo programa?

Outra maneira direta consiste em perguntar com sinceridade:

— Posso, por favor, contar com seu pedido?

O conhecido consultor de empresas Barney Zick acrescenta à pergunta uma pitada de humor. Sugere que, se você estiver realmente engasgado, diga simplesmente:

— Quer comprar um?

O importante é, simplesmente, perguntar. Note também que a pergunta de fechamento destina-se a gerar uma reposta "Sim" ou "Não", ao contrário das perguntas anteriores no processo de revelação compulsória, quando você queria simplesmente mais informações. Se palestrantes e escritores bem-sucedidos podem fazer isso, por que não você? A coisa evidentemente funciona.

3. Peça recomendações por escrito

Recomendações bem escritas, orientadas para resultados, de indivíduos altamente respeitados, são instrumentos poderosos. Dão solidez à qualidade de seu trabalho e o apresentam como pessoa íntegra, merecedora de confiança e que faz as coisas a tempo.

O fascinante em tudo isso é o seguinte: a maioria das pessoas nesse ramo simplesmente não faz isso. Ao fazer, você tem uma oportunidade de saltar à frente dos concorrentes. Tudo que tem que fazer é pedir. E qual o melhor momento para isso? Imediatamente depois de ter proporcionado um serviço excelente, completado um projeto importante sem estourar o orçamento, feito aquele esforço extra para ajudar o cliente, ou qualquer outro momento em que o tornou realmente feliz. Nessas circunstâncias, eles terão prazer em lhe elogiar o trabalho. Vejamos como fazer isso.

Simplesmente pergunte se o cliente teria alguma coisa contra lhe fornecer uma recomendação sobre o valor de seu produto ou serviço, além de quaisquer outros comentário úteis. Para facilitar as coisas, sugerimos que faça algumas perguntas ao telefone e tome notas cuidadosas. Peça-lhe que descreva claramente os benefícios que obteve. Pesquise resultados específicos obtidos por causa do trabalho que você fez.

Um treinador especializado que acaba de completar um programa de três meses abrangendo toda força de vendas de uma empresa em rápido crescimento poderia perguntar:

— Que resultados notaram nos últimos 60 dias?

O gerente de vendas poderia responder:

— Desde que passou para nós suas idéias, nosso volume total de vendas deu um salto de 35% em comparação com os meses anteriores.

Esse resultado é excelente, específico, mensurável. Evite declarações gerais do tipo "Foi um programa muito bom... todos realmente gostaram muito". Esse tipo de declarações produz impacto desprezível sobre o leitor. Mas se você tem uma força de vendas que precisa de ajuda e lê sobre um aumento de 35%, é mais provável que pense: "É isso que nós estamos procurando. Se funcionou no caso deles, poderia funcionar no nosso. Como é que posso entrar em contato com esse treinador de vendedores?"

Quando houver terminado sua mini-entrevista ao telefone, ofereça-se para você mesmo redigir a recomendação. Essa orientação economizará tempo do cliente. E esse fato é importante por duas razões. Em primeiro lugar, evita qualquer pressão sobre ele. Ele talvez não seja muito competente em escrever boas recomendações e este é um trabalho que consome tempo. Em segundo, você tem oportunidade de redigir a carta da maneira que produza o maior impacto. Se não for muito bom em matéria de escrever, contrate um profissional — e a despesa será mais do que justificada. Completada essa fase, mande por fax a recomendação ao cliente para que ele a aprove. Em seguida, peça que ele use o papel timbrado da firma e que a assine.

Crie o hábito de colecionar grandes recomendações. Coloque-as em uma encadernação de três anéis, deixe-as em cima da mesinha de café de sua sala de recepção ou mande emoldurar as melhores e pendure-as numa parede, onde todos possam lê-las. Use um marcador de texto para chamar atenção para os comentários mais importantes. Toda sua literatura promocional deve incluir pelo menos três recomendações excelentes, em destaque.

Outra boa opção será escolher as frases mais convincentes de dez diferentes recomendações e colocá-las na mesma página com os nomes dos clientes. Ainda melhor, inclua uma pequena foto de cada um dos clientes. Se seu produto for fácil de fotografar, como um carro ou mobília, crie uma foto de ação, como, por exemplo, o novo cliente dentro do carro ou mostrando a bela mesa da sala de jantar. Ilustrações produzem grande impacto.

PROCURE AJUDA DE PESSOAS DE CONFIANÇA

Se dispõe de alguns comentários de pessoas locais bem conhecidas, as probabilidades são que seus clientes potenciais as reconheçam e fiquem impressionados.

Mas há outro importante aspecto das recomendações por escrito: inclua algumas pessoas que sejam modelos em sua atividade. Quanto mais tradicionais forem, melhor.

Você poderá ainda agrupar as recomendações em categorias específicas. Se seu produto ou serviço trazem vários benefícios, inclua cada um deles sob cabeçalhos diferentes, tais como serviço excelente, preço, qualidade, conhecimento do produto e pronta entrega. Se um cliente potencial concentra-se em uma área em particular, você pode exibir várias recomendações provando que é excelente nessas áreas.

Essas estratégias simples lhe trarão muito mais negócios. De modo que, aproveite-as e, de agora em diante, assuma consigo mesmo o compromisso de pedir recomendações de alto impacto.

4. Peça recomendações de alta qualidade

Praticamente todos no mundo dos negócios conhecem a importância das recomendações. Em curtas palavras, trata-se da maneira mais simples e menos dispendiosa de garantir seu crescimento e sucesso no mercado de trabalho. Não obstante, a realidade é a seguinte: em nossa experiência, apenas uma em cada dez empresas possui um sistema para obter recomendações. Como explicar uma situação dessas?

Bem, trata-se da mesma velha história — maus hábitos, além daquela situação repetitiva sobre a qual você vem lendo nestas páginas —, o medo de rejeição. No Capítulo 5, Formando Excelentes Relacionamentos, falamos sobre a importância de cultivar um núcleo de principais clientes. Eles são as pessoas que, de boa vontade, lhe darão recomendações para que as use, porque as trata muito bem. Se é assim, por que não pede recomendações a todas elas? Talvez você não acredite ainda nos benefícios dessa prática. Vejamos um exemplo que o convencerá a pensar duas vezes.

Helen é uma especialista em planejamento financeiro. Na verdade, permanece sempre nos 5% mais altos dos dois mil membros da força de vendas de sua empresa. Ao longo dos anos, construiu um alicerce de principais clientes. Seu mercado é constituído de pessoas na faixa etária de 40 a 60 anos, com carteiras de investimento de pelo menos 200 mil dólares. Vejamos a maneira como, recentemente, ela deu um empurrão em suas atividades: convidou seus principais clientes para um café da manhã de um sábado em um hotel próximo. O convite dizia que eles receberiam informações importantes sobre novos regulamentos do governo, que poderiam lhes afetar a prosperidade. Incluído no convite havia o pedido de que cada um deles trouxesse de três a quatro amigos analogamente classificados.

O resultado? Noventa e duas pessoas compareceram, muitas delas convidadas das outras. O café da manhã custou apenas oito dólares por pessoa, despesa que Helen pagou com muita satisfação. Após sua palestra de 45 minutos, muitos dos convidados solicitaram informações adicionais. Esses pedidos transformaram-nos em novos clientes e em 20 mil dólares de comissão para Helen. Um trabalho matutino nada ruim!

Como todos os grandes profissionais sabem, pedir recomendações de qualidade constitui parte importante de uma estratégia geral de mercado. E é um hábito que lhe aumentará espetacularmente a renda. Tal como qualquer outro hábito, você tem que praticá-lo com freqüência. No fim, ele se torna fácil.

A obtenção de boas recomendações não se limita a seus principais clientes, embora eles proporcionem uma clara vantagem, ao lhe abrirem portas que, de outra maneira, continuariam fechadas. Oportunidades surgem todos os dias. Quando você conhece um cliente potencial que não precisa nem quer seu produto ou serviço, você ainda poderia perguntar se ele conhece alguém que precise. O que é que você tem para perder? A pior coisa que pode acontecer é ele dizer "Não". E você não fica com isso em pior situação. Mas ele pode também dizer:

— Já que você falou nisso, eu conheço uma pessoa que pode se interessar pelo que você tem para oferecer.

LES:
Eu tinha um encontro marcado com o dono de uma companhia de desenvolvimento imobiliário. Ele ouviu minha argumentação de venda e disse que não estava interessado em nossos serviços. Não obstante, quando lhe perguntei se podia sugerir alguém, ele abriu a agenda e me forneceu 27 nomes de pessoas de alta qualidade.

Por falar nisso, certifique-se de que descreve em detalhe sua definição do que é um bom cliente potencial. A última coisa que você vai querer é um bocado de nomes que não servem para nada. Isso só vai desperdiçar seu tempo e o deles. Quando alguém lhe der uma recomendação, confira antes com todo cuidado. Faça perguntas sobre a pessoa até que que se convença de que ela realmente se qualifica para o que você quer.

Outra coisa esperta que nosso amigo Barney Zick faz é pedir recomendações desde o início. Na verdade, pense em tornar o fornecimento de recomendações uma condição de cada venda. A maioria das pessoas jamais faz isso, de modo que você tem uma oportunidade maravilhosa de lhes aproveitar a omissão. Por exemplo, você poderia dizer:

— Uma razão por que podemos lhe oferecer esse preço excelente é que pedimos também a indicação de três excelentes possíveis clientes. Tenho certeza de que o senhor conhece o valor de indicações. Em troca, prometemos lhe dar o melhor serviço e o senhor vai ficar feliz com sua decisão de fazer negócios conosco.

Nessa ocasião, você pode reforçar seus comentários mencionando recomendações maravilhosas de outros clientes satisfeitos. Outra pergunta feita por Barney é:

— O senhor, por favor, me apresentaria a algumas pessoas da mesma qualidade que a sua?

Dessa maneira, você faz um cumprimento autêntico e o cliente se sente bem com isso.

Mas, freqüentemente, é feita a pergunta seguinte:

— Devo pagar por receber indicações?

Essa decisão cabe inteiramente a você, embora a maioria das pessoas, em especial seus principais clientes, faça isso de boa vontade, sem nenhum interesse monetário. Por outro lado, se um pagamento de, digamos, 10% estimulará alguém a lhe dar uma boa indicação todos os meses, faça isso.

Você pode inventar também meios criativos de dizer "Obrigado" a pessoas que sempre lhe dão indicações. Descubra do que é que elas gostam e surpreenda-as com um presente inesperado. Isto poderia ser uns dois ingressos para um cinema, uma caneca de café diferente (com seu logotipo), uma cesta de comidinha especial ou um jantar para dois no restaurante predileto do cliente. O reconhecimento da ajuda que lhe deram é mais importante do que o valor do presente. E se as indicações resultarem em um aumento substancial de renda, você poderá aumentar na mesma medida o presente.

Outra maneira de garantir indicações consiste em fazer inicialmente indicação de seus próprios clientes. Pense também em oferecer uma consulta gratuita ou um oferecimento de experiência com o produto ou serviço em troca de boas referências. Esse método funciona bem quando você está justamente iniciando um novo empreendimento e não conhece muita gente no mercado.

Como pode ver, há muitas oportunidades de obter novos negócios ligando-se bem aos principais clientes, que são relacionados com pessoas que você gostaria de conhecer. Faça um esforço para inventar alguma coisa diferente, em comparação com seus métodos normais de estabelecimento de uma rede de contatos. Pense em conversar com clientes de calibre mais alto ou peça indicações com mais freqüência para aumentar seus negócios. E lembre-se do seguinte: reunir sempre boas indicações pode torná-lo uma pessoa rica. Um último argumento: use a palavra "apresentação", em vez de indicação. Ela intimida menos. Algumas pessoas podem ter uma experiência negativa porque um vendedor insistente pressionou-as a fazer indicações.

5. Peça mais encomendas

Todos os anos, numerosas pessoas perdem milhares de dólares em vendas porque nada mais têm a oferecer após a venda inicial. Procure acrescentar outros produtos ou serviços a sua carteira. Além disso, crie um sistema para saber quando os clientes vão precisar mais de seus produtos ou serviços. Pessoas compram em ciclos e você precisa saber quando é mais provável que eles ocorram. A maneira mais simples de descobrir isso consiste em perguntar aos clientes quando deve voltar a entrar em contato com eles para pegar um novo pedido. Muitas vezes é mais fácil vender a velhos clientes do que sair por aí à procura de novos.

> LES:
> Keith e o sócio, Bill, são donos de uma empreiteira de instalações elétricas. Há 15 anos vêm desenvolvendo regularmente a empresa, proporcionando trabalho de alta qualidade e mantendo excelentes relacionamentos. Têm um cliente muito importante que divide a contratação de obras entre a companhia deles e um concorrente muito mais poderoso. Esse arranjo vem funcionando há anos. Keith gostaria de conseguir a outra metade do negócio. O concorrente, porém, parece ter sempre uma vantagem a oferecer. Não obstante, todos os anos, quando era aberta a concorrência pública, Keith entregava uma proposta completa e detalhada, embora soubesse que era pouca a probabilidade de conseguir todo o contrato. Mas continuava a pedir o negócio.

Em certo ano, um novo encarregado de compras foi nomeado para estudar as duas propostas. O concorrente, supondo que, como sempre, obteria o contrato, submeteu uma proposta de uma única página. Keith, por sua vez, apresentou a proposta detalhada habitual, mencionando os benefícios e as vantagens em termos de custo se sua empresa fosse contratada. Ao examinar as duas propostas, o novo encarregado de compras escolheu Keith porque ele havia se dado ao trabalho de solicitar o contrato da maneira correta. Ou, como ele disse mais tarde:

— Nós não ganhamos realmente a licitação. Nosso concorrente é que deixou cair a peteca.

Se você for persistente na solicitação e fizer isso de forma honesta, no fim, a maré pode virar em seu benefício. O prêmio extra para Keith foi que, logo que se espalhou a notícia de que havia conseguido todo o contrato desse grande cliente internacional, as comportas se abriram e começaram a chegar pedidos de informação de outras grandes empresas.

Lembre-se do seguinte: os negócios param com um rangido quando você deixa de pedir. Pedir mais encomendas ajuda-o a ganhar *momentum*.

Há alguns anos, a rede McDonald's, aquela turma do hambúrguer, inventou uma maneira incomum de fazer com que os clientes comprassem mais. Treinou seu pessoal para fazer mais uma pergunta quando alguém pedisse um hambúrguer e um refrigerante. Essa única perguntou contribuiu com mais de 20 milhões de dólares para os lucros da empresa. A pergunta era:

— Você gostaria também de batata frita com o pedido?

Evidentemente, um bocado de pessoas respondia:

— Claro. Por que não?

O importante a notar neste particular é o seguinte: com que freqüência o pessoal fazia a pergunta? Em todas as ocasiões! Essa técnica exige boa comunicação e o treinamento do pessoal para manter-se alerta no caso de todos os fregueses. E evidentemente rende gordos dividendos.

Esse procedimento é em geral conhecido como "forçar a venda". Na indústria automobilística, logo que você compra um novo carro, é provavelmente solicitado a comprar um certificado de garantia mais longo pagando algumas centenas de dólares extras ou um acabamento permanente na pintura que lhe dará anos de proteção contra ferrugem e arranhões.

O que mais você pode pedir quando faz negócio? Acrescentar mais uma pergunta ao fim da venda pode lhe aumentar em muito a renda. E lembre-se: se não pedir, alguém vai fazer isso!

6. Peça para renegociar

As atividades regulares das empresas incluem negociação e oportunidade de renegociar. Numerosas pessoas se atolam por que não são lá muito competentes nesse aspecto. Trata-se de outra forma de pedir que lhe pode economizar um bocado de tempo e dinheiro.

Se a hipoteca de sua casa, por exemplo, precisa ser renovada e a taxa de juros está no momento em 7%, você pode dizer:

— A taxa é muito boa. Vou assinar a renovação por mais três anos.

Mas o que aconteceria se procurasse seu banqueiro e dissesse:

— Estou avaliando minhas opções de renovação. Há outros bancos que querem fazer negócio comigo. Eu gostaria de ficar com vocês, se me concedessem uma taxa de 6%.

Você vai ficar surpreso ao descobrir a freqüência com que os bancos concordam com o pedido, porque eles sabem que a concorrência é feroz por esse tipo de empréstimo. O ponto percentual extra pode lhe economizar uma boa soma de dinheiro e para isso basta fazer uma pergunta.

Outras oportunidades de renegociar incluem prorrogar os pagamentos por um período mais longo. Se passa por um aperto de dinheiro, mais 30 dias sem juros (você bem que pode pedir isso, também) pode ajudá-lo a estabilizar as finanças.

LES:
Certa manhã, tomei um avião para outra cidade, onde iria ministrar um curso intensivo para um grupo de empresários. A maior tempestade de neve do ano havia retardado minha partida em mais de uma hora. Quando íamos aterrissar no aeroporto internacional nos arredores da cidade já eram 8h30 da manhã. O meu curso começava às 9h. O comandante do avião informou que não poderíamos aterrissar por causa do nevoeiro e por isso iríamos para o aeroporto municipal no centro da cidade. Pensei "Ótimo, esse aeroporto fica mais perto do lugar para aonde vou", e comecei a me preparar para desembarcar. Ao aterrissar, o comandante do avião voltou a falar:

— Não temos aqui serviço de desembarque de bagagens, de modo que vamos ter de esperar até que passe o nevoeiro no aeroporto internacional e voar até lá. — E em seguida acrescentou: — Até que passe o nevoeiro, receio que vamos ficar aprisionados no avião.

Que escolha mais interessante de palavras!
A situação me deu outra excelente oportunidade de pedir. Chamei a aeromoça e expliquei que tinha apenas bagagem de mão e que minha reunião deveria começar em 15 minutos. Ela concordou em perguntar ao comandante se ele abriria uma exceção para mim e me permitiria deixar o avião. Minutos depois, ela voltou sorrindo, abriu a porta da aeronave e desceu a escada. Até esse momento, ninguém no avião havia se mexido. Ao olhar para trás, notei que vários outros homens de negócio faziam pedidos semelhan-

tes. Jamais lhes havia ocorrido que, para mudar a situação embaraçosa em que se encontravam, eles precisavam apenas pedir.

7. Peça *feedback*

Freqüentemente, é ignorado outro importante componente do ato de pedir. Como é que você sabe se seu produto ou serviço atende as necessidades do cliente? Pergunte a eles:

— Como é que estamos indo? O que é que podemos fazer para melhorar nosso serviço? Diga o que é que gosta em nosso produto e o que não gosta.

Organize um serviço regular de pesquisa de consumidor, com boas perguntas, e inclua as mais difíceis. Pense na possibilidade de uma reunião mensal em que possa conversar pessoalmente com os clientes. Pague-lhes o almoço e lhes faça todas as perguntas que quiser. Esta é uma maneira excelente de introduzir sintonia fina em seu negócio.

Se você supervisiona uma equipe ou dirige uma grande empresa, peça idéias às pessoas com quem trabalha. Elas, com freqüência, são as que mais sabem das coisas, quando o assunto se refere a atividades práticas do dia-a-dia que fazem com que o negócio se desenvolva suavemente. Pode haver maneiras de aumentar a eficiência com melhor distribuição ou reduzir custos usando políticas de levantamento de estoques no momento apropriado. Qualquer que seja a indústria em que trabalha, você está cercado por pessoas que lhe podem proporcionar um valioso *feedback*. Tudo que você tem que fazer é pedir. Conforme dissemos antes, você encontrará ao fim deste capítulo um valioso curso intensivo que o ajudará a formular um plano de ação para implementar essas sete maneiras de pedir.

DILBERT. *Reproduzido com permissão do United Feature Syndicate, Inc.*

Como PEDIR

Algumas pessoas não aproveitam os frutos do pedido porque não pedem de maneira eficaz. Se usa linguagem vaga, em termos gerais, você não vai ser entendido. Vejamos cinco maneiras de garantir que você obtenha resultados com o que pede.

1. Peça com clareza

Seja meticuloso. Pense claramente no que vai pedir. Reserve um tempo para se preparar. Use uma caderneta para anotar palavras que produzem o maior impacto. Este cuidado é de extrema importância. Palavras têm poder e, por isso, escolha-as com cuidado. Incoerência não vai lhe fazer nenhum bem. Se precisar, descubra pessoas peritas em pedir e use-lhes as idéias. Peça ajuda.

2. Peça com confiança no resultado

Pessoas que pedem com confiança conseguem mais da vida do que as que se mostram hesitantes e inseguras. Agora que já resolveu o que quer pedir, faça isso com tranqüilidade, desembaraço e confiança. Isso não significa ser sem-vergonha, arrogante ou metido a besta. A confiança pode ser uma força discreta, mas visível para aqueles a quem pede. A única coisa negativa que pode acontecer é que seu pedido seja recusado. E isso o deixará numa situação pior do que antes? Claro que não. Significa apenas que está fechada essa rota para conseguir resultados. Neste caso, procure outra.

3. Peça sempre

Algumas pessoas desarmam a barraca antes mesmo de fazer um único tímido pedido. Desistem cedo demais. Se quer desenterrar as verdadeiras riquezas da vida, você vai ter que pedir um bocado. Enfrente a situação como se fosse um jogo, continue a pedir até receber respostas. Peça sempre. Em vendas, você vai receber em geral uns quatro ou cinco "Não" antes de lhe darem um "Sim". Os grandes produtores de resultados compreendem esse fato. É normal. E quando descobrir uma maneira de pedir que funciona, continue a usá-la. Por exemplo, as mesmas empresas usam a mesma campanha de publicidade durante anos. Por quê? Porque ela funciona.

4. Peça criativamente

Nesta época de intensa concorrência global, seu pedido pode perder-se na multidão, ignorado pelos tomadores de decisão com quem você quer entrar em contato. Mas há uma maneira simples de contornar essa questão. Richard Carlson, autor do sucesso de livraria *Don't Worry, Make Money*, dá à técnica o nome de "flocos de neve púrpura". Trata-se de uma estratégia destinada a fazer com que você se destaque na multidão. Se você, por exemplo, quer a atenção de alguma pessoa, não lhe envie simplesmente uma carta comum. Use de criatividade para inventar uma introdução de alto impacto. Vejamos um bom exemplo, extraído de *The Best of Bits and Pieces*.

O principal comprador de uma próspera companhia era absolutamente inacessível a vendedores. Não recebia telefonemas. Era ele quem telefonava. Em várias ocasiões, quando conseguiam entrar em seu escritório, vendedores eram sumariamente jogados na rua.

Uma vendedora, porém, conseguiu finalmente romper as barreiras do cara. Enviou-lhe um pombo-correio com uma mensagem presa à perninha. No cartão, ela escreveu: "Se quer saber mais sobre nosso produto, jogue simplesmente pela janela nosso representante!"

Este é um bom exemplo de "flocos de neve púrpura". O que você poderia fazer para produzir um forte impacto sobre seus clientes potenciais mais importantes? Torne a coisa divertida. Debata o assunto com seu Grupo de Consultores de Alto Nível. Reserve um tempo todos os meses para criar "flocos de neve púrpura" e não fique surpreso quando essas portas impenetráveis se abrirem de par em par e o receberem calorosamente.

5. Peça com sinceridade

Quando precisa realmente de ajuda, você a recebe. A sinceridade tem que ser autêntica. Significa despojar-se da fachada da imagem que você projeta e demonstrar disposição de confessar-se vulnerável. Diga as coisas como elas são, embora doa. Não se preocupe se sua apresentação não for perfeita: peça, do fundo do coração. Mantenha as coisas simples e as pessoas se abrirão para você.

Além disso, seu pedido será atendido se você puder mostrar claramente que já fez um esforço considerável nesse sentido. Por exemplo, se a organização de beneficência de juventude precisa apenas de 50 dólares para atingir o alvo de mil dólares, e os jovens comprovaram tudo que fizeram para ganhar os primeiros 50 dólares na lavagem de carros, venda de bolos, remoção de lixo e campanhas para recolher garrafas — você poderia doar o restante, especialmente se eles têm que cumprir um dado prazo limite e lhes restam apenas algumas horas para fazer isso.

Quando você esgota todas as possibilidades de conseguir o que quer, é mais provável que pessoas lhe estendam a mão amiga quando você pede ajuda. Raramente têm sucesso as pessoas que o tempo todo só pedem uma carona.

HÁ MUITAS MANEIRAS DE PEDIR.

Aprenda Todas Elas!

CONCLUSÃO

O Hábito de Pedir mudou o mundo. São inúmeros os exemplos de grandes líderes que sabiam como pedir. E faziam isso com convicção e ardor. Jesus pediu aos discípulos que o seguissem. Eles o seguiram e assim nasceu o Cristianismo. Martin Luther King Jr. teve um sonho de igualdade para todos. Pediu e mudou o curso da história, perdendo a vida nesse processo. Madre Teresa de Calcutá pediu ajuda para auxiliar pobres e moribundos e assim foi criada a Ordem das Missionárias da Caridade, que conta com milhares de adeptos em todo o mundo. Durante a Segunda Guerra Mundial, Winston Churchill pediu ao povo do Reino Unido que "Nunca, nunca, nunca, nunca desistam", e a Grã-Bretanha foi salva de invasão. É importante notar que todos esses líderes tinham uma forte visão e um compromisso total com a conquista de suas metas. Para eles, pedir era a maneira natural de obter progresso ininterrupto.

Todos os dias trazem numerosas oportunidades para você pedir o que quer. Torne-se consciente desses momentos. Corajosamente, dê um passo à frente e diga o que quer. Essas são as sementes de sua futura prosperidade. Plante-as agora para que possa colher mais tarde.

Bem, chegamos aos três últimos capítulos. Você está na última etapa. Parabéns por ter ficado conosco até agora. Essas três estratégias finais o colocarão em marcha acelerada no que diz respeito a resultados. Mas elas vão exigir um grande esforço seu. De modo que permaneça focalizado enquanto lhe dizemos o que é persistência invariável, iniciar ação decisiva e aprender a viver com uma finalidade.

PERGUNTE A SI MESMO:

Estou Agora Pronto para Fazer Algumas Mudanças?

PASSOS PARA AÇÃO

Pedindo Aquilo
que Você Quer

A fim de ajudá-lo a aumentar imediatamente sua produtividade, reserve alguns minutos para completar este Plano de Ação, que diz tudo sobre pedir. Implementar com sucesso essas estratégias poderá aumentar-lhe a renda em pelo menos 50%. Comece, agora!

1. Peça informação

Que único melhoramento você pode fazer na maneira como pede informação?

_____
_____

2. Peça encomendas

Seu pedido final de encomendas leva-o ao nível de sucesso que quer? Em caso negativo, invente pelo menos duas novas maneiras de pedir as encomendas. Mantenha-as simples e específicas.

A. _____
B. _____

3. Peça recomendações por escrito

1. _____ 4. _____
2. _____ 5. _____
3. _____

4. Peça apresentações da mais alta qualidade

Prepare um sistema específico para trazer sempre gente nova para sua empresa. Lembre-se, a palavra-chave é *continuamente* — o que significa fazer isso todas as semanas.

_____
_____
_____

5. Peça mais encomendas

Ponha no papel o nome dos clientes que vai procurar e pedir que lhe façam mais encomendas. Invente uma razão para que eles lhe comprem mais — descontos especiais, um novo lançamento de produto ou sorteio para um prêmio especial.

1. _____ 4. _____
2. _____ 5. _____
3. _____

6. Peça para renegociar

Identifique uma situação que quer renegociar no próximo mês. Leve em conta taxas de juros, linhas de crédito, tempo livre, salário, classificação de cargos etc.

_____
_____
_____

7. Peça *feedback*

Mencione duas maneiras através das quais você pode melhorar o *feedback* que lhe chega dos clientes. Pense em *telemarketing*, grupos de consumidores com os mesmos interesses, questionários etc.

A. _____

B. _____

Além dessas sete estratégias, pesquise continuamente para descobrir se há alguma coisa que deixou de pedir.

Faça agora uma lista dessas três coisas que deixou de pedir e que gostaria de obter mais.

A. _____

B. _____

C. _____

VIVER COM UMA FINALIDADE

INICIAR UMA AÇÃO DECISIVA

PERSISTÊNCIA INVARIÁVEL

PEÇA AQUILO QUE QUER

O FATOR CONFIANÇA

FORMANDO EXCELENTES RELACIONAMENTOS

CRIANDO O EQUILÍBRIO IDEAL

VOCÊ PERCEBE A SITUAÇÃO EM SEU TODO?

**ISTO NÃO É EMBROMAÇÃO.
TRATA-SE DE FOCALIZAÇÃO**

OS HÁBITOS DETERMINARÃO SEU FUTURO

Só faltam três estratégias. Bom trabalho!

Estratégia de Focalização nº 8

Persistência invariável

"O poder milagroso que enobrece uma minoria é encontrado na operosidade, aplicação e perseverança, sob inspiração de um espírito valente e resoluto."

— *Mark Twain*

Se estudar com atenção pessoas realmente bem-sucedidas na vida, você encontrará em abundância um traço de caráter.

Nós lhe damos o nome de Persistência Invariável. À primeira vista, as palavras persistente e invariável podem parecer semelhantes em sentido. Isso é verdade. São, mesmo. Nós as grifamos com maiúscula para enfatizar a importância para você de adquirir esse hábito. No caso de resolver saltá-las sem lhe dedicar o pensamento e consideração que merecem, eis aqui uma declaração importante para digerir e guardar para sempre nos recessos mais profundos do cérebro: **Você jamais conseguirá grandes resultados na vida sem ação persistente e invariável.**

Neste capítulo, você vai descobrir como fazer boas opções, de modo a transformar sonhos e metas em empolgante realidade. Você aprenderá também o que significa um nível mais alto de persistência e como pode atingi-lo diariamente. Além disso, nós lhe mostraremos como desenvolver resistência mental, de modo a poder agüentar tempos difíceis e desafios inesperados.

Falta de Coerência.

Numerosas empresas vivem em dificuldades porque seus líderes toleram um alto grau de incoerência. Bem, temos notícias para você. O mundo empresarial moderno difere muito do que era há dez anos. O desempenho foi elevado a um novo nível e a indiferença não é mais tolerada. Por exemplo: você marca uma reunião da equipe para a segunda-feira, às 9h. Todos os 20 vendedores são convidados a comparecer. Às 9h15, apenas 14 dão as caras. No fim, dois outros chegam preguiçosamente às 9h25 e o restante nem está aí para a reunião. E isso acontece quase todas as semanas.

Essa falta de regularidade acabará com a unidade de equipe. De modo geral, a causa disso é a presença de algumas prima-donas. Às vezes, aparecem, em outras ocasiões, nem se mancam. É uma situação realmente frustradora. No mundo moderno a solução é simples: portas fechadas para eles! E está certo. Às 9h da manhã em ponto, feche a porta para eles. A mensagem será compreendida. "Se quer jogar em nosso time, seja sempre pontual."

Os Benefícios da PERSISTÊNCIA INVARIÁVEL

Em primeiro lugar, para que sinta o gosto do que estamos falando, vejamos um maravilhoso modelo de papel a imitar. Ele é conhecido como Mr. Consistency Carl Ripken Jr.

No caso de você não ser fã de beisebol, Carl Ripken Jr. joga pelo Baltimore Orioles. A razão de ele ser uma lenda no esporte é sua incrível persistência. No dia 6 de setembro de 1995, Carl participou de sua partida consecutiva de beisebol de número 2.131 na Primeira Divisão. Ao fazer isso, quebrou o recorde de 2.130 jogos estabelecido por Lou Gehrig, recorde este que permaneceu inigualado por mais de 56 anos.

Mas vamos colocar isso em perspectiva: a fim de igualar a persistência invariável de Carl Ripken Jr., um empregado que trabalha oito horas por dia, durante cinco dias por semana, teria que trabalhar oito anos, um mês e 20 dias, sem poder cair doente! Não é de surpreender que ele tenha sido chamado de o homem de ferro do beisebol. Durante mais de 13 anos, participou de todos os jogos. (Na noite em que quebrou o recorde, a pessoa que mais se aproximava dele em partidas consecutivas era Frank Thomas, do Chicago White Sox, que havia participado de meras 235 partidas!)

A capacidade de Ripken de participar de todos os jogos transformou-se numa lista notável de sucessos. Durante esse período, foi o ganhador de dois prêmios O Jogador Mais Notável, em 1983 e em 1991. Participou também de 12 jogos consecutivos do All-Star e acertou mais tacadas do que qualquer outro jogador de segunda base. Financeiramente, é um homem realizado na vida, porém, mais do que o dinheiro, o que conta para ele é seu profundo sentimento de realização pessoal.

Sua filosofia de trabalho é agradavelmente simples. Tudo o que ele sempre quis na vida foi jogar beisebol, preferivelmente, pelo Baltimore, e fazer o melhor que podia em todos os jogos.

Essa postura demonstra um agudo senso de responsabilidade e uma ética de trabalho rara demais hoje em dia. Ao apresentar-se sempre para jogar e dar de si o máximo, as recompensas acabaram por se materializar. E através de tudo isso, Ripken manteve uma atitude humilde e discreta.

É interessante que tenha mantido a mesma persistência também na vida familiar. Esposa e filhos são importantes para ele, o que qualquer um pode ver. Comparem isso com o desenfreado ritual semanal de escândalos e quebra de contrato no mundo dos esportes profissionais, perpetuado por indivíduos de menos maturidade e fracos de caráter.

Uma última nota de rodapé nessa história e um ponto digno de guardar na memória. Quando defende alguma coisa e faz um trabalho notável nesse particular, atrai pessoas importantes e cria para si mesmo enormes recompensas. Na noite em que quebrou o recorde, Carl Ripken Jr. foi festejado por celebridades mundiais, empresas multinacionais e mesmo pelo presidente dos Estados Unidos. Cobriram-no de presentes e ele recebeu numerosas e consagradoras aclamações de platéias de pé. Imaginem só! Tudo isso por comparecer todos os dias e por fazer aquilo que adora fazer.

JACK e MARK:
Uma das razões por que tivemos um grande sucesso com a nossa série de livros *Histórias para aquecer o coração* foi nossa persistência em estabelecer metas semanais, mensais e anuais. São bem definidas e nos desafiam ao máximo. Elas nos inspiram porque não sabemos exatamente como atingi-las. Tal situação mexe com nossa criatividade. Com ajuda de nosso Grupo de Consultores de Alto Nível, porém, sempre descobrimos soluções. Atualmente, temos 21 títulos da série em circulação.

No primeiro ano no mercado, vendemos 135 mil livros. No segundo ano, o número subiu para 1,35 milhão e, no quinto (1998), nosso total de vendas chegou a 13,8 milhões. Descobrimos também que quando adotamos uma persistência invariável e um plano de jogo proativo, podemos construir um *momentum* que ninguém consegue deter.

Agora, por um momento, coloque-se sob o microscópio. Que tipo de postura vem adotando? Sua conduta invatriável aparece, todos os dias, em termos reais? Ou você anda saltando de um lado para o outro, ou mexendo, desmazelado, nas oportunidades da vida? Se está se conduzindo bem, nossos aplausos. Mas mudemos nossas habilidades para outro nível, para aquela atmosfera rarefeita onde os desafios são maiores e as recompensas ainda mais lucrativas.

Aceite de Braços Abertos seu maior PODER

Nos capítulos anteriores, colocamos no fim todos os exercícios de Passos para Ação, de modo que pudesse focalizá-los com mais atenção e gastar neles tanto tempo quanto quisesse. Mas isso está prestes a mudar. **Na verdade, queremos que você pare agora mesmo, prepare-se mentalmente e faça o exercício seguinte, em duas partes, antes de continuar. Se resolver continuar simplesmente a ler sem fazer, vai perder inteiramente o impacto desta importante lição.**

Usando a planilha a seguir, faça uma lista de seis mudanças que tem que fazer, queira ou não queira, nos próximos três meses. Elas podem incluir algumas das metas a curto prazo que estabeleceu antes. Mantenha curtas suas notas. Ao lado de cada atividade que terá de cumprir, escreva uma palavra que lhe descreva os sentimentos sobre a mesma.

Coisas que tenho de fazer nos próximos três meses

EXEMPLOS
1. Reorganizar e fazer uma faxina no escritório
2. Pagar os impostos
3. Ter uma conversa sincera com meu filho de 16 anos

Pense honestamente em como se sente quando visualiza cada trabalho. A fim de ajudá-lo, veja alguns exemplos de palavras que exprimem "sentimentos": raivoso, triste, feliz, interessado, perturbado, preocupado, frustrado, alegre, carinhoso, agradecido. Todas estas palavras relacionam-se diretamente com emoções. Escolha suas próprias palavras para descrever como se sente a respeito de cada item em sua lista "Tenho de Fazer". É realmente importante que você complete *imediatamente* este exercício para tirar dele o máximo de proveito. Em nosso Programa de Treinamento de Realizadores esta constituiu uma das maiores atividades inovadoras para nossos clientes.

LISTA DOS TENHO DE

Coisas que tenho de fazer nos próximos três meses, isto é, não depois de _____ data

SENTIMENTOS

Que palavra descreve melhor seus sentimentos por ter de realizar essas atividades?

TENHO DE	SENTIMENTOS
1. _____	_____
2. _____	_____
3. _____	_____
4. _____	_____
5. _____	_____
6. _____	_____

Muito bem! Agora, vamos passar em revista a lista. Dê uma olhada em cada item e, um de cada vez, risque cada uma dessas tarefas. **Isso mesmo, risque as tarefas.**

E o motivo para fazer isso é o seguinte: você não **tem** de fazer nenhuma dessas coisas. Não tem, realmente, não! Bem, você pode estar agora protestando que algumas delas realmente têm de ser feitas. Elas não podem ser evitadas — os impostos têm de ser recolhidos, diz você. Não, você não tem que pagar impostos. Você pode acabar na cadeia ou pagar uma multa, mas não tem que pagar impostos. Estas são apenas as conseqüências, se você não pagar — mas você não tem de fazer isso. No caso de estar um pouco confuso com estas palavras, façamos uma declaração simples e esclarecedora:

NA VIDA, VOCÊ NÃO TEM QUE FAZER COISA NENHUMA.

Isso inclui pagar impostos, trabalhar 70 horas por semana ou permanecer em um emprego, empresa ou relacionamento que não lhe agradam.

Agora, volte a examinar a lista — seu mundo realmente acabará se você não completar essas tarefas nos próximos três meses? Claro que não. Você talvez não se sinta feliz se não completá-las e pode haver conseqüências desagradáveis. O argumento importante que estamos frisando é **você não tem que completá-las.**

Mudemos de marcha por um minuto. (Se ainda está confuso, tenha um pouco de paciência conosco. Logo, logo as coisas vão se tornar claras como cristal.) Note as palavras que escolheu para lhe descrever os sentimentos. Baseados em anos de experiência, daríamos o palpite de que muitas dessas palavras são negativas, especialmente se a tarefa for alguma coisa que andou adiando por algum tempo ou não está doido para fazer. É normal sentir-se ansioso, preocupado ou frustrado nessas situações. Dê outra olhada nas palavras que usou. Que tipo de energia essas palavras, que descrevem "sentimentos", despertam em você — negativa ou positiva? Você tem razão! Se o sentimento é negativo, você, automaticamente, gera uma energia negativa que lhe esgota a capacidade de ter um desempenho de alto nível.

Muito bem, vamos passar agora à segunda parte do exercício, usando a planilha abaixo. Faça uma lista de pelo menos seis coisas que quer fazer ou resolveu fazer nos próximos três meses. É uma lista diferente. O que é que você está doido para fazer? Repetindo, escolha uma palavra que descreva como você se sentirá se completar cada um dos itens da lista. Passe em revista primeiro aos exemplos que se seguem.

Para tirar o proveito máximo destas instruções, é importante que complete agora essa atividade.

COISAS QUE RESOLVI FAZER

Coisas que resolvi fazer nos próximos três meses (por exemplo, planejar uma comemoração especial de aniversário, lançar um novo produto, começar a tomar lições de violão).

SENTIMENTOS

Qual é a palavra que lhe descreve melhor os sentimentos relativamente a completar essas atividades?

COISAS QUE RESOLVI FAZER	SENTIMENTOS
1. _____	_____
2. _____	_____
3. _____	_____
4. _____	_____
5. _____	_____
6. _____	_____

Agora, examine as palavras que expressam sentimentos. Elas são provavelmente muito mais positivas do que as constantes da lista "Ter de Fazer". Se suas atividades geram energia positiva, você terá maior capacidade e desejo de completá-las. Não é melhor sentir-se feliz e interessado do que preocupado e frustrado?

Nesta altura, você pode estar pensando: "Bem, é facil sentir-se bem sobre as coisas que eu quero fazer, mas a vida nem sempre é assim. Há um bocado de coisas que não gosto de fazer mas que, de qualquer maneira, vou ter de fazer. O mundo é simplesmente assim."

Não, não é. Vejamos agora um mega-argumento:

TUDO NA VIDA É UMA OPÇÃO.

Tudo, Absolutamente.

Nasce uma Estrela — A mãe e a filha que acreditavam em fazer melhores opções

No dia 23 de junho de 1940, Wilma Rudolph nasceu prematuramente, pesando apenas 2,5kg, numa família de negros pobres, que, como muitas outras, vivia quase na miséria devido à Grande Depressão. Sua mãe passou os anos seguintes cuidando dela por causa de uma doença após outra: sarampo, escarlatina e pneumonia dupla. Wilma, contudo, teve que ser levada ao médico quando se descobriu que sua perna esquerda estava ficando fraca e deformada. Disseram-lhe que a filha tinha pólio, uma doença incapacitante incurável. A Sra. Rudolph, porém, recusou-se a aceitar esse destino para a filha. Ou, como Wilma lembrou-se mais tarde:

— O médico disse que eu nunca mais andaria. Minha mãe respondeu que eu andaria, sim, senhor. Eu acreditei em mamãe!

A Sra. Rudolph descobriu que Wilma poderia ser tratada no Meharry Hospital, a Faculdade de Medicina para negros da Fisk

University, em Nashville. Embora a faculdade ficasse a 80 quilômetros de distância, a mãe levou-a para lá duas vezes por semana, durante dois anos, até que ela conseguiu andar com um suporte de metal na perna. Em seguida, os médicos ensinaram a Sra. Rudolph como fazer em casa os exercícios de fisioterapia. Os irmãos e irmãs ajudaram-na também e tudo fizeram para encorajá-la a ser forte e esforçar-se para ficar boa. Finalmente, aos 12 anos de idade, ela conseguiu andar normalmente, sem muleta, aparelho ou sapatos corretivos. A Sra. Rudolph fez inicialmente uma opção — que a filha poderia melhorar e andar. Neste caso, a persistência invariável contra a rejeição e dificuldades extremas finalmente produziram resultado. Nessa ocasião, a própria Wilma fez uma opção importante. Resolveu tornar-se atleta. Essa decisão acabou por ser uma opção inspirada.

Na escola secundária, tornou-se uma estrela do basquete, estabelecendo recordes por cestas e liderança, levando o time ao campeonato estadual. Em seguida, tornou-se uma estrela em esportes de pistas, como lançar, correr, saltar etc., participando de suas primeiras Olimpíadas em 1956, com 16 anos. Ganhou uma Medalha de Bronze no revezamento 4 x 4. Mas isso só foi o começo.

Em 7 de setembro de 1960, em Roma, Wilma tornou-se a primeira americana a ganhar três medalhas de ouro nas Olimpíadas. Venceu a prova de 100 metros rasos, 200 metros rasos e fechou a prova de 400 metros na equipe de revezamento.

Esses sucessos transformaram-na em uma das atletas mais famosas de todas as épocas. Além disso, a celebridade fez com que barreiras referentes a sexo fossem quebradas em provas de pista.

Entre os numerosos prêmios que colecionou durante e depois de sua carreira atlética, foi a primeira mulher a receber o E. Sullivan Award for Good Sportsmanship, o prêmio European Sportswriters's of the Year e o Christopher Columbus Award for Most Outstanding International Sports Personality.

A despeito de seus antigos problemas de natureza física, Wilma Rudolph resolveu viver e atuar em um palco muito mais amplo. Ao fazer isso, tornou-se um extraordinário modelo de papel a imitar por crianças deficientes físicas em toda parte. Em 1997, três anos após sua morte por um câncer cerebral, o governador Don Sandquist instituiu o dia 23 de junho como Dia Wilma Rudolph, no estado do Tennessee.

Por esta altura, temos esperança de que você esteja convencido que a vida é tudo sobre opções. Olhe só para as provas que o cercam por todos os lados, todos os dias. Já notou que algumas pessoas resolvem escolher vidas de mediocridade? Infelizmente, certas pessoas fazem mesmo a opção final — resolvem se suicidar.

Em contraste, outros deixam para trás os piores reveses e resolvem criar circunstâncias melhores na vida. E, não raro, fazem isso de forma magnífica. As bibliotecas estão cheias de biografias e autobiografias de homens e mulheres que criaram o hábito de Persistência Invariável para dar a volta por cima na vida. O momento decisivo ocorre quando compreendem que podem escolher um futuro diferente.

Por favor, entenda o seguinte, que é de importância vital: todos os resultados que ora experimenta na vida são absolutamente perfeitos para você. Isso inclui carreira, os relacionamentos pessoais e o *status* financeiro. De que modo poderia ser diferente? A razão por que você se encontra onde está na vida é simplesmente resultado de todas as opções que fez até agora. Em outras palavras, a persistência em opções positivas, ou a falta delas, trouxe-lhe o estilo de vida que tem agora. Quando aceitar responsabilidade total por esse fato, estará bem adiantado para desfrutar paz de espírito. Numerosas pessoas agüentam uma vida cheia de frustração porque estão engasgadas com os "Tenho De".

Quando você diz coisas como "Ela me deixou furioso", a verdade é que você *resolveu* ficar furioso. Você não tem que ficar furioso. Ou "Odeio este emprego, nele não vou ganhar nunca dinheiro suficiente para gozar de autêntica liberdade", significa realmente "Vou ter de permanecer para sempre nesse emprego miseravelmente remunerado".

OS "TENHO DE" COLOCAM-NO EM UMA POSIÇÃO DE VIVER SOB PRESSÃO, AO PASSO QUE OS "RESOLVO QUE" O PÕEM EM UMA POSIÇÃO DE PODER

RESOLVA DE MODO INTELIGENTE!

Quando vive constantemente na terra do "Tenho De", você se coloca sob pressão. Esse fato causa resistência e ressentimento e lhe drena a energia vital.

Já quando vive cada dia na posição do "Resolvo Que", ocupa uma posição de poder. Está no comando, no controle de sua vida.

Esse fato exige um esforço consciente de pensar sempre nas decisões do dia-a-dia — mesmo em tarefas simples como lavar os pratos. Diga a si mesmo:

— Resolvi lavar os pratos agora e vou fazer isso da melhor forma possível.

Isso é muito melhor do que:

— Oh, não, vou ter de lavar os pratos. Que saco!

Se detesta realmente essas tarefas diárias, resolva agora criar um estilo de vida em que não lhe seja exigido fazer essas coisas. Delegue-as a outra pessoa ou contrate para isso mão-de-obra externa.

Vale notar também que a resistência causada pelas tarefas tipo "Vou Ter De" leva freqüentemente à procrastinação crônica e você sabe como isso pode ser improdutivo. Torne todas as atividades uma opção consciente. Nada mais de listas de "Tenho Due". Começando hoje, elimine essas palavras de seu vocabulário. Recupere seu poder. Dê asas a sua energia e desfrute a liberdade que as opções conscientes abrem em sua vida.

Veja o bom exemplo seguinte: um de nossos clientes, um homem no início da casa dos 50, sentia-se frustrado com a incapacidade de deixar de fumar. Em um de nossos seminários para empreendedores, ele se levantou e, em voz cheia de emoção, disse:

— Vou ter de deixar de fumar ou morrer, e não quero morrer ainda!

Ele se sentia inteiramente frustrado e era evidente sua ansiedade sobre o futuro. Pedimos a ele que reformulasse a situação, transformando-a em outra, de opção, em vez de "Ter De". E ele respondeu com uma frase extremamente poderosa:

— Resolvi, hoje, vencer a batalha contra o fumo.

Sendo de tipo competitivo, resolveu tratar o fumo como se fosse um inimigo. Era uma batalha, e ele ia vencê-la. Repetiu essa afirmação todos os dias e, dois meses depois, deixou de fumar para sempre. Ao colocar-se no comando através de uma resolução e ao agir de acordo com a nova opção, não houve luta nenhuma. A vitória estimulou-o a fazer outras mudanças no estilo de vida, incluindo um programa regular de exercícios físicos e melhores hábitos de alimentação. Como você pode ver, fazer conscientemente novas opções gera uma interessante cadeia de fatos.

Quando, invariavelmente, faz melhores opções, você cria melhores hábitos. Esses hábitos se transformam em um caráter mais forte. E quando tem um caráter mais forte, você adiciona mais valor ao mundo. E quando se torna pessoa mais valiosa, atrai maiores e melhores oportunidades. Este fato lhe permite dar uma contribuição maior aos demais. Isto, por seu turno, gera maiores e melhores resultados. Algumas pessoas descobriram realmente esses fatos e, na sociedade, destacam-se por força e poder.

Outro cliente nosso, uma alegre senhora de 73 anos de idade, recebeu uma lista de "Tenho De" em um de nossos *workshops*. Ao vê-la, cruzou os braços e declarou, em voz alta:

— Eu não tenho de fazer coisa nenhuma!

E, simplesmente, recusou-se a participar do curso. Mais tarde, descobrimos que era longa sua história de empreendimentos bem-sucedidos e que obviamente aprendera havia muitos anos essa importante lição.

Lembre-se, seus pensamentos dominantes geralmente dão a última palavra quando o assunto é a tomada de decisões diárias. Certifique-se de que opções conscientes o estão levando para mais perto da conquista de suas meta mais importantes. É importante também compreender que resolver não fazer alguma coisa constitui uma posição válida. Se alguém lhe pede para fazer parte de uma comissão que lhe exigirá duas noites todas as semanas, você pode sempre declinar do convite, se ele não consultar seus melhores interesses. Resolver dizer "Não" é muitas vezes a melhor estratégia para manter a vida bem equilibrada e sob controle.

O CÍRCULO de Coerência

SUA COERÊNCIA DE DESEMPENHO CRIA AUTOMATICAMENTE UM FUTURO MELHOR PARA VOCÊ. TRATA-SE DE UM CÍRCULO SEM FIM.

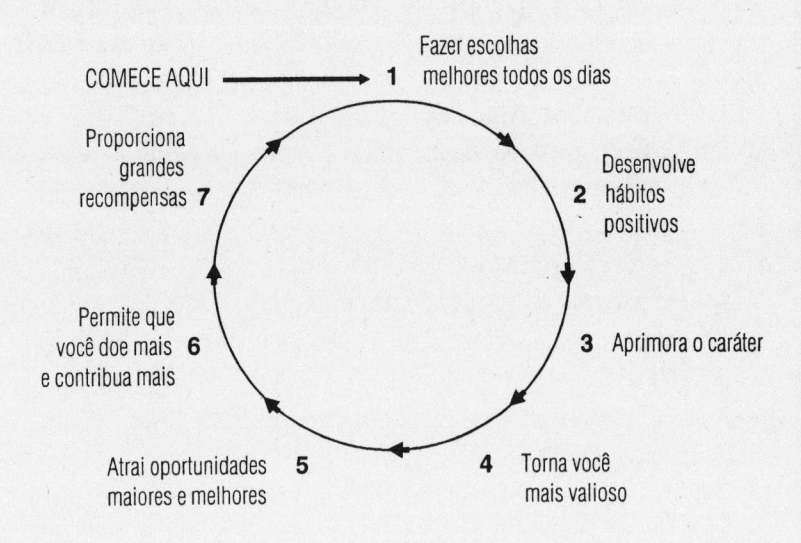

COMECE AQUI ⟶ 1 Fazer escolhas melhores todos os dias

2 Desenvolve hábitos positivos

3 Aprimora o caráter

4 Torna você mais valioso

5 Atrai oportunidades maiores e melhores

6 Permite que você doe mais e contribua mais

7 Proporciona grandes recompensas

Persistência invariável

Nota dos autores: O cartum abaixo não tem uma aplicação especial neste capítulo — pensamos simplesmente que era bom demais para deixar de fora.

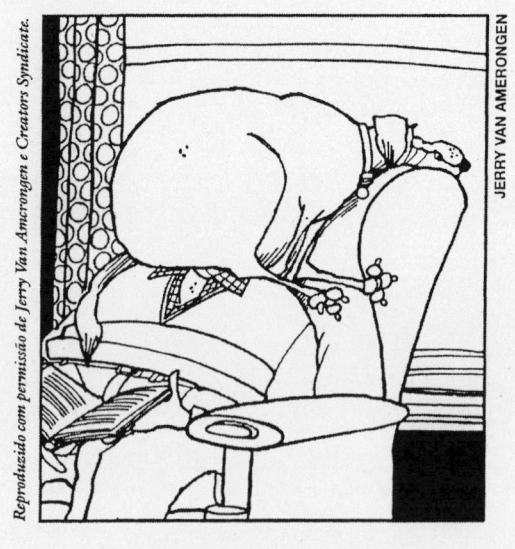

—Bem, isto é por ficar lendo!

Vejamos mais alguns exemplos para que os estude:

1. Resolvo não assistir TV durante três horas, todas as noites

Em vez disso, resolvo investir uma hora aprendendo mais sobre minha vida profissional, independência financeira, arte de falar em público, escrever um livro ou realizar qualquer número de atividades interessantes que ampliarão meus conhecimentos e minha percepção das coisas.

2. Resolvo não desperdiçar meu tempo lendo, todos os dias, jornais sensacionalistas e revistas de segunda classe

Em vez disso, resolvo iniciar meu dia lendo alguma coisa inspiradora, tal como um livro da série *Histórias para aquecer o co-*

ração, uma biografia inspiradora ou uma mensagem espiritualmente edificante. Por falar nisso, não estamos sugerindo que deixe de ler jornais sérios. No mundo dos negócios, é importante manter-se a par de fatos correntes. Simplesmente, evite o besteirol dos tablóides.

3. Resolvo não me tornar um maníaco pelo trabalho

Em vez disso, resolvo reservar um tempo pessoal, todas as semanas, com minha família e amigos, bem como um tempo especial só para mim e desfrutá-lo sem sentimento de culpa.

Está começando a entender a idéia geral? Está compreendendo como pode tornar-se poderoso, decidindo todos os dias quais serão suas opções? De agora em diante, quando as palavras "Tenho De" surgirem em sua mente, berre:

— Cancelar, cancelar — resolvi não suportar mais em minha vida esses tais de "Tenho Que".

É divertido. Nas primeiras fases, você vai precisar ficar de guarda à porta de sua mente, a fim de impedir que esses nojentos "Tenho De" se infiltrem nela. Apague-os invariavelmente até que o novo hábito do "Resolvo Que" seja firmemente estabelecido.

"SE EU ALGUMA VEZ FOR INTERNADA NUMA U.T.I., DESLIGO OS APARELHOS, MAS NÃO ANTES DE TER CAÍDO PARA O MANEQUIM 32!

— *Henriette Montel*

A FÓRMULA
Duplo A

Agora que esclarecemos a importância das opções, prepare-se para uma das estratégias isoladas mais valiosas que encontrará em todo este livro. E vai precisar de conscientização absoluta para compreendê-la realmente. Se precisar espreguiçar-se ou fazer uma pequena pausa para recuperar as energias, faça isso agora, para ficar alerta. E sua garantia é esta: se adotar 100% do que vai aprender no restante deste capítulo, sua vida profissional e pessoal dará um salto para um nível inteiramente novo de desempenho. Em nossa experiência, poucas pessoas utilizam invariavelmente essa estratégia. Como resultado, a vida delas parece uma montanha-russa, tendo, não raro, mais baixos do que altos.

A fórmula Duplo A tem tudo a ver com você. Significa **Acordos e Atribuição de Responsabilidade**.

Veja abaixo uma historieta sobre férias, que explicará essa fórmula sumamente importante e esclarecerá nosso argumento:

LES:
Estávamos de férias em uma estação de veraneio da América Central e passeávamos certa tarde pela pequena cidade. Uma mocinha aproximou-se de nós e perguntou se queríamos fazer tranças dos nossos cabelos. E nos mostrou fotos de outras pessoas que, nesse processo, haviam mudado de aparência. Curiosas, minha mulher e filha perguntaram:
— Quanto?
— Apenas 15 dólares — respondeu ela.
— Só isso? — perguntaram as duas.
— Só, não mais de 15.
— Quanto tempo isso vai levar?
— Não mais de trinta minutos — **garantiu** a jovem.
Embora tivéssemos planejado conhecer alguns pontos turísticos no fim daquela tarde, resolvemos alterar a programação por meia hora. No último minuto, minha filha adolescente resolveu também que as tranças eram o fino da bossa, de modo que resolvi apanhar todos eles no salão após 35 minutos.

Pontualmente, cheguei ao salão na hora marcada e descobri, chateado, que o trabalho de tranças não havia ainda acabado. O salão era muito movimentado e todas as cadeiras estavam ocupadas, enquanto nove "especialistas" batiam papo e faziam o trabalho. Para resumir uma história muito comprida, o trabalho de tranças na família Hewitt levou mais de três horas. Dispensa dizer que nossos planos para aquela tarde foram por água abaixo. A segunda surpresa veio no fim. Em vez de custar 15 dólares no máximo por pessoa, o preço cobrado chegou a 75 dólares. A vendedora havia deixado de informar que havia um custo extra por cada continha. Minha filha precisou de 125 delas para manter as tranças no lugar.

Pagamos o preço inflacionado e fomos embora sentindo-nos roubados, embora a nova aparência certamente nos provocasse algumas gargalhadas. E aquele pessoal voltaria a fazer novamente conosco aquele trabalho? Nunquinha!

Você já entrou num acordo pensando que sabia o que era para, de repente, virarem a mesa contra você? Como foi que você se sentiu quando isso aconteceu? Provavelmente, descontrolado, frustrado, zangado, desapontado, talvez mesmo se culpando por não ter sido mais esperto. Agora, o primeiro grande argumento que queremos que entenda bem:

TODOS OS RELACIONAMENTOS ROMPIDOS PODEM SER REDUTÍVEIS A ACORDOS ROMPIDOS.

Isso inclui negócios, casamentos, situações familiares, seu banqueiro, amigos, sociedades comerciais e todos os demais relacionamentos insatisfatórios entre duas ou mais pessoas.

Você notou como, nesses dias, a sociedade ocidental em particular enfrenta maiores dificuldades para manter acordos? Se precisa prova disso, lembre-se simplesmente dos milhares de advogados necessários para consertar todas essas bagunças. O medo hoje de ser processado está tolhendo a expansão de numerosas profissões, sobretudo da medicina. Isso é loucura. Mas temos boas notícias. Você tem uma oportunidade incrível de sobressair simplesmente mantendo sua integridade. Você talvez esteja pensando: "Mas como manter invariavelmente minha integridade?" Obrigado por fazer esta importante pergunta. E veja agora a importantíssima resposta:

INTEGRIDADE AUTÊNTICA BASEIA-SE NO CUMPRIMENTO DE ACORDOS.

Assimile, realmente, esta frase. Se quer mesmo viver numa boa e obter melhores resultados, a conduta invariável de sua parte será submetida a teste freqüente. Pense no seguinte: todos os dias você faz acordos. E todos os dias é julgado pela maneira como age após essas decisões. Qual a sua pontuação quanto a manter acordos em um dia comum? Veja esta pista: não há essa coisa de acordos menos importantes.

Um dos nossos clientes fez essa observação, que é profunda. Dando um exemplo, um vendedor lhe telefona convidando-o para almoço no dia seguinte, às 12h15. Você chega na hora e ele só aparece 20 minutos mais tarde, sem justificar-se nem pedir desculpas. Supondo que tenha esperado por ele, como é que você se sente? Esse comportamento é aceitável? Se houver uma justificação razoável, como tráfego engarrafado ou uma minicrise no escritório, você pode encolher os ombros. Mas se isso acontecer pela segunda ou terceira vez? Agora temos uma série de acordos quebrados. Você chega sempre na hora, ao passo que o outro sempre se atrasa. No mercado competititivo de hoje esse comportamento não será tolerado.

Quando você rompe um acordo uma vez, provavelmente lhe será concedida uma segunda oportunidade. Quando faz isso uma vez após outra, suas ações e valor no mercado caem rapidamente — e as pessoas vão bater em outra freguesia. Quando desenvolve o hábito de manter invariavelmente os acordos menos importantes, os grandes cuidarão de si mesmos. Transforme esse hábito em sua filosofia de vida. Quando faz isso, colhe benefícios além da conta. E asssim tem sido durante séculos.

Vejamos outro exemplo. Este se aplica a homens casados, embora, se for mulher, você provavelmente encontre semelhanças com o seu caso. Sua esposa lhe pede que troque a lâmpada queimada no corredor da casa. Você responde:

— Tudo bem, faço isso antes do almoço.

Na hora do jantar, a lâmpada queimada continua no mesmo lugar. Frustrada, ela, no fim, acaba por fazer isso. Você pode ficar muito satisfeito por ter se livrado desse pequeno desvio de suas atividades e não pensa mais no assunto, mas o importante aqui é o seguinte: se você invariavelmente evita fazer o que disse que faria, sua reputação fica arranhada. O relacionamento deteriora-se aos poucos, porque grandes compromissos também não estão sendo cumpridos e, em muitos casos, o casamento vai pro brejo. Se isso acontecer, você pode terminar com a letra D — divorciado — após o seu nome. Trata-se de uma conseqüência muito séria, que talvez lamente durante um tempo muito longo.

Em contraste, quando você faz sempre o que prometeu, os adjetivos pespegados ao seu nome podem ser *confiável*, digno de confiança. Se adota essa conduta todos os dias, seus benefícios podem ser numerosos. Eles incluem clientes leais, aumento de lucros, relacionamentos carinhosos e, talvez, mais importante que tudo, um senso de bem-estar, ao reconhecer que é uma pessoa de alta integridade. E essa é uma medalha que você pode usar com orgulho e que o servirá muito bem.

Em partes remotas da Irlanda, agricultores têm uma maneira tradicional de selar um entendimento. Após a venda de algumas cabeças de gado, eles cospem na palma das mãos, esfregam uma na outra e selam o negócio com um firme aperto. A palavra deles é o laço entre ambos — e não há nenhum advogado por perto. E é essa força de caráter que gera confiança e respeito.

Há uma situação, porém, em que é certo romper um entendimento, denominada de Desobediência Civil Inteligente. Digamos que você adota um sistema de valores no qual está incluída a convicção de que é errado causar dano físico a alguém. Certo dia, você chega em casa e ouve um grito. Abre silenciosamente a porta da sala de estar e vê um homem com uma arma, ameaçando sua família. Trata-se de uma situação potencialmente explosiva. Você reage atingindo o intruso atrás dos joelhos com um taco de golfe, desarmando-o e controlando a situação. Agora você sabe por que essa conduta é chamada de Desobediência Civil Inteligente.

Outro ponto importante. Lembre-se de que, em circunstâncias normais, se tiver dificuldade para manter um acordo, é possível renegociar. Use sempre essa opção para manter a integridade pessoal. Basta um momento para telefonar e dizer:

— Vou chegar 15 minutos atrasado. Tudo bem para você?

Quando desenvolver o hábito de tornar-se responsável por seus atos, você sobressairá como um indivíduo fora de série. No fim, quando lhe escreverem a biografia, você será lembrado pelo que fez, não pelo que disse. De modo que, seja responsável pelo que faz. Torne seus atos mensuráveis. Ou, como diz Woody Allen, diretor de cinema:

— Grande parte da vida consiste em simplesmente representar.

André Agassi é um dos maiores jogadores de tênis do mundo. Conhecido por suas roupas flamejantes e exclusivas, ele ganhou vários grandes torneios do esporte, incluindo o de Wimnbledon e o Aberto dos Estados Unidos. Não obstante, como freqüentemente acontece, o ciclo de sucesso pode, de repente, virar de cabeça para baixo. No caso de André, isso aconteceu em 1997. Ele teve um ano desastroso, acabando por ser classificado no 122º lugar em uma excursão, uma posição medíocre quando comparada com seu *status* de primeiro lugar alguns anos antes. A situação tornou-se tão ruim que ele pensou em deixar de jogar.

Em 1998, voltou com toda força e, em 1999, ganhou os títulos do Aberto dos Estados Unidos e do Aberto da França e chegou às finais de Wimbledon. Devido a essas vitórias, recuperou o título de primeiro do mundo. O que foi que causou essa notável reviravolta? Em uma entrevista concedida ao jornalista Brian Hutchinson, Agassi fez as seguintes observações:

— Aquilo foi muito frustrante para mim. Senti uma grande perda de confiança após oito anos figurando entre os dez melhores. Cheguei à conclusão de que tinha de voltar ao primeiro lugar. Precisava voltar a minha melhor forma e recomeçar tudo. Eu havia caído tanto na classificação que não sabia o que era ou não realístico. E não tinha nenhuma outra meta que não melhorar a cada dia.

Ele não pensa mais em largar o tênis.

— Agora, entro no campo, disputo a partida e, no fim do jogo, olho em volta, vejo um bocado de gente feliz e isso me faz sentir bem — diz.

Este é outro grande exemplo de continuidade de propósito, responsabilidade e integridade pessoal — os elementos fundamentais do sucesso invariável.

O FATOR
Integridade

Damos a seguir uma fórmula em três partes para ajudá-lo a viver com o máximo de integridade. É simples e eficaz. E lhe lançamos o desafio de começar a usá-la todos os dias.

1. Quando diz sempre a verdade, os outros confiam em você

2. Quando faz o que diz, como prometeu, os outros o respeitam

3. Quando faz com que os outros se sintam especiais, eles gostam de você

As palavras "como prometeu", na segunda parte, são importantes. Use-as em sua correspondência regular, o que reforçará o fato de que você vai cumprir o que prometeu. Se um cliente lhe pede informações dentro das próximas 24 horas, inicie sempre a correspondência com "Como prometi". Por exemplo: "Como prometi, segue a cotação que pediu ontem." Quando faz isso, você passa um lembrete sutil de que realmente mantém seus compromissos, como prometeu que faria.

Lembra-se das Três Grandes Questões que mencionamos no Capítulo 5, Formando Excelentes Relacionamentos? *Gosta deles? Confia neles? Respeita-os?* O Fator Integridade associa estas questões aos princípios de ser responsável e manter compromissos. É uma fórmula poderosa. Aprenda a vivê-la. Resolva agora instituir um novo padrão na maneira como age, todos os dias. Essa decisão o colocará nos 3% superiores dos que conseguem resultados. Você atrairá mais e melhores oportunidades do que jamais pensou que seria possível. Quando pratica o Fator Integridade, seus clientes se sentem mais do que felizes em indicá-lo a outros possíveis compradores. E isso tem a ver diretamente com seus lucros.

INTEGRIDADE.

Não Saia de Casa sem Ela.

CONCLUSÃO

Para terminar, vejamos outra historinha inspiradora que incorpora tudo sobre o que falamos neste capítulo — persistência invariável, acordos e responsabilidade e, claro, o Fator Integridade.

Ken Hitchcock é um homem que se destaca de muitas maneiras, a menor das quais não é a física. Há vários anos, ele pesava mais de 250kg. A imensa envergadura não o impediu de seguir sua paixão — treinar jogadores de hóquei. Ele se tornou um grande técnico, levando um clube de juniores a campeonatos da divisão em cinco de seis temporadas, um recorde realmente notável.

A verdadeira ambição de Ken, porém, era ser técnico na National Hockey League. Como estrategista, ele sabia praticamente de tudo que havia para saber no jogo. Sabia também como inspirar seus jogadores para ter um desempenho máximo. Seu peso, no entanto, era um fator que tinha de levar em conta. Disseram-lhe que ele provavelmente não seria escolhido por um time da primeira divisão por causa de seu tamanho.

Certo dia, ao fim de um treino com seu clube de juniores, ele escorregou e caiu na pista de gelo. Para seu embaraço e frustração, não conseguiu levantar-se por si só e precisou da ajuda dos jogadores para levá-lo até o banco. E este foi para ele um momento de definição. Compreendeu com certeza absoluta que suas ambições jamais se concretizariam, a menos que resolvesse o problema de peso. De modo que tomou a decisão de assumir o controle de seu futuro, resolvendo vencer a batalha contra a obesidade.

Com apoio de um amigo íntimo, iniciou um árduo programa de perda de peso que incluía treinamento todos os dias e uma dieta cuidadosamente balanceada. Com uma persistência consciente e o compromisso de ter êxito, ele perdeu espantosos 125kg em menos de dois anos. E decidiu tornar-se responsável por seus resultados. Chegou a um entendimento consigo mesmo no sentido de fazer tudo que fosse necessário para disputar uma lugar de técnico na National Hockey League.

Em 1997, o sonho virou realidade quando se tornou o técnico do Dallas Stars. Em sua primeira temporada completa, orientou habilmente o time para as primeiras posições, outra realização notável. Dois anos depois, realizou o sonho de todos os técnicos na NHE — ganhando a Stanley Cup, que foi o primeiro campeonato jamais vencido pelo Dallas Stars.

Se Ken Hitchcock pôde fazer isso, por que você não poderia fazer alguma coisa igualmente notável? Vamos repetir mais uma vez — a verdadeira integridade consiste em fazer continuamente boas opções, cumprindo acordos consigo mesmo, persistindo através de tempos difíceis e sendo 100% responsável por seus resultados. Esta é uma fórmula imbatível. Exige coragem e desejo de ser o melhor que você pode ser. E uma vez tomada a decisão, nada de voltar atrás, a menos que você prefira arrostar a culpa de saber que nunca deu o máximo de si mesmo.

CONTINUE — O SUCESSO ESTÁ MUITAS VEZES BEM ALI NA ESQUINA

Para Aqueles que Não Desistem.

PASSOS PARA AÇÃO

O Fator Integridade

Responda honestamente às perguntas abaixo. Elas o ajudarão a planejar um novo curso de ação. E demonstrarão também claramente seu atual nível de integridade e responsabilidade.

1. Em que áreas de minha vida eu habitualmente não cumpro acordos?

_____
_____
_____
_____

2. O que é que isso vai me custar, se eu não mudar? Leve em conta as conseqüências a longo prazo.

_____
_____
_____
_____

3. O que, especificamente, preciso mudar a fim de desfrutar o estilo de vida do Fator Integridade?

_____
_____
_____
_____

4. Que recompensas e benefícios específicos receberei fazendo esses ajustamentos?

_____
_____
_____
_____

Compreender a importância da integridade em sua vida é uma coisa. Vivê-la é um desafio inteiramente diferente. O capítulo seguinte lhe mostrará como isso acontece.

VIVER COM UMA FINALIDADE

INICIAR UMA AÇÃO DECISIVA

PERSISTÊNCIA INVARIÁVEL

PEÇA AQUILO QUE QUER

O FATOR CONFIANÇA

FORMANDO EXCELENTES RELACIONAMENTOS

CRIANDO O EQUILÍBRIO IDEAL

VOCÊ PERCEBE A SITUAÇÃO EM SEU TODO?

**ISTO NÃO É EMBROMAÇÃO.
TRATA-SE DE FOCALIZAÇÃO**

OS HÁBITOS DETERMINARÃO SEU FUTURO

*Voce está na reta de chegada.
A persistência o levará a sair-se bem.*

Estratégia de Focalização nº 9

Iniciar uma ação decisiva

"Para que as coisas mudem, você tem que mudar. De outra maneira, pouca coisa mudará."

— *Jim Rohn*

Você tem o hábito de adiar as coisas?

Por exemplo, você precisa completar um relatório até o fim do mês, mas, em vez de planejar fazer isso em três etapas simples, deixa tudo para os dois últimos dias e entra em pânico. Outras pessoas são puxadas para a bagunça que você arrumou, gerando ainda mais desordem e ansiedade. Mas, de alguma maneira, você consegue fazer o relatório, prometendo a si mesmo: "Nunca mais — esta foi a última vez em que deixei as coisas correrem dessa maneira — ... e não vale o estresse." Mas, na verdade, repete o mesmo comportamento uma vez após outra, não? Por quê? Porque é um hábito seu. Vamos, reconheça. Você é um procrastinador.

Se isso serve de consolo, você não está sozinho. Quase todo mundo adia coisas. Às vezes, isso é bom, embora, na maioria dos casos, seja uma doença insidiosa, crônica, que lhe prejudicará o futuro.

Neste capítulo, vamos ajudá-lo a livrar-se desse péssimo hábito, e para sempre. Entre todas as estratégias que discutimos, Iniciar Ação Decisiva é a mais fácil de medir. É uma questão de preto ou branco. Com esta estratégia, você não vai poder esconder-se das conseqüências. Ela separa os fracos dos fortes, os tímidos dos corajosos e os papo-furados dos realizadores.

O espírito de decisão é seu maior aliado enquanto você traça seu caminho através da vida. A proscrastinação é uma ladra, encapuzada, esperando o momento de lhe roubar as esperanças e os sonhos. Se quer prova, olhe com mais atenção a ilustração abaixo.

Há outra palavra escondida dentro da palavra procrastinação que o alertará para os perigos de não iniciar ação.

P R O C R A S T I N A Ç Ã O

Que palavra esperta é essa tal de procrastinação. Ela disfarça a palavra real, castrar, que significa também empobrecer ou tornar ineficaz. Entendeu? Quando procrastina, você está realmente empobrecendo seu futuro, cortando-o. Aaaaaai... ISSO MESMO, dói! Você tem razão, dói muito. De agora em diante, toda vez que entrar "no modo de proscrastinação", grave a fogo na mente essa imagem dolorosa de castração, e receberá um choque que o fará entrar em ação.

Ed Foreman, presidente da Executive Development Systems, com sede em Dallas, é um homem que gosta de agir. Aos 26 anos, já havia ganho seu primeiro milhão de dólares. Prosseguiu e fundou muitas empresas bem-sucedidas, incluindo companhias de petróleo e gás, de cimento pronto trazido em betoneira e de criação de gado. E ainda arranjou tempo para ser eleito duas vezes para o Congresso dos Estados Unidos, e por dois diferentes estados — Texas e Novo México —, o que o tornou a única pessoa a conseguir isso no século XX.

Atualmente, passa a maior parte do tempo ensinando estratégias de ação positiva a executivos de empresas de todo o mundo. Possui energia contagiosa e entusiasmo pela vida, mas nenhuma paciência com aqueles que se sentam no fundo da sala, queixando-se e choramingando de que não têm certas coisas que desejariam. Deu a essa doença o nome de a Síndrome de Algum Dia. Descreveu-a especialmente para esses indivíduos e ela é também conhecida como o Credo dos Procrastinadores.

> "Algum dia, quando eu crescer, terminar a escola e arranjar um emprego, começarei a levar a vida da maneira que quero... algum dia, depois de pagar a hipoteca da casa, com as finanças em ordem e os filhos crescidos, comprarei aquele novo carro e farei interessantes viagens ao exterior... algum dia, agora que estou para me aposentar, comprarei aquela bela casa-reboque, e verei tudo que há para ver... algum dia."
>
> — *Ed Foreman*

Um dia, depois de uma vida inteira de pensar em fazer e lamentar não ter feito alguma coisa, esses procrastinadores chegam ao fim da vida. Enquanto se preparam para morrer, a única frase que lhes passa pela cabeça é: "Se eu ao menos tivesse feito aquelas coisas que eu realmente queria fazer, minha vida teria sido diferente." Tristemente, pensam em todas as oportunidades perdidas. "Se eu ao menos tivesse investido 10% de minha renda todos os meses...", "Se eu ao menos tivesse cuidado de minha saúde...", "Se eu ao menos tivesse comprado aquela ação que hoje vale 100 dólares quando era vendida por um dólar...", "Se eu ao menos tivesse aproveitado a oportunidade e aberto meu próprio negócio...". Infelizmente, nesse momento é tarde demais. E outro(a) procrastinador(a) sai de cena, consumido por sentimentos de remorso, culpa e falta de realização pessoal.

Cuidado, querido leitor, a Síndrome do Algum Dia é uma armadilha fatal. A vida é curta demais para que não a desfrutemos ao máximo. Indecisão e a incerteza o confinarão ao mundo do "se ao menos...". E isso não é o que você quer, é? Muito bem, vamos traçar juntos um eficaz plano de ataque que lhe garantirá uma vida transbordante de ação positiva e experiências invulgares e memoráveis.

—Ele é terrível quando toma decisões.

Seis Boas RAZÕES

Em primeiro lugar, vamos ver por que as pessoas deixam tudo para depois. Em seguida, vamos lhe mostrar como espantar esse fantasma. Se não for um procrastinador, leia ainda assim, por favor, o resto deste capítulo, dada a possibilidade de mais tarde ceder ao desejo de adiar alguma coisa. Você vai aprender algumas excelentes técnicas que o tornarão ainda mais decidido do que é agora.

Há seis boas razões por que você está se deixando levar pela procrastinação.

1. Você está entediado

Este é um dos fatos da vida. De vez em quando, todos nós nos sentimos menos do que entusiásticos. Às vezes, o trabalho torna-se rotina e terminamos apenas fingindo trabalhar. Conforme dissemos antes, empresários são famosos por esse comportamento. Após acabar a emoção inicial de fundar um novo negócio, eles precisam de um novo desafio, algo que mantenha a adrenalina pulsando no organismo.

De que maneira você combate a inércia? Vejamos algumas sugestões. Em primeiro lugar, reconheça que está entediado. Torne-se consciente de seus sentimentos, dos níveis de energia em queda e da falta de desejo de levar projetos até o fim. Você talvez se sinta cansado e mesmo sem praticar muita atividade física. (Se está exageradamente cansado, consulte seu médico. Talvez haja uma razão médica para sua indolência.)

Faça a si mesmo algumas perguntas e seja totalmente honesto nas respostas. Estou entediado com o que venho fazendo? (A resposta à pergunta é "Sim" ou "Não".) Por que estou entediado? O que poderia me dar mais energia?

Empresários bem-sucedidos mantêm seu entusiasmo procurando criar constantemente novos projetos ou abrir maiores oportunidades. Continuam a elevar seu nível de expectativas e nunca estão satisfeitos com atividades rotineiras, destituídas de desafio e que não exigem engenhosidade. Eles adoram assumir novos riscos e aceitar a possibilidade de obter um grande sucesso. E a incerteza torna isso ainda mais atraente!

Uma maneira de se energizar é pensar em fazer maiores negócios e em descobrir o que seria necessário para gerar a renda que se seguiria. Há duas possibilidades. Você poderá vender mais de seu produto ou serviço a clientes antigos, ou passar a procurar clientes ainda mais importantes. Imagine fechar negócios duas ou três vezes maiores do que jamais fez antes. Comece a ampliar sua visão.

Essa possibilidade, claro, exige um conjunto inteiramente novo de contatos e conexões. E você vai precisar também ser mais criativo e inovador. A criatividade gera energia e a inovação faz com que a adrenalina volte a pulsar no corpo. De repente, você está projetando metas muito mais ambiciosas e um novo clima de entusiasmo começa a saturar o escritório.

Seja cuidadoso, contudo, porque essa situação pode ser extremamente contagiosa! Logo, logo todo mundo em sua equipe está concebendo um conjunto inteiramente novo de incentivos e iniciativas. De repente, a vida se torna novamente divertida e você pega fogo. Adeus tédio, alô metas mais ambiciosas e maiores vantagens.

2. Você está sobrecarregado de trabalho

Freqüentemente, pessoas adiam tarefas porque deixam que elas se acumulem, em vez de lidar com uma de cada vez e levá-la até o fim. Esta situação pode começar com uma pequena tarefa que não é realizada porque o tempo não é o certo ou simplesmente porque não sentem vontade de levá-la a cabo.

Em seguida, alguma coisa surge e você adia isso também. Nesse momento, você tem duas coisas para fazer. Separadamente, nenhuma delas parece importante demais para realizar, embora, juntas, criem resistência. E você termina adiando ambas. Após algum tempo, uma lista crescente de meia dúzia de outros itens foi adiada e a procrastinação ergue sua horrível cabeça. E começa a controlá-lo. Antes de muito, há tantas coisas a fazer que você se sente sobrecarregado até em pensar em iniciá-las, de modo que não inicia coisa alguma. Se esta situação descreve o seu caso, anime-se. Há maneiras de ajudá-lo a romper esses obstáculos. E vamos mostrar como, antes do fim deste capítulo.

3. Sua confiança decaiu

É nesse momento que o medo e a dúvida juntam forças para detê-lo, pintando quadros negativos vívidos em sua mente. O que você precisa aprender é o seguinte: a maioria das coisas que você teme jamais acontece. Se o medo é uma das principais razões por que você não está se movendo para a frente, por favor, releia o Capítulo 6, O Fator Confiança.

A procrastinação equivale a seu nível de dúvida. Não permita que a dúvida e a incerteza privem-no de seu poder. Lembre-se, mentalmente é mais cansativo pensar no que tem de ser feito e em todas as coisas que podem dar errado do que fazer fisicamente o trabalho.

Pessoas decididas, que passam rápido de um trabalho para o próximo, fazem isso porque o pensamento de ter que fazê-lo mais tarde gera ainda mais pressão e estresse. Conforme dissemos antes, o medo também pode ser um grande motivador. O vitorioso técnico de futebol Dan Matthews explica a situação da seguinte maneira: "O que sempre me impulsionou foi saber que o medo e a decepção de perder superam sempre a alegria e a satisfação de ganhar. Se isso alguma vez mudar, então chegou a hora de deixar o trabalho de técnico."

4. Você tem baixa auto-estima

Isso é inteiramente diferente de uma baixa temporária no nível de confiança. Pessoas de auto-estima baixa desenvolvem freqüentemente o hábito de sabotar qualquer sucesso potencial porque, segundo pensam, não o merecem. Esse fato pode envolver velhos sistemas de convicções e um passado traumático.

Uma das maneiras de matar uma oportunidade é evitá-la. Indivíduos com baixa auto-estima podem inventar todo tipo de desulpas para evitar dar o primeiro passo para um futuro melhor. Mas, às vezes, movem-se para a frente e se saem bem. Acontece também ser a meta fácil de alcançar, mas, de repente, eles deixam cair a bola sem nenhuma razão visível. Se isso é algo que você faz (ou alguém próximo de você), sugerimos que reserve um tempo para examinar a origem de tal situação. *The Tomorrow Trap*, um excelente livro de autoria de Karen Peterson, discute em profundidade esse tipo de desafio. Você o achará muito útil.

5. Você está fazendo trabalho do qual realmente não gosta

Esse dilema tem dois lados. O primeiro, todos nós somos solicitados a fazer certas coisas de que não gostamos. Essa é uma das regras do jogo, se você quer ter mais sucesso na vida. Talvez não goste, mas assim é que são as coisas. Por exemplo, você talvez não goste de fazer coisas banais, como despachar papelada burocrática ou encarregar-se da contabilidade, mas é difícil evitar inteiramente esses trabalhos, mesmo que você seja um delegador de tarefas realmente competente. Nosso amigo Ed Foreman fez algumas pesquisas realmente profundas sobre esse assunto. E descobriu o seguinte: pessoas bem-sucedidas fazem as coisas que pessoas malsucedidas não gostam de fazer. Não sentem prazer em fazer algumas delas, mas vão em frente e fazem, de qualquer maneira. Este é um ponto fundamental, que você precisa realmente compreender.

O outro lado da moeda é que você pode estar preso em um trabalho ou carreira medíocres que não lhe permitem usar suas maiores habilidades. Se este é seu caso, procure uma oportunidade para expandir seus talentos. A vida é curta demais para ficar atolado em um trabalho que não lhe dá prazer. Na maioria das vezes, o tipo de trabalho que você faz deve estimulá-lo e lhe dar energia. Por que continuar em uma situação que lhe drena a energia e não lhe traz satisfação?

A maioria das pessoas não muda porque sente necessidade de segurança ou porque se apavora só em pensar em fazer alguma coisa diferente. A mudança está fora de sua zona de conforto e é assustadora. Bem, a realidade é a seguinte: os maiores prêmios da vida são encontrados fora de nossa zona de conforto. Conviva com a situação. O medo e o risco são condições prévias, se você quer gozar de uma vida de sucesso e aventura.

6. Você está realmente confuso ou é mesmo preguiçoso?

Não há muito a falar a este respeito. Vamos direto ao assunto. Se você evita fazer alguma coisa porque prefere botar as pernas pra cima e assistir a velhos filmes na TV, são poucas as chances de que venha a desfrutar cedo de um estilo de vida próspero. O fundamental? O sucesso exige esforço e atividade invariável, concentrada. A indolência não faz parte da equação. Ela é uma substância proibida.

PROCESSO DECISÓRIO
Ativo

Em termos gerais, a falta de motivação encontra-se usualmente na raiz da procrastinação. É mais fácil adiar coisas a fazer do que agir decisivamente. É importante que você se conscientize de que está entrando em uma espiral descendente de inatividade. Quando se aperceber disso, bata um pequeno papo consigo mesmo e concentre-se em descobrir maneiras de resolver as coisas.

Basicamente, há duas maneiras de uma pessoa motivar-se. Você pode temer as conseqüências da inação ou ficar animado com as recompensas e benefícios que receberá se for proativo.

Você tem que manter duas possibilidades bem à vista, uma, negativa, e a outra, positiva. Pergunte a si mesmo: o que é que eu realmente quero — um futuro em que estou sempre lutando para chegar ao fim do mês ou um estilo de vida de prosperidade, alegria e realização pessoal? Quanto mais vívidos forem esses quadros mentais, mais decisivo você se tornará. Não se deixe atrair para um falso senso de segurança. Quando ouvir aquela vozinha destrutiva sussurrando dentro de sua cabeça: "Deixe isso para amanhã, para a próxima semana, o mês próximo ou o ano que vem", imediatamente projete essas duas imagens na tela de sua TV mental. Qual será a cena, se você não começar? Você quer lembrar-se de sua vida com uma grande lista de "Se ao menos"...? Claro que não. Entenda bem esse fato e sinta a dor da castração. (Não, isso não foi erro de tipografia.)

Agora mexa no botão e dê uma olhada na outra cena. Desta vez, veja todas as recompensas e benefícios que acoanteceram simplesmente porque você agiu e não olhou para trás. Banqueteie-se com essa cena. Grave-a na mente. Experimente o sentimento de realização pessoal. Sinta-se bem ao desafiar a si mesmo para atingir um nível mais alto de desempenho. Vejamos um bom exemplo do que estamos dizendo.

Em meados da década de 1970, Susan Brooks, uma professora primária da Flórida, gostava de colecionar velhas receitas culinárias da família. As que a atraíam mais eram as de biscoitos feitos em casa e por isso mesmo fazia um bocado deles. As amigas adoravam tanto esses biscoitos tradicionais que a notícia se espalhou e aumentou espetacularmente a produção dessas guloseimas na casa dos Brooks. Não passou muito tempo e ela mudou-se da Flórida para a Geórgia, juntamente com suas melhores amigas, que logo se tornaram sócias na primeira loja de varejo dos biscoitos. Nos quatro anos seguintes, 14 franquias foram abertas e com elas a venda de um mundão de biscoitos.

Em 1981, contudo, a bolha dos biscoitos estourou, a sociedade afundou e o mesmo aconteceu com o negócio de franquias. E Susan ficou sozinha com uma "jarra de biscoitos" vazia na mão, que consistia de alguns móveis e uns dois fornos industriais. Diz ela:

— Essa foi minha fase de Cookie University — e eu aprendi em primeira mão o que é necessário para dirigir um negócio!

Essa é a razão por que muitas pessoas desistem. Mas não Susan e sua família. Tudo o que elas possuíam foi carregado em dois caminhões. Juntamente com o marido, Barry, e dois filhos pequenos, eles tomaram a direção oeste para um recomeço em Tempe, Arizona.

Aprendendo com o passado, Susan tomou uma importante decisão estratégica — desta feita, em vez de lojas de varejo, resolveu criar um catálogo de compras pelo correio a fim de vender os biscoitos e outras comidinhas variadas. Em seguida, entrou no negócio de presentes, não apenas no de biscoitos. A disposição de empreender ação decisiva em uma nova direção realmente teve êxito.

A Cookies From Home (www.cookiesfromhome.com) opera agora em uma ampla instalação, atendendo a contas de empresas e compras pelo correio de uma a outra costa do país. A base de consumidores floresceu de três mil para 70 mil. Na verdade, os biscoitos de Susan deram o ar de sua graça em numerosos países, incluindo Canadá, México, Inglaterra, França e Arábia Saudita.

Susan iniciou ação decisiva para sobreviver a tempos difíceis. Com ela, nada disso de hábito de adiar coisas simplesmente porque uns poucos obstáculos aparecem no caminho. Uma gravura favorita na parede de seu escritório mostra um barquinho, jogado de um lado para o outro por um mar bravio. A legenda embaixo diz: "Qualquer um pode controlar o leme quando o mar está calmo."

Diz Susan que as lições mais importantes que jamais aprendeu foram: "Eu sei o que não sei, de modo que me cerco de pessoas que sabem. Isso permite que eu me focalize no que faço melhor. Além disso, vou trabalhar, porque quero, todos os dias." Susan Brooks estava resolvida a ver sua miragem tornar-se realidade. A persistência invariável assegurou-lhe o sucesso.

A mensagem é clara: esteja você trabalhando em um pequeno projeto ou em uma grande meta, não desista, se quer comemorar sua conclusão. Faça o que for necessário para não ser um desses indivíduos frustrados que passam pela vida com o rótulo "Não Completa as Coisas". Ou, como diz de forma tão eloqüente Jim Rohn: "A dor da disciplina pesa gramas, ao passo que a dor do arrependimento pesa toneladas."

A fim de assegurar que não tem absolutamente desculpas por falta de espírito de decisão, vamos agora ensinar duas fórmulas de valor comprovado que o ajudarão a solucionar quaisquer situações futuras que exijam ação de sua parte. A primeira, a fórmula TA-DA é uma minifórmula que você pode usar eficazmente todos os dias. A segunda, a Solucionadora de Problemas, é mais abrangente.

A FÓRMULA
TA-DA

Esta fórmula o ajudará a permanecer alerta enquanto você atravessa as águas inexploradas do futuro. Antes de tomar quaisquer decisões importantes, recomendamos encarecidamente que use esse acrônimo para guiá-lo, da forma explicada abaixo.

1. Pense.

Conforme discutimos antes, tempo para reflexão é essencial. A reflexão lhe permite parar um pouco, de modo que possa examinar todas as opções. "A reflexão me ajudará a atingir de forma mais eficaz minhas grandes metas?" "Que benefício específico terei seguindo esse curso de ação?" "Quais serão os aspectos negativos, se ela não funcionar?" "Quanto tempo isso vai realmente consumir?" Quanto mais consciente estiver quando tomar uma grande decisão, menos provável é que bote tudo a perder. Dê a si mesmo tempo para pensar. Tal como um piloto de avião, faça uma lista de checagem à prova de erros para orientá-lo em todas as ocasiões.

2. Pergunte.

Faça boas perguntas focalizadoras. Descubra tudo que precisa saber para tomar uma decisão inteligente e bem informada. Pergunte a outras pessoas, a seus consultores ou a outros indivíduos que possuem conhecimento específico e experiência nessa área. Quanto mais importante a decisão, mais tempo você deve levar para checar tudo, o que não significa analisar o assunto até a morte. Só quando tiver reunido informações suficientes, colhidas em uma grande variedade de fontes, é que estará pronto para o passo seguinte na fórmula.

3. Decida.

Use a técnica da Espiral Dupla para aumentar seu espírito de decisão. Visualize as conseqüências negativas se não tomar a decisão. Compare-as com os benefícios positivos se fizer alguma coisa.

Em seguida, tome uma decisão firme sobre o que vai fazer. Tomá-la é meia batalha ganha. Os procrastinadores crônicos levam uma vida de descontentamento porque não tomam a decisão de fazer o que deve ser feito. Após algum tempo, ficar em cima do muro torna-se muito incômodo. E se não tiver cuidado, você permanece preso nele, incapaz de descer.

4. Faça.

Agora que refletiu bastante, fez perguntas em busca de mais informações e finalmente tomou a decisão, é tempo de agir. Esta é a parte mais importante da fórmula **TA-DA**. Numerosas pessoas levam uma vida de espera, em vez de ir em frente e fazer. Obrigue-se a iniciar ação focalizada. Simplesmente, dê o primeiro passo. Aos poucos, você cria *momentum*. Tal como a proverbial bola de neve que desce montanha abaixo, você não pode parar depois de ter dado o empurrão inicial. Lembre-se, as grandes recompensas da vida só se materializam quando você começa a agir.

W. Clement Jones, personagem de uma das maiores histórias de sucesso da América e co-autor do livro *Success Through a Positive Mental Attitude*, segue uma maneira única de se forçar à ação. Em frente a um espelho, batia palmas com grande força, exclamando ao mesmo tempo e em voz alta:

— Faça isso, agora!

Repetia estas palavras três vezes, o que lhe dava um ponto de apoio para as tarefas a realizar. E deve ter funcionado. Aos 16 anos, ele vendia apólices de seguro de vida como se não houvesse um dia de amanhã. Quando tinha 21 anos, ocorreu a Grande Depressão e muita gente disse que era impossível sobreviver. Sem desanimar, o jovem Stone fundou sua própria empresa, intitulada Combined Insurance, contratou mil vendedores e transformou-a em uma das maiores da América do Norte. Lembre-se do seguinte: hábitos simples, como o exercício do espelho, são freqüentemente catalizadoras para a ação.

DILBERT. *Reproduzido com permissão do United Feature Syndicate, Inc.*

A SOLUCIONADORA
de Problemas

Nossa segunda fórmula para o processo decisório ativo é denominada de A Solucionadora de Problemas. Trata-se de uma série de dez passos que o ajudarão a solucionar qualquer grande problema ou desafio que possa vir a enfrentar. É poderosa. Transforme-a em prioridade quando não souber que direção tomar. É explicada em detalhes nos Passos para Ação, ao fim deste capítulo.

Essas duas excelentes estratégias o ajudarão em todas as situações em que precisa aplicar o processo decisório. Crie o hábito de usar as duas. Este hábito é parte essencial de sua armadura e o ajudará a evitar os ataques negativos diários enquanto você dá grandes passos para um estilo de vida mais feliz e mais sadio. Seja diligente. Permeça de guarda alta. Aprenda a notar o que faz bem e com facilidade e o que precisa de atenção. O bom processo decisório requer prática e um alto nível de conscientização. Você tem agora as ferramentas necessárias para tornar-se mestre nessa parte de seu plano de sucesso.

Vamos Falar de
DINHEIRO

Atingir todos os anos seus alvos financeiros é obviamente muito importante, especialmente se você vive em uma sociedade onde o preço de quase tudo continua a subir. Se tem uma família em crescimento que inclui adolescentes, você sabe do que estamos falando!

Uma análise em profundidade completa de estratégias relativas a dinheiro e investimento está além dos objetivos deste livro. Não obstante, como sua renda está estreitamente relacionada com o volume de tempo de folga que tem e o prazer de um estilo de vida bem equilibrado, pensamos que seria uma boa idéia falar, de nossa perspectiva, de alguns pontos essenciais. Tudo isso faz parte de sua educação no campo da ação decisiva.

O que é que o dinheiro significa para você?

Todas as pessoas formam convicções sobre dinheiro. Ao contrário do que alguns pensam, o dinheiro não é a origem de todo mal. Se isso fosse verdade, praticamente todas as organizações sem fins lucrativos, de caridade e igrejas, deixariam de existir. Ainda assim, amor total por dinheiro, com exclusão de tudo mais, causa todo tipo de ansiedade.

Na vida, há basicamente três coisas que podem arruiná-lo:

1. Poder — observe como agem os ditadores e megalomaníacos do mundo.
2. Sexo — acontece geralmente com um grande número de pessoas, sendo os políticos o principal exemplo, claro.
3. Ganância — a busca doentia de dinheiro demais, não raro à custa de alguém.

A fim de entender como se sente realmente sobre dinheiro, faça a si mesmo algumas perguntas simples. Por exemplo: tudo bem ter um bocado de dinheiro? Que hábitos relativos a dinheiro criei até agora na vida? Ganho e junto alegremente dinheiro ou faço sabotagem contra mim mesmo quando as coisas, inesperadamente, correm bem?

Incluímos um excelente Jogo de Dinheiro ao fim deste capítulo que realmente o ajudará a identificar suas realidades financeiras. Não deixe de completá-lo.

Veja abaixo alguns outros pensamentos sobre sistemas de crenças a respeito de dinheiro. Algumas pessoas cresceram em ambientes muito frugais, de modo que se preocupar com cada vintém era uma maneira natural de viver. Outras ouviram dos pais e de várias figuras autorizadas que o dinheiro era "sujo". Já ouviu essa "Não ponha dinheiro na boca, ele é sujo?!".

Outras pessoas tiveram mais sorte e cresceram em um ambiente onde se valorizava a boa ética do trabalho e o dinheiro era gasto e investido prudentemente. Havia também uma pitada de divertimento em não ser econômico demais.

O dinheiro flui para os que o atraem

Em nossa opinião, o dinheiro é simplesmente uma recompensa por serviços prestados. Se você presta excelente serviço e cria valor apreciável para pessoas a sua volta, o dinheiro aparece. Por conseguinte, para atrair mais dinheiro, você tem que ser atraente no sentido de levar pessoas a querer e preferir seus produtos ou serviços, ignorando os concorrentes. O fundamental consiste sempre em concentrar-se em criar mais valor. Faça o que for necessário para que tudo que oferecer no mercado seja sempre o melhor.

Se está em dificuldades financeiras e gostaria de aumentar bastante seu valor líquido, compreenda o seguinte: seus hábitos em matéria de dinheiro são a causa fundamental de seu atual estado financeiro. De modo que, se nunca teve o hábito de poupar ou investir, você pode estar sofrendo neste momento algumas conseqüências disso. Se gasta sempre mais do que ganha, em algum momento no futuro vai sofrer as conseqüências disso. Há indivíduos que ganham 50 mil dólares com hábitos de 50 mil dólares. E pessoas que ganham 500 mil dólares com hábitos de 500 mil dólares. E isso é uma verdade absoluta.

Para mudar hábitos você deve, em primeiro lugar, reconhecer sua atual realidade financeira. Negar o óbvio não vai funcionar! O passo seguinte, se você quer ser financeiramente independente, é estudar a situação. Faça seus deveres de casa. Aprenda como o dinheiro corre, como aumenta e cresce e, acima de tudo, quem é realmente competente em atraí-lo.

Sem a menor dúvida, há pessoas em seu bairro ou cidade que ganharam um monte de dinheiro. Descubra como elas fizeram isso. Seja criativo. Seja corajoso. Seja ousado o suficiente para marcar um encontro com elas e conhecê-las. Além disso, você precisa de um brilhante conselheiro financeiro ou uma equipe de consultores que o ajudem e apóiem. Focalize-se. A maioria das pessoas não faz esse tipo de esforço. Provavelmente, é mais fácil para elas sentar-se em frente a TV todas as noites do que planejar um futuro financeiro sólido que suas famílias desfrutem nos anos vindouros.

Regras básicas para criar riqueza

Vamos agorar apresentá-lo a dois ricaços — *Sir* John Templeton e Art Linkletter — e lhe passar as listas específicas de "Os Dez Mais" que as usam a fim de criar prosperidade ilimitada. Escolhemos os dois porque são indivíduos íntegros e dotados da capacidade de acumular dinheiro. Você pode ficar surpreso com a simplicidade de suas descobertas. Estude cada uma delas com todo cuidado. Os *insights* que eles obtiveram podem lhe economizar anos em sua curva de riqueza.

Em primeiro lugar, *Sir* John Templeton. Fundador do Templeton Group, *Sir* John Templeton é um administrador lendário de fundos mútuos. Seu gênio de administração financeira criou riqueza para milhares de investidores em todo o mundo. Os dez princípios seguintes constituem o núcleo de seu incrível sucesso.

1. Para alcançar sucesso não seja otimista nem pessimista, mas um realista de natureza esperançosa.
2. Reconheça seus talentos para enriquecer pessoalmente e enriquecer seus vizinhos, em primeiro lugar espiritualmente e, em segundo, talvez financeiramente.

3. Dívidas, sejam pessoais ou empresariais, não devem impedi-lo de investir em seu futuro. Esforce-se para livrar-se delas.
4. Invista em diferentes opções — desde que haja segurança em números.
5. O dinheiro deve fazer muito mais do que simplesmente reproduzir-se.
6. Lembre-se de que a paciência é uma virtude.
7. Se quer prosperar, estude as opções antes de investir.
8. Jamais esqueça: o segredo da criação de riqueza para si mesmo consiste em criá-la para os outros.
9. Procurar ser o Número Um não o transforma no Número Um.
10. Obtenha sucesso com uma única palavra — Amor.

Fonte: *Ten Golden Rules for Financial Success.*

Art Linkletter é provavelmente mais conhecido como ator de variedades e personalidade do mundo teatral. Em bebê, foi abandonado e em seguida adotado por um pastor protestante, na pequena comunidade de Moosejaw, Saskatchewan, Canadá. Seu famoso programa, *House Party*, na CBS, foi um dos mais apresentados na televisão. Ele é também um homem de negócios muito hábil, com participação direta em dezenas de empresas bem-sucedidas. Veja abaixo os *insights* mais importantes de Art para geração de riqueza e sucesso.

1. Vou fazer o trabalho que gosto. Só se vive uma vez, de modo que faça aquilo de que gosta.
2. Haverá sempre dificuldades, fracassos e desafios ao longo do caminho.
3. A margem entre mediocridade e sucesso é bem pequena quando relacionada com tempo e esforço, e muito acima do que se espera.

4. Farei um esforço, sempre que puder, para abrir as portas das oportunidades, mas não deixarei de me esforçar quando elas forem abertas.
5. Reconhecerei e ficarei alerta para minhas próprias fraquezas e procurarei pessoas que se destacam nas coisas em que vacilo.
6. Considerarei uma oportunidade de progredir como mais importante do que dinheiro imediato e os benefícios adicionais da situação.
7. Sempre levarei, dentro da prudência, minhas habilidades e metas um pouco além de minha zona de conforto.
8. Aprenderei com meus fracassos e em seguida os esquecerei.
9. Seguirei a Regra de Ouro. Não farei um negócio que engane, defraude ou tire proveito de outra pessoa.
10. Usarei o dinheiro de outras pessoas, contanto que tenha certeza de que o dinheiro em si pode crescer a uma taxa mais rápida do que as taxas de juros. Não serei ganancioso.

Para fechar este assunto, vamos jogar também nossos chapéus na arena. Veja a seguir as estratégias mais importantes em que nos concentramos.

JACK:
• Faça com paixão e perfeição aquilo que ama e o dinheiro virá em seguida.
• Leia tudo que puder, freqüente seminários, escute fitas e ponha em ação aquilo que aprendeu.
• Faça um estudo das leis universais do sucesso, prosperidade e fartura.
• Dê uma percentagem de sua renda para sua igreja e obras de caridade favoritas.
• Esforce-se sempre por melhoramento constante e invariável em tudo que faz.

MARK:

- Tome a decisão de ser financeiramente independente e seu subconsciente agirá nessa direção. Escreva o seguinte em um plano: "Eu ganharei..."
- Leve consigo um cartão de 3 x 5 que diz "Estou tão feliz que..." (Estou trabalhando para me tornar milionário, aumentando financeiramente meus recursos em 50% anuais, tendo um encontro com um cliente potencial ou antigo por dia, vendendo X de Y todos os dias, ou qualquer que seja sua meta particular.) Leia o cartão no café da manhã, na hora do almoço, no jantar e pouco antes de ir dormir, de modo a tornar-se uno com a idéia e, no fim, ela se transformará em realidade.
- Ame seu trabalho ou meio de vida e deixe que ele o ame. Eu adoro falar, escrever, criar, pensar, promover e vender, e porque amo essas coisas, elas prosperam.
- Forme uma equipe dos sonhos de colegas que pensem como você e que o ajudarão a tornar realidade, agora, suas esperanças.
- Sirva generosamente os outros, com amor e um coração feliz.

LES:

- Concentre-se no que faz melhor. Esforce-se para ser um líder em sua especialidade. Meus talentos são os de ensinar, escrever e criar produtos que aumentem a conscientização das pessoas.
- Procure oportunidades específicas que complementarão e expandirão seus pontos mais fortes. Eu criei o Achievers Coaching Program para empresários, porque esses desafios me agradam.
- Aplique, em primeiro lugar, em seu próprio negócio. Mantenha-se longe de negócios e atividades

sobre os quais pouco sabe. Esse é o motivo por que Warren Buffet se saiu tão bem na vida.

- Conforme anteriormente sugerido, cerque-se de consultores financeiros brilhantes. Aquele que você conhece é pelo menos tão importante quanto o que você conhece.
- Crie e mantenha hábitos financeiros simples. Invista todos os meses 10% de sua renda. Não gaste mais do que ganha. Descubra para onde vai seu dinheiro. Esforce-se para viver livre de dívidas.

A TODAS AS AVES DEUS DÁ O ALIMENTO,

Mas Não o Joga Dentro do Ninho!

FAÇA DA RIQUEZA UM ESTUDO

A fim de ajudá-lo ainda mais, veja abaixo uma lista de sete grandes livros sobre dinheiro e criação de riqueza. Estabeleça a meta de ler todos eles. Há literalmente centenas de livros sobre esse assunto. Torne estes livros seu primeiro passo na busca de perícia financeira.

1. *The Richest Man in Babylon,* de George S. Clason (Penguin Books, 1989).
2. *The Wealthy Barber*, de David Chilton (Stoddart Publishing, 1989).
3. *The Millionaire Next Door,* de Thomas J. Stanley e William D. Danko (Longstreet Press, Inc., 1996).
4. *Ten Golden Rules for Financial Success,* de Gary Moore (Zondervan Publishing House, 1996).
5. *The 9 Steps to Financial Freedom*, de Suze Orman (Random House, 1998).
6. *Think and Grow Rich,* de Napoleon Hill (Fawcett Crest Books/CBS Inc., 1997).
7. *Rich Dad, Poor Dad,* de Robert T. Kiyosaki e Sharon L. Lechter (Techpress Inc., 1997).

Agora você tem os instrumentos de que precisa para iniciar ação decisiva nos assuntos financeiros. Nossa palavra final a esse respeito? Dê, *agora*, os passos necessários. Quando o assunto é dinheiro, tempo é fundamental.

CONCLUSÃO

Vejamos aqui uma pequena história sobre a maior de todas as decisões — a decisão de viver. É sobre um homem notável, Viktor Frankl, que durante a Segunda Guerra Mundial foi internado em um campo de concentração nazista. Ilustre psicólogo antes de a guerra lhe mudar de forma dramática a vida, Frankl sofreu o destino de milhões de judeus — trabalho forçado nas piores condições imagináveis. Todos os dias, numerosos prisioneiros morriam de fome, espancamentos selvagens ou por serem tangidos como gado para as câmaras de gás, a humilhação final.

A despeito do horror da situação, Viktor Frankl compreendeu que havia um elemento que seus algozes não podiam controlar — sua atitude. Em palavras simples, ele resolveu sobreviver. E nada, absolutamente nada, lhe mudou a resolução de vencer essa que era a maior das batalhas humanas.

A fim de aliviar as circunstâncias apavorantes, concentrou-se em um quadro positivo do futuro. Visualizou-se como respeitado psicólogo, comparecendo a concertos e desfrutando um estilo de vida que o fazia um homem realizado. Em nenhum momento rendeu-se à perversão que corria solta em volta. Essa incrível fortaleza de ânimo, espírito de decisão, persistência e força de caráter coroou-se finalmente de êxito ao terminar a guerra. Aqueles que nada tinham por que viver, e foram muitos, não sobreviveram. Viktor Frankl tornou-se um dos mais renomados terapeutas e líderes inspiradores do mundo. O livro em que conta suas lutas, *Man's Search for Meaning*, é hoje um clássico. Não deixe de lê-lo, e faça isso mais de uma vez. Ele enobrecerá sua alma.

POR QUE HESITAR?
SOBRE AS PLANÍCIES DA HESITAÇÃO,
ESPALHAM-SE OS OSSOS DE INCONTÁVEIS MILHÕES
QUE, NO LIMIAR DA VITÓRIA, SENTARAM-SE PARA ESPERAR E, ESPERANDO, MORRERAM.

— *Autor desconhecido*

PASSOS PARA AÇÃO

A Solucionadora de Problemas

O Hábito da Segurança Financeira

Quando estiver diante de um desafio importante, use a Solucionadora de Problemas abaixo, a fim de enfrentá-lo. É uma série de dez perguntas que o guiarão passo a passo para o resultado que deseja. É importante que você passe por todo o processo abaixo. Use-o com freqüência — e seu espírito de decisão melhorará espetacularmente.

1. Qual é o meu desafio?

Defina precisamente a situação. Lembre-se de ser claro, conciso e específico.

_____
_____
_____

2. Decida enfrentar a questão e resolvê-la.

Tomar a decisão de enfrentar o medo é um grande passo para a frente. Para boa saúde e paz de espírito, decida isso agora.

3. Qual é o resultado que quero?

Mais uma vez, defina com clareza o resultado preferido. Visualize a vitória e descreva os grandes benefícios que terá quando o assunto for resolvido.

_____
_____
_____
_____

4. Em uma única palavra, descreva como vai se sentir quando o assunto for resolvido.

_____

5. Qual é a informação de que necessito e que me será útil?

Descubra mais lendo, pesquisando velhos arquivos, contratos etc.

_____
_____
_____

6. O que é que eu mesmo posso fazer?

_____
_____
_____

7. Quem mais pode me ajudar?

_____
_____
_____

8. Que passos específicos para ação vou dar agora?

1. _____
_____
2. _____
_____
3. _____
_____

9. Quando vou começar? _____ (data)

Quando é que vou concluir este negócio inacabado ____
_____ (data)

Comece!
Lembre-se, a paz de espírito está no outro lado do medo.

10. Passe em revista seus resultados e comemore!

O HÁBITO DE SEGURANÇA FINANCEIRA

Um Jogo de Perguntas e Respostas para Esclarecer sua Atual Situação

1. O que é que o dinheiro significa para você?

_____
_____
_____

2. Você merece ter um bocado de dinheiro? ❏ Sim ❏ Não

Por quê? ou Por que não?

_____
_____
_____

3. Defina SEGURANÇA FINANCEIRA na medida em que ela se relaciona pessoalmente com você.

_____
_____
_____

4. Você sabe quanto gasta e quanto ganha, especificamente, todos os meses? ❏ Sim ❏ Não

5. Você é orientado para o consumo ou tem um claro programa de poupança e investimento, ao qual dá prioridade?

_____
_____
_____

6. Você tem o hábito de remunerar a si mesmo todos os meses? ❏ Sim ❏ Não

7. Você tem um brilhante consultor financeiro ou uma equipe deles? ❏ Sim ❏ Não

8. De quanto dinheiro vai precisar quando (e se) aposentar-se, para desfrutar o estilo de vida que quer?

_____
_____
_____

9. Quanto falta ainda, se é que falta, para completar a soma que tem em mente?

_____
_____
_____

10. Está no caminho certo para conseguir um valor líquido saudável, como pessoa?

Isso significa ter dinheiro suficiente para desfrutar a qualidade de vida que você realmente quer, ter a opção de trabalhar ou não porque pode se dar esse luxo.
Se não está ainda no nível de segurança financeira, do que é que você precisa para mudar?

_____
_____
_____
_____
_____
_____
_____

VIVER COM UMA FINALIDADE

INICIAR UMA AÇÃO DECISIVA

PERSISTÊNCIA INVARIÁVEL

PEÇA AQUILO QUE QUER

O FATOR CONFIANÇA

FORMANDO EXCELENTES RELACIONAMENTOS

CRIANDO O EQUILÍBRIO IDEAL

VOCÊ PERCEBE A SITUAÇÃO EM SEU TODO?

ISTO NÃO É EMBROMAÇÃO.
TRATA-SE DE FOCALIZAÇÃO

OS HÁBITOS DETERMINARÃO SEU FUTURO

So falta uma estratégia — você está quase chegando lá.

Estratégia de Focalização nº 10

Viver com uma finalidade

"Esta é a verdadeira alegria — habituar-se a uma finalidade reconhecida como grandiosa."

— *George Bernard Shaw*

Craig Kielburger é um rapaz incomum

Aos 13 anos, numa época em que a maioria de seus amigos estava mais interessada em jogar hóquei ou futebol, Craig falava entusiasmado a todas as pessoas sobre a organização que havia criado, denominada Free The Children. Sua agenda parecia a de um palestrante de fama internacional: de Washington, D.C., para Nova York, seguida de uma viagem ao Canadá e, em seguida, ao Haiti. Acrescente-se a tudo isso seu simpático perfil no programa *60 Minutes*, defendendo sua cruzada para acabar com o trabalho infantil.

O que faz com que realmente marque presença esse adolescente de 1,52m de altura, que demonstra uma maturidade muito além de seus anos? Responde ele:

— Eu simplesmente sinto um grande entusiasmo pela questão do trabalho infantil e quero fazer alguma coisa para aliviá-la.

Em palavras simples, Craig Kielburger está vivendo com uma finalidade. Ele descobriu algo que o enche de vida e faz correr a adrenalina. A finalidade lhe dá uma enorme energia. Ela o anima e ele não se cansa procurando atingi-la. Ao mesmo tempo, é suficientemente normal para demonstrar que ainda é uma criança. Ou, como disse o jornalista Robert Russo:

— Após uma visita à casa do vice-presidente Al Gore, ele exclama, de olhos arregalados de espanto: "Ele tem guardanapos com iniciais." Americanos correm para abraçar esse jovem fenômeno canadense que parece notavelmente bem ajustado e que vive seu próprio sonho, e não o de seus pais.

E esse sonho lhe instilou uma determinação inflexível e uma energia inesgotável, que forçam servidores públicos de alto escalão a lhe darem ouvidos. Chocado com os milhões de crianças forçadas a trabalhar na Índia, Craig resolveu visitar esse país. A viagem coincidiu com a visita do primeiro-ministro do Canadá, Jean Chretien. O jovem Kielburger despertou tal atenção da mídia que o Sr. Chretien finalmente concordou em lhe conceder uma audiência pessoal. Isso mesmo, quando está com a corda toda, você pode fazer o impossível. Veja esta pergunta intrigante: por que algumas pessoas sentem um desejo ardente, o que não acontece com a vasta maioria? A maioria simplesmente finge todos os dias, presa em rotinas que freqüentemente se tornam tediosas. Se esta é sua maneira mecânica de encarar a vida, anime-se. Há uma maneira melhor.

Descobrindo sua FINALIDADE

Livros inteiros foram escritos sobre esse tópico extremamente abrangente. Nós o condensamos a seguir em seus aspectos fundamentais. Por favor, note o seguinte: este capítulo é de importância vital para você. Nas páginas seguintes você vai descobrir que é essencial ter uma finalidade na vida. Vamos mesmo ajudá-lo a formular uma definição clara. A maioria das pessoas nenhuma pista tem sobre esse assunto. Você vai entender o porquê quando lhe ensinarmos adiante um conceito inovador denominado Nível de Ser. Não queremos que você termine como um mundo de pessoas por aí, generalidades ambulantes e à-toa que não têm certeza do que estão fazendo e por quê.

Mas há também pessoas que chegam a uma encruzilhada na vida. Em algum ponto entre os 35 e os 50 anos de idade, aparece a famosa crise da meia-idade. De repente, questões profundas começam a aparecer, como "Isto é tudo que há?". Após uma consulta sem resultado a si mesmas, elas começam a sentir um vazio, um senso de inanidade. Alguma coisa está faltando, mas elas não conseguem identificá-la. Gradualmente, vêm a compreender que juntar coisas materiais e liquidar a hipoteca da casa não lhes preenche mais a vida.

APRENDENDO A VIVER COM UMA FINALIDADE

O cenário acima lhe parece conhecido? Anda pensando sobre falta de uma finalidade na vida? As idéias neste capítulo vão muito além dos hábitos específicos diários sobre os quais você começou a trabalhar, por mais importantes que sejam. Em algum nível, todos nós ansiamos por significado em nossa vida. Precisamos sentir, no mais íntimo de nosso ser, que somos importantes e que estamos fazendo diferença no mundo.

Adotar um estilo de vida com uma finalidade lhe proporcionará uma oportunidade de tornar os outros melhores, ao deixar sua marca de maneira positiva. Por exemplo, se adota a filosofia diária de ser um doador e desenvolve o hábito de ajudar outras pessoas sem pensamento imediato em proveito pessoal, você está demonstrando os inícios de um senso de finalidade. Quando conseguir ampliar essa filosofia para abranger uma visão mais ampla, sua finalidade se cristalizará. Vamos lhe mostrar como.

A Maratona da ESPERANÇA

Mas, em primeiro lugar, para esclarecer mais ainda esse assunto, veja a história notável de Terry Fox. Aos 18 anos de idade, Terry descobriu que tinha câncer. O diagnóstico era osteossarcoma, um câncer que produz metástases que emigram para as pernas e braços e pode espalhar-se pelos pulmões, cérebro ou fígado. Após assimilar a agonia da nova realidade, Terry basicamente não tinha escolha senão renunciar à esperança e esperar pela morte, ou descobrir alguma coisa significativa pela qual viver. Escolheu a última opção. O câncer significava que ele perderia a perna. Numa cama de hospital, Terry sonhou em cruzar correndo o Canadá. Nesse dia ele assumiu um compromisso, o de tornar realidade o sonho. Sua visão estava começando a tomar forma.

Ao empenhar a vida em fazer uma diferença na luta contra o câncer, ele criou uma finalidade autêntica. O objetivo de sua corrida de perneta, denominada Maratona da Esperança, era o de levantar um milhão de dólares para pesquisas sobre o câncer. O total final chegou a 24,6 milhões!

O jovem Terry descobriu uma finalidade na vida que o engrandecia física e mentalmente todos os dias. O poder da finalidade levou-o a grandes alturas de desempenho. Mesmo tendo apenas uma perna sadia, uma prótese no coto da outra perna permitiu que corresse. A corrida, no seu caso, parecia mais uma série de saltos. E produzia a sensação de dar uma topada a cada passada. Terry usava bermuda enquanto corria. Essa roupa, claro, mostrava-lhe a perna postiça e fazia com que algumas pessoas se sentissem mal. A finalidade de Terry era a seguinte: "Este aqui sou eu, por que esconder?" Começando no dia 12 de abril de 1980, ele correu o equivalente a uma maratona (42km120m) quase todos os dias, cobrindo um total de 5.342km em apenas 143 dias — uma façanha notável. Ao fazer isso, deu esperanças a milhares de pessoas em todo o mundo.

Esse fato pode levá-lo a perguntar:
— O que é que estou fazendo com minha vida? Sobre o que é o trabalho de minha vida? Que legado vou deixar quando meu tempo acabar?
Perguntas importantes, não acha?

O DESAFIO

Deixe que os outros, mas não você, levem vidas medíocres.

Deixe que os outros, mas não você, discutam sobre trivialidades.

Deixe que os outros, mas não você, chorem por pequenas mágoas.

Deixe que os outros, mas não você, entreguem seu futuro nas mãos de outras pessoas.

Três PONTOS Essenciais

Examinemos com mais atenção os três pontos essenciais que ajudaram Terry Fox a forjar com sucesso uma nova finalidade de vida. Em primeiro lugar, precisamos esclarecer a distinção entre estabelecer metas e ter uma finalidade. A finalidade transcende as metas. É a Situação no seu Todo — como se fosse um guarda-chuva que o cercasse por todos os lados. Metas, por outro lado, são os passos que você dá ao longo do caminho. A finalidade de Terry era contribuir para acabar com o câncer. A meta específica, contudo, era levantar um milhão de dólares para pesquisas sobre a doença, ao atravessar o Canadá de um lado a outro. Quando harmoniza suas metas diárias com uma finalidade bem definida, você goza de paz de espírito e de um senso maravilhoso de estar vivo. Nestes tempos, isto é uma mercadoria rara.

Os três pontos essenciais seguintes o ajudarão a ativar sua própria finalidade.

1. Harmonize finalidade com habilidade natural

Terry Fox harmonizou a sua com algo de que realmente gostava — atletismo. Ele sobressaía em corrida, de modo que atravessar o país correndo tornou-se o veículo natural para atingir a meta. Todos nós fomos dotados de talentos naturais. Descobrir quais são eles faz parte do jogo da vida. Muitas vezes, nosso trabalho não se harmoniza com o que fazemos melhor. Nossos valores e nossos atos se chocam. E são essas mensagens confusas que causam conflito interno e incerteza.

2. Seja firme

Terry permanecia todos os dias fiel à finalidade. A despeito de neve, chuva e granizo, ele continuava. Nos primeiros estágios quase não houve cobertura da mídia e, às vezes, ele se sentia solitário e incompreendido. Mas superou essa situação mantendo a finalidade no primeiro plano da mente. Numerosas pessoas perdem a direção na vida porque são distraídas ou influenciadas por outras. Em conseqüencia, andam por aí saltando de uma situação para outra, como a bola num fliperama.

Viver de acordo com a finalidade exige obstinação — a decisão de fazer tudo o que for necessário. Ela separa o fraco do forte, os procrastinadores dos realmente comprometidos, inflama uma paixão ardente e cria um sentimento de importância pessoal. Quando a finalidade é clara, sua vida tem significado. Você vai dormir à noite sentindo-se realizado, em vez de preocupar-se com os assuntos do dia-a-dia que geram estresse e tensão.

3. Mantenha uma atitude humilde

Não permita que um ego doentio lhe destrua as boas intenções. Indivíduos que produzem o maior e mais positivo impacto sobre a sociedade não estão interessados em fama ou fortuna. O Mahatma Gandhi, Madre Teresa de Calcutá e milhares de outros não tão conhecidos simplesmente prosseguiram no seu trabalho. Ganância e poder não faziam parte da fórmula dessas pessoas para viver com uma finalidade.

Nas últimas fases de sua Maratona da Esperança, Terry Fox atraiu milhares de pessoas em todas as grandes cidades. Sua atitude do princípio ao fim era: "Eu sou simplesmente uma pessoa comum, nem melhor nem pior do que qualquer outra. Há um bocado delas envolvidas nesta corrida e elas merecem também reconhecimento." E foi esse ponto de vista humilde e o interesse autêntico pelos demais, além de uma atitude de jamais desistir, enquanto lutava contra a adversidade, que o tornaram querido de milhões. Mesmo depois de o câncer espalhar-se por seus pulmões, ele resolveu continuar seu trabalho. Terry, porém, nunca terminou a corrida. Faleceu no dia 28 de junho de 1981. Não obstante, o legado que deixou continua a ajudar vítimas da doença. Até esta data, espantosos 150 milhões de dólares foram levantados para pesquisa sobre a doença, numa campanha inspirada na corrida anual de Terry Fox. A prova é realizada em pelo menos 50 países, com participação de mais de 200 mil pessoas. Nesta altura, você talvez esteja pensando: "Essa história é maravilhosa, mas eu realmente não consigo me ver mudando o mundo. Não sou nenhuma celebridade. Minha luta é apenas a de chegar até o fim do mês."

Essa é exatamente a razão por que continua a lutar — você não a entendeu ainda. Isto é, a importância da finalidade. Se entendesse, não consideraria a vida como uma luta.

Como treinadores de pessoal, nosso maior desafio é fazer com que as pessoas compreendem como a finalidade é importante para o futuro de cada uma delas. Não seria maravilhoso ter um "botão de finalidade" prontinho no alto da cabeça, que você poderia apertar, tornando imediatamente clara a sua verdadeira finalidade na vida? Evidentemente, há muito mais na situação do que isso. O restante deste capítulo esclarecerá isso ainda mais.

Vejamos o passo seguinte para fazer com que sua finalidade adquira vida.

Descobrindo sua FINALIDADE

Conforme dissemos antes, a maioria das pessoas não tem uma finalidade bem definida. A fim de ajudá-lo a descobrir qual é a sua, vejamos algumas perguntas bem a propósito. Dê a si mesmo um tempo para pensar nelas, antes de responder. Se está se sentindo paralisado, ou passando por uma transição difícil, pense em tirar uns dois dias de folga e em ir para um local tranqüilo, onde possa realmente pensar sobre o que quer fazer com sua vida. É impossível tomar excelentes decisões quando estamos no meio do turbilhão das atividades diárias. Você não pode pensar bem no meio de uma correria! Se não dispõe de um lugar sossegado próprio, na sua área há provavelmente alguns retiros. Consulte as Páginas Amarelas ou as igrejas locais em busca de ajuda.

David McNally, autor dos *bestsellers Even Eagles Need a Push* e do *The Eagle's Secret,* produziu um vídeo premiado sobre

Terry Fox. (Para detalhes, ver o Guia de Recursos.) É um trabalho realmente inspirador. David é considerado uma das maiores autoridades sobre como alguém pode prosperar na vida pessoal e profissional. Criou o importantíssimo exercício em dez etapas Descobrindo e Vivendo Sua Finalidade (ver Passos para Ação). Trata-se de perguntas essenciais. De modo que não se subestime — reserve alguns minutos para completar o exercício, que lhe pode proporcionar um grande avanço na vida. Mas, em primeiro lugar, leia o capítulo até o fim. Ao fazer isso, você vai desenvolver maior compreensão sobre como identificar sua finalidade.

Vejamos algumas considerações básicas. A busca começa por reconhecer suas habilidades e talentos especiais. O que é que você faz melhor? O que é que você gosta realmente de fazer? A maioria das pessoas entra em estado de estagnação no trabalho. Termina entediada, simplesmente fingindo que trabalha. É uma situação muito frustradora. Muitas vezes, a razão disso é a falta de desafio. O trabalho não lhes utiliza os pontos fortes e elas terminam atoladas em atividades que lhes drenam as energias, em vez de se sentirem inspiradas por algum magnífico projeto. Essa situação o descreve de alguma maneira?

O trabalho com finalidade significa também que você se importa profundamente com alguma coisa. Não se sente obrigado a fazer alguma coisa, está, sim, apaixonado por ela. Terry Fox comovia-se profundamente com o destino de vítimas mais jovens de câncer. O sentimento estimulava-o todos os dias, a despeito de todas as dificuldades que enfrentava.

Quando vive com uma finalidade, você sente que está fazendo diferença no mundo. E não precisa ser famoso. Pode produzir um impacto poderoso sobre sua própria comunidade. Outro fator importante enquanto examina a direção que está seguindo é seu nível de entusiasmo. Na maior parte do tempo você está no modo "Tenho De" ou "Resolvo Que"? Conforme dissemos antes, viver de acordo com o "Resolvo Que" lhe dará forças. Você se sentirá energizado. Quando serve a uma finalidade mais importante do que você, seu nível de comprometimento também se expande. Expandindo-se a finalidade, você desenvolve uma filosofia única sobre a vida e um ponto de vista sobre a Situação no seu Todo. Tarefas superficiais e rotineiras tornam-se menos importantes à medida que seu trabalho assume um novo significado. A fim de viver a vida ao máximo, suas metas precisam refletir-lhe a finalidade. Se concentra a atenção em apenas ganhar dinheiro, você ignora grande parte da vida.

DILBERT. *Reproduzido com permissão do United Feature Syndicate, Inc.*

Declaração de FINALIDADE

Numerosas empresas gastaram grandes somas de dinheiro elaborando declarações de missão. Esse trabalho envolve geralmente os líderes da companhia. Às vezes, um consultor de administração é contratado para ajudar no processo. O resultado é em geral três ou quatro parágrafos com clichês bem intencionados. Esse palavrório é muitas vezes transformado em uma bela placa, pendurada elegantemente na entrada principal do escritório. Infelizmente, só até aí vai o esforço no que diz respeito à maioria das companhias. Ainda mais triste é o fato de que, quando perguntada, a maioria das pessoas que trabalham na empresa não consegue repetir a declaração de missão. Ela nunca se torna parte da cultura da empresa. Com uma freqüência grande demais, ela é simplesmente alguma coisa inventada pela gerência, meras palavras de efeito.

LES:
Eu tinha que fazer uma palestra para a diretoria de uma grande cadeia nacional de alimentos. Eu sabia que a empresa tinha uma declaração de missão e estava melhorando-a. Em vista disso, liguei aleatoriamente para várias de suas lojas e perguntei à pessoa que atendeu o telefone:
— Você pode me dizer, por favor, qual é a declaração de missão de sua companhia?
Nem uma única delas conseguiu responder à pergunta. Um gerente disse:
— Acho que temos uma cópia dela em alguma parte por aqui. Vou ter que checar em meu arquivo.
Como exemplo de viver a missão, basta!

Se é dono ou um dos grandes tomadores de decisão de uma empresa, considere as sugestões seguintes: em primeiro lugar, mude as palavras "Declaração de Missão" para "Nossa Finalidade". De modo geral, os empregados entendem isso melhor do que missão. Mantenha-a curta e simples, de modo que possa ser decorada por todos no escritório. Uma única frase forte, que todos ponham em prática diariamente, fará mais por sua empresa do que uma declaração prolixa que é jogada dentro de algum fichário sem importância.

Um excelente exemplo neste particular é a Harry Rosen Men's Wear, uma cadeia de lojas de alta classe de roupas masculinas. A declaração de missão da firma é a seguinte: exceder as Expectativas de Nossos Clientes. Esta frase é impressa no verso do cartão comercial de todos os vendedores e todos os que nela trabalham a conhecem. Todos os empregados têm ainda autoridade para transformar em atos a declaração. Se, por exemplo, você comprou uma calça que precisa de ajuste e necessita dela no dia seguinte, mas não pode ir à loja pegá-la, o vendedor providencia para que lhe seja entregue por mensageiro especial. Nenhum problema. Isso significa fazer aquele esforço extra. Sugerimos que mantenha sua declaração de finalidade pessoal em uma única frase significativa.

Torne-a genérica o suficiente para servir às suas finalidades em muitas situações do dia-a-dia.

LES:
Minha declaração de finalidade é a seguinte: **Ajudar tantas pessoas quantas puder e isto de uma maneira que lhes melhore significativamente a vida.** Esta frase me dá um mundo de oportunidades. Posso ajudar homens de negócio através de nosso Programa de Treinamento de Realizadores, de três anos de duração. Posso passar também idéias escrevendo livros e artigos para revistas, gravando um CD. Ou posso simplesmente dizer uma palavra de estímulo e sorrir para alguém que precisa de um empurrão — como, por exemplo, uma garçonete que está se sentindo pressionada porque o restaurante tem pouca gente para servir os fregueses. Ou para um atendente de pátio de estacionamento que raramente tem uma conversa com quaisquer usuários, porque eles vivem apressados demais para fazer um cumprimento a alguém.

JACK:
Minha declaração de finalidade é a seguinte: **Inspirar e capacitar pessoas a viver sua mais ambiciosa visão em um contexto de amor e alegria.** Semelhante ao que Les disse acima, há muitas oportunidades e muitas situações para fazer isso. Eu posso escrever livros, dirigir seminários, fazer palestras, escrever artigos, ir a programas de rádio ou de televisão, motivar e energizar meus subordinados, consultar outras empresas, elaborar um currículo de automelhoramento para estudantes de escola secundária de comunidades de risco em centros de cidades, ou simplesmente inspirar pessoas que se sentam ao meu lado em um avião.

MARK:
Minha declaração de finalidade é: **Inspirar minha platéia com conhecimentos que farão com que funcione o mundo em que vive.** Minhas platéias variam de vários milhares de pessoas em uma grande convenção para um punhado delas numa sala de diretoria. Ou, da mesma maneira que Les e Jack, posso também ter uma platéia de uma única pessoa durante dez minutos. É espantoso como podemos influenciar uma pessoa com algumas palavras bem escolhidas de estímulo e apoio. Às vezes, basta um momento para fazer uma diferença positiva.

Formulamos também uma declaração de finalidade para nossa série *Histórias para aquecer o coração*. Ela diz simplesmente o seguinte:

**PARA MUDAR O MUNDO,
UMA HISTÓRIA DE CADA VEZ.**

Desenvolvendo sua FINALIDADE

A fim de ajudá-lo a desenvolver sua finalidade para um nível ainda mais alto, você está prestes a descobrir uma maneira única de expandir sua conscientização. Nós lhe damos o nome de O Nível do Ser.

Páginas atrás falamos no tabalho pioneiro de George Addair. George é um homem notável, que dedicou a vida ao que chama de "O Trabalho". Isto inclui grupos de estudo especiais e programas de autoconhecimento que transformam as pessoas que deles participam. Em 1999, mais de 30 mil pessoas haviam concluído seus programas Omega Vector e Delta Vector (ver Guia de Recursos para maiores detalhes).

O esforço incansável de George para compreender os princípios mais profundos da vida descobriram esse código único para viver em um nível mais alto. Para entender bem como funciona o Nível do Ser, leia várias vezes, por favor, as páginas seguintes, até apreender o significado exato delas. A falta de percepção dessas verdades fundamentais mantê-lo-á estagnado, irrealizado e em luta para colher as maiores recompensas da vida.

A fim de facilitar a compreensão do conceito, vamos dividi-lo em três áreas específicas. Em primeiro lugar, você vai aprender a diferenciar entre o crescimento pessoal e a expressão Nível do Ser. Em seguida, identificaremos os estágios fundamentais da evolução humana. Não se preocupe, não vai ser uma longa e arrastada lição de história. Como pessoas interessadas em coisas práticas, gostamos de chegar rapidamente ao centro das coisas. Finalmente, veremos em detalhes como funciona o Nível do Ser e a importante conexão que o mesmo mantém com os dois primeiros assuntos. Quando puder sincronizar todos esses três elementos e implementá-los, seu sucesso na vida estará praticamente garantido.

EU NÃO ESTOU AQUI APENAS PARA GANHAR A VIDA, MAS PARA NELA FAZER UMA DIFERENÇA.

— *Helice Bridges*

Crescimento Pessoal e
NÍVEL DO SER

Dê uma olhada no gráfico à página 322. Ele mostra a relação entre desenvolvimento pessoal e tempo. Todo desenvolvimento pessoal é vertical. Freqüentemente, ele é descrito através de metáforas, como *subindo para terreno mais alto, escalando a montanha, chegado às alturas* ou *vivendo à altura de seu potencial*.

O fracasso, por outro lado, aponta para baixo, com metáforas tais como *esborrachando-se no chão, batendo no fundo do poço, andando como caranguejo, dando uma topada e escorregando* e assim por diante.

O fato é que nenhuma dessas escalas é direcional. A escala do para cima e para baixo representa seu Nível do Ser. A escala da direita e da esquerda representa o não-ser, um estado de ilusão, porque seu passado já está morto e seu futuro ainda não nasceu. O ponto em que as duas escalas interagem é o aqui e o agora, isto é, sua situação atual. Como vai ver dentro de minutos, quanto mais alto você está na escala vertical, maior sua capacidade de compreender como a vida funciona.

O passo seguinte nesse quebra-cabeça consiste em compreender que há três grandes categorias de evolução humana: o estágio de Criança, o estágio de Adulto e o estágio de Auto-realização. O estágio de Criança é mecânico e inconsciente — uma terra de sono interno. Note que estamos nos referindo tanto a adultos quanto a crianças. O estágio de Adulto envolve um despertar. Infelizmente, algumas pessoas jamais acordam, permanecem presas nos níveis mais baixos de conscientização. Nos níveis mais altos, as pessoas no estágio de Auto-realização sabem o que é a sua finalidade e seguem uma clara filosofia de vida. Mais adiante expandiremos esse conceito.

Em primeiro lugar, há outra importante distinção: a diferença entre eventos e estados. O mundo externo que vivenciamos é uma série de eventos, o que acontece todos os dias em nosso mundo. Já o nosso mundo interior é vivenciado como estados, que incluem uma larga faixa de emoções, instintos e intuição. Esses estados determinam nosso Nível de Ser, ou conscientização.

A frase seguinte é de importância crucial. Só quando faz uma distinção consciente entre eventos (seu mundo externo) e estados (seu mundo interior) é que você sabe como o mundo funciona. Por exemplo, seu atual estilo de vida (padrão de vida) é determinado pelo seu estado interior de ser, e *não* por eventos externos. É impossível ter um baixo Nível de Ser internamente e, ao mesmo tempo, um alto Nível de Ser externo. A maioria das pessoas não entende esse fato — e tenta manipular os eventos externos para obter sucesso. Isso jamais funciona. A única maneira de realmente desfrutar um alto nível de sucesso, incluindo prosperidade financeira, satisfação no trabalho e relacionamentos mais satisfatórios, é mudando seu Nível de Ser interior. Para compreender bem a faixa de Níveis de Ser, estude o gráfico à pág. 323. Cada nível se assemelha ao degrau de uma escada. A cada degrau que você sobe, aumenta sua conscientização e capacidade de ter o que quer.

Crescimento Pessoal e Nível do Ser

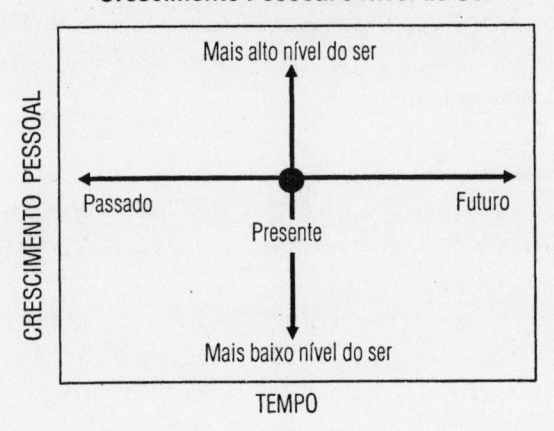

Reproduzido com permissão de George Addair.

O círculo simboliza seu atual Nível de Ser ou, em outras palavras, sua atual situação. O estilo de vida não tem relação com o tempo. Sucesso e fracasso são determinados exclusivamente pelo Nível de Ser de cada pessoa.

DEFINIÇÃO DE NÍVEIS DE SER

Padrão de vida, estilo de vida, prosperidade e pobreza são determinados não pelos eventos ou circunstâncias no mundo externo, mas pelo estado do Nível de Ser da pessoa. É impossível ter um Nível de Ser baixo no mundo interior e simultaneamente um alto nível de sucesso no mundo externo. Veja abaixo vários exemplos desses Estados Interiores, ou Níveis de Ser.

Exemplos de Níveis de Ser

ESTADO DE AUTOCONFIANÇA: Auto-estima elevada e confirmação interna. Motivação interior. Segue a "voz interna". É livre de todas as necessidades e atende os outros generosamente. Não apresenta resistência.	Consciente e Acordado/Vigilante (Estado de auto-realização)
ESTADO DE PERMISSÃO: Aceita a vida incondicionalmente. Tem habilidades secretas de liderança. Inofensivo para todos. Tem poder pessoal. Vive cada dia sem fazer julgamentos e aceita a verdade sem culpar os outros.	
DESCOBERTA DO AMOR: Aprende e pratica o amor e as concessões incondiconais. Aceita facilmente, perdoa. Começa a gostar da inofensividade.	Início de Vigília (Estágios adultos)
ESTADO DE INÍCIO DE VIGÍLIA: Explora o comportamento ganha-ganha. Torna-se intuitivo. Corre riscos conscientemente. Aprende a dar mais do que receber. Começa a dividir sentimentos. Pensa durante as situações, usa a razão.	
INSTINTOS DE AMOR-PRÓPRIO E VAIDADE: Julga os outros, racionaliza e justifica o porquê de a vida não estar funcionando. Freqüentemente vive na negação — usa a retaliação — raciocínio — intelectualiza. Comportamento mecânico vicioso.	Mecânico e Adormecido (Estágios infantis)
INSTINTOS DE SEGURANÇA: Defensivo — medroso — tendência à preocupação — ciumento — culpa os outros e os acontecimentos pela falta de sucesso. Faz coisas para conseguir aprovação — atenção — ser solicitado. Apresenta comportamento mecânico vicioso.	

Examinemos mais de perto, de um ponto de vista prático, os Níveis de Ser. Os degraus mais baixos na escada são chamados de nível Mecânico ou Adormecido, conhecido também como estágio da Criança. Pessoas nesse estágio não sentem em geral interesse em aprender mais ou melhorar significativamente seu estilo de vida. Estão em um nível limitado de conscientização. Em certo sentido, não estão conscientes de que existe um nível mais alto. Para elas, a vida é uma rotina agradável e básica. Têm como preocupação principal a segurança e a sobrevivência. Enquanto puderem preservar o *status quo*, conservar o emprego, assistir um pouco de TV e pagar as contas, sobreviverão. Tendem a culpar os outros e a situação por sua falta de sucesso, mas não estão dispostas a mudar a si mesmas. Em conseqüência, permanecem emperradas. Você conhece alguém assim?

Por favor, entenda, não estamos dizendo que isso é errado. Como você sabe, tudo na vida é uma opção. Se escolhe esse Nível de Ser, é nele que vai permanecer. A transição exige um movimento vertical, que nada tem a ver com o tempo. Este conceito é fundamental. Trabalhar mais e por mais tempo todos os dias simplesmente lhe trará mais do que já tem. Mover-se para um Nível de Ser mais alto requer, em primeiro lugar, que você se torne consciente de como a vida realmente funciona.

Subindo um pouco na escada, encontramos pessoas que são paralisadas pela culpa ou por duvidarem de si mesmas. Freqüentemente, pessoas nesse Nível de Ser vivem para aprovação das outras. Como têm baixa auto-estima, não tendem a atingir metas nem a terminar o que começam. Curiosamente, apresentam todo tipo de desculpas por sua falta de progresso. Outras características incluem a necessidade de estar certo e uma tendência para ser muito egocêntrica.

Subindo mais na escada e chegando ao estágio Adulto, começa o processo de despertar. Quando você atinge esse Nível de Ser, sua vida implica assumir riscos conscientes, começar a compreender o que significa vencer-vencer e tornar-se um doador em vez de um recebedor. Nesse momento, você é capaz de falar com confiança em seus sentimentos e torna-se visível sua busca por uma existência que faça sentido.

    Transcendendo para Níveis de Ser ainda mais altos, você chega ao estágio de auto-realização. Neste ponto, você está plenamente consciente e desperto, o que exige que demonstre total integridade em tudo que faz. Isto não é fácil. Pouquíssimas pessoas vivem nessa atmosfera rarefeita. Tornando-se mais consciente, você passa a ser menos preso aos fatos e à necessidade de possuir tantas coisas materiais. Servir aos demais torna-se mais importante e você não experimenta resistência.

    No nível máximo, você introduz constantemente sintonia fina em seus talentos especiais. Isto cria oportunidades adicionais para que sirva aos demais. Sua vida começa a fluir, em vez de ser uma série de eventos e situações de pressão desconexas. Intuitivamente, você sabe qual a decisão certa a tomar e em que direção seguir. Por outro lado, a situação torna-o crescentemente mais autoconfiante e é guiado por seu próprio senso de destino.

    Mas vejamos a grande pergunta: em que degrau da escada você está? Que Nível de Ser representa atualmente? Aqui cabe uma palavra de cautela. Seria fácil dizer que você flutua do ponto mais alto para o mais baixo, dependendo do dia da semana. A verdade é que você invariavelmente adota mais certos comportamentos do que outros. Estes são os seus hábitos dominantes — seu verdadeiro Nível de Ser.

    Por favor, entenda uma coisa: antes de poder subir o degrau seguinte da escada, você tem que deixar aquele em que está. Lembre-se, aqui há um estágio de transição. Em um ponto, você deixou o degrau, mas não pode alcançar inteiramente o próximo. Esta é a parte mais assustadora — a incerteza de não saber se vai alcançar o degrau seguinte. Essa situação gera dúvida. Medo misturado com dúvida é uma combinação potente que pode garantir que você ficará empacado na escada. A única maneira de subir é aceitar a mudança e assumir o risco. É como saltar numa piscina pela primeira vez. Se não sabe nadar, o medo de não subir à superfície pode mantê-lo para sempre longe da água. A realidade simples é que você subirá, mas vai ter que saltar para descobrir isso.

Faça uma LISTA DE PARADA

Preparando uma Lista de Parada, você pode acelerar a subida para um Nível de Ser mais alto. Ao fim deste capítulo e para ajudá-lo, você vai encontrar um exercício chamado de Sua Lista de Parada Pessoal. Esta é uma lista de todas as coisas autolimitadoras que faz e que o mantêm preso na escada. Lembre-se, nada mudará até que você mude. Enfatize o hábito de, invariavelmente, mudar seus hábitos. Ao fazer isso, você começará a apreciar a alegria de levar a vida nesses níveis mais altos.

PRINCÍPIOS FUNDAMENTAIS DA VIDA

DESCUBRA O QUE QUER
DESCUBRA POR QUE QUER

DESCUBRA SEUS TALENTOS
USE-OS DIARIAMENTE

TRABALHE MUITO
TRABALHE COM INTELIGÊNCIA

DOE INCONDICIONALMENTE
AME INCONDICIONALMENTE

DESCUBRA SUA FINALIDADE NA VIDA
VIVA SUA FINALIDADE

© Les Hewitt

CONCLUSÃO

Viver a verdadeira finalidade na vida no mais alto Nível de Ser indica que você quer fazer uma diferença neste mundo. É o lugar mais prazeroso onde você pode estar e lhe traz magníficas recompensas. Sua vida será alegre, você terá paz de espírito e expressará da forma mais significativa os talentos que lhe foram dados por Deus.

De modo que, continue a busca. Esforce-se para compreender mais sobre si mesmo e o papel que foi destinado a desempenhar. Trata-se de uma jornada que o ocupará a vida inteira. Ao longo do caminho, você vai precisar tornar-se mais responsável. Isto requer diferentes opções, algumas das quais serão indubitavelmente difíceis. Conforme você verá em nossas Palavras Finais, que encerram este capítulo, é o compromisso final... o compromisso de mudar.

A VIDA É CURTA. A PARTIR DESTE DIA, CONCENTRE-SE EM FAZER UMA DIFERENÇA.

PASSOS PARA AÇÃO

Descobrindo e
Vivendo
Sua Finalidade

As dez perguntas abaixo foram formuladas para ajudá-lo a descobrir se sua vida centraliza-se em torno de uma finalidade. Em combinação com os pontos mais importantes deste capítulo, elas o ajudarão a esclarecer uma definição de finalidade que funciona no seu caso. Antes de responder, pense em cada pergunta e leia os comentários. Em seguida, simplesmente dê um tique em "sim", "não sei/não tenho certeza" ou "não".

1. Você reconhece aquilo em que é competente e que o enche de energia?

❑ sim   ❑ não sei/não tenho certeza   ❑ não

Numerosas pessoas jamais encontram seu lugar na vida porque evitam analisar os objetivos de sua carreira. Caem em empregos e nunca perguntam realmente a si mesmas: "O que é que eu faço bem? Que tipo de vida quero ter? Que tipo de trabalho gera para mim energia positiva?" É importante que você conheça e use seus talentos especiais.

2. Você utiliza ao máximo os talentos que lhe dão mais prazer?

❑ sim   ❑ não sei/não tenho certeza   ❑ não

Numerosas pessoas empacam em seus empregos. Embora sejam capazes de fazer muito mais, têm medo de desafiar a si mesmas. Há quatro categorias separadas de expectativas no emprego. Infelizmente, a maioria das pessoas inclui-se nas três primeiras.

A. "É apenas um emprego. Qualquer emprego está bem, enquanto o salário for bom e eu possa fazer o que quero depois do trabalho."

B. "O trabalho tem de ser regular. Preciso das vantagens, das férias e da segurança de um trabalho permanente."

C. "Eu quero substância e conteúdo em minha profissão, comércio ou vocação. Quero usar meus talentos e ser desafiado."

D. "Trabalho não se relaciona com dinheiro. Trabalho é um caminho para mais aprendizado e crescimento pessoal. O trabalho me concentra em algo em que realmente acredito que precisa ser feito na empresa na comunidade ou no mundo."

3. O trabalho promove algum interesse ou questão muito importante para você?

❑ sim   ❑ não sei/não tenho certeza   ❑ não

O interesse é a base de toda finalidade. Isto requer uma abertura para tudo à sua volta. A fim de desenvolver interesse, você precisa de conscientização. Não deve sentir-se sobrecarregado por um senso de dever ou obrigação. Quando se interessa naturalmente, isso acontece porque alguma coisa tocou-o e comoveu-o profundamente.

4. Você se vê, através do trabalho, fazendo uma diferença no mundo?

❏ sim   ❏ não sei/não tenho certeza   ❏ não

A "síndrome do enferrujado" é muito comum na sociedade moderna. Uma vez que tantas pessoas acham o trabalho sem sentido, elas perdem motivação. O trabalho deve oferecer mais do que dinheiro e *status*. Deve lhe oferecer a oportunidade de fazer uma diferença.

5. Você considera a maioria dos dias com um senso de entusiasmo?

❏ sim   ❏ não sei/não tenho certeza   ❏ não

Quando serve a uma finalidade mais importante do que você, você se sente mais comprometido e se torna mais entusiástico. Lembre-se, os anos passam rapidamente, de modo que devemos encarar cada dia e cada tarefa com entusiasmo.

6. Você formulou sua própria filosofia de vida e de sucesso?

❏ sim   ❏ não sei/não tenho certeza   ❏ não

Todas as pessoas precisam de um conjunto de princípios pelos quais viver. Um número grande demais delas, no entanto, aceita os valores de outras e nunca desenvolve os seus. Elas não refletem o suficiente sobre sua vida. Em vez disso, preocupam-se em obter a aprovação dos demais. O verdadeiro poder tem origem em manifestar seus valores profundos, pessoais.

7. Você está assumindo os necessários riscos para viver sua filosofia?

❏ sim   ❏ não sei/não tenho certeza   ❏ não

Ninguém tem jamais plena certeza sobre o caminho a seguir. Aqueles com a coragem de acreditar em si mesmos e em suas idéias, ainda que com o potencial de alguma perda, são os indivíduos autênticos. Você tem de assumir o risco — ter a coragem de ser fiel a si mesmo.

8. Você sente um senso de significado e finalidade na vida?

❏ sim   ❏ não sei/não tenho certeza   ❏ não

Terry Fox é um exemplo maravilhoso de pessoa que tinha uma finalidade de vida profundamente sentida. Sua recordação nos estimula a elevar nossas expectativas sobre o que podemos ser. Você pode resolver concentrar sua força naquilo que lhe inspira o mais profundo sentimento. Pode ocupar seu tempo e talentos com pessoas, compromissos, idéias e desafios que lhe parecem conter uma finalidade.

9. Você tem, neste ano, metas bem definidas relativas à sua finalidade?

❏ sim   ❏ não sei/não tenho certeza   ❏ não

A finalidade, como parte de nossa vida, serve como inspiração. Mas são realmente nossas metas que nos motivam na base do dia-a-dia. Nossa vida é vazia quando não temos algo por que lutar. Metas, embora nem sempre fáceis de alcançar, proporcionam a satisfação da realização, que por seu turno realça nosso senso de valor pessoal.

10. Você está vivendo sua vida ao máximo, em vez de alimentar a esperança de que as coisas se arrumem algum dia?

❏ sim   ❏ não sei/não tenho certeza   ❏ não

Por que esperar pelo resultado da loteria? Use, agora, seu potencial, em vez de levá-lo para a sepultura. O agora é o tempo de você viver seus valores, e com finalidade.

Fonte: *The Power of Purpose*

Marque seus resultados da seguinte maneira:
- Para cada **sim**, dê a si mesmo um **0**
- Para cada **não tenho certeza** ou **não sei**, marque um **1**
- Para cada resposta **não**, marque um **2**

Agora, some a pontuação. Uma vez que essas perguntas são subjetivas, não há respostas certas ou erradas. Não obstante, use sempre a pontuação como orientação geral. Veja como a coisa funciona:

Se pontuou entre 0-7, sua vida está bem focalizada, você tem senso de direção e está resolvido a fazer uma diferença.

Se pontuou entre 8-15, você tem senso de finalidade, mas precisa esclarecer seus compromissos. Você está realmente vivendo seus valores ou "dizendo que faz isso" todos os dias?

Se pontuou entre 16-20, você corre o risco de não usar seu potencial e simplesmente desperdiçar sua vida. Por favor, note o seguinte: essa alta pontuação pode significar também que você está no meio de uma crise ou de uma grande transição.

Agora que teve oportunidade de pensar no significado de finalidade para você, formule uma declaração em uma única frase que capte a essência de sua finalidade na vida, da forma como a entende no momento.

Escolha as palavras com cuidado e, como sempre, seja específico

_____
_____
_____

A fim de reforçar sua finalidade, leia todos os dias essa declaração. Grave-a em um cartão especial, que possa manter perto de você. Crie o hábito de reafirmar para si mesmo a declaração de finalidade até que ela se grave indelevelmente em sua consciência. Este é o catalizador que lhe mudará o comportamento e lhe permitirá desfrutar realmente a vida de acordo com sua finalidade.

Se não conseguir formular uma declaração significativa, após ter respondido ao questionário, não fique preocupado demais. Freqüentemente, são necessários meses (e, às vezes, anos) para esclarecer este assunto. O que ajuda é continuar a procurar e pensar no que você está fazendo e por quê. No fim, as respostas lhe ocorrerão.

Sua Lista Pessoal do que Não Fazer

Faça uma lista de coisas que você precisa deixar de fazer ou descartar, a fim de lhe facilitar a subida para o Nível de Ser imediato. Seja específico. Leve em conta sua carreira, finanças, relacionamentos, saúde, filosofia e atitude.

Vejamos alguns exemplos:

1. Pare de gastar demais.
2. Pare de chegar atrasado.
3. Pare com relacionamentos tóxicos.
4. Pare de culpar os outros pelo que você não tem.
5. Pare de se desmoralizar com pensamentos negativos sobre si mesmo.

VIVER COM UMA FINALIDADE

INICIAR UMA AÇÃO DECISIVA

PERSISTÊNCIA INVARIÁVEL

PEÇA AQUILO QUE QUER

O FATOR CONFIANÇA

FORMANDO EXCELENTES RELACIONAMENTOS

CRIANDO O EQUILÍBRIO IDEAL

VOCÊ PERCEBE A SITUAÇÃO EM SEU TODO?

ISTO NÃO É EMBROMAÇÃO.
TRATA-SE DE FOCALIZAÇÃO

OS HÁBITOS DETERMINARÃO SEU FUTURO

Parabéns — você conseguiu!
Agora, use seu poder de focalização para ajudar os outros.

Palavras Finais

Esta é sua vida... aceite o desafio!

"Rir com freqüência e muito,
conquistar o respeito de pessoas inteligentes
e a afeição das crianças, merecer os elogios de críticos
honestos e suportar a traição de falsos amigos,
apreciar a beleza, descobrir o melhor nos outros,
deixar o mundo um pouco melhor, seja através de uma
criança sadia, um trecho de jardim
ou uma situação social resgatada, saber que pelo menos
alguém respirou mais fácil porque
você viveu, isto é ter sido um vencedor na vida."

— *Ralph Waldo Emerson*

Se você leu este livro até o fim, parabéns. Se você é dessas pessoas que gosta de saltar para as últimas páginas para ver como ele termina — bem, você provavelmente faz o mesmo com um bocado de coisas na vida. Entenda bem, não há atalhos para construir uma vida sólida. Trata-se de um processo em andamento. Ele requer tempo, esforço autêntico e desejo de tornar-se mais do que você já é. É um desafio que vale a pena enfrentar. Não obstante, seu maior desafio começa amanhã. De que maneira vai aplicar o que aprendeu entre as capas deste livro? Todas as estratégias que lhe passamos funcionam realmente. Podem lhe mudar espetacularmente a vida para melhor. Mas apenas se você resolver usá-las.

Todos nós enfrentamos decisões difíceis. Elas fazem parte do dilema humano. Que caminho você vai tomar, este ou aquele? Evidentemente, não há garantias absolutas quando o assunto é traçar seu curso pessoal para um futuro melhor. Ainda assim, os hábitos fundamentais que lhe ensinamos através deste livro farão muito para assegurar que sua vida profissional e pessoal serão abençoadas além do que poderia almejar. Eles funcionaram em nosso caso e nos de milhares de outras pessoas. De modo que, aceite o desafio. Tome agora a decisão de refocalizar sua vida e torne-se a melhor pessoa que pode ser, um dia de cada vez.

Agora chegou a ocasião de se levantar e ser avaliado. A alternativa consiste em dizer:

— Essa informação foi interessante — e em seguida pôr o livro numa estante e continuar com os velhos hábitos.

Isso seria triste, porque nada de importante mudará em sua vida. E se reservou um tempo para ler este livro, você evidentemente quer melhorar algumas coisas.

Graças ao que leu, você está agora mais consciente de como a vida funciona. De modo que não tem mais desculpa para futuros fracassos, a menos que não faça o que deve para realizar as necessárias mudanças. Milhares de pessoas exatamente iguais a você transformaram suas vidas em maravilhoso sucesso simplesmente porque resolveram mudar.

Você pode fazer a mesma coisa. Pode, sim. Acredite em si mesmo. Assimile todos os conhecimentos que aprendeu nestas páginas e focalize-se em dar o primeiro passo, qualquer que seja ele. Faça disso uma prioridade. Em seguida, estabeleça outra e logo, logo, sua vida mudará. Isso nós garantimos. Com um pouco de prática e persistência, os novos hábitos se tornarão parte de você. Dentro de um ano a partir de agora, você dirá:

— Vejam só o quanto eu mudei e observem os resultados... Eu quase não acredito.

Releia com freqüência as estratégias acima. Use-as como um guia permanente para ajudá-lo. E, lembre-se, você pode realmente fazer uma diferença neste mundo. É sua responsabilidade, e também seu destino, fazer isso. Armado de coragem e nova esperança, siga em frente. O futuro que lhe pertence está à sua espera — agarre-o com ambas as mãos!

Nós lhe desejamos abundância de saúde, alegria e prosperidade nos anos que virão.

Jack Canfield

Mark Victor Hansen

Les Hewitt

P.S.: Nós adoraríamos saber como essas estratégias estão funcionando no seu caso. Envie, por favor, sua história de sucesso para: Achievers, P.O. Box 30880, Santa Barbara, CA 93130. Ou envie um fax para (403) 730-4548 ou mensagem eletrônica para info@achievers.com

Guia de Recursos

Segue-se uma lista de livros, fitas, vídeos e cursos recomendados, que realçarão ainda mais as estratégias de focalização discutidas no livro. Todas as referências mencionadas neste livro foram incluídas (*ver* asteriscos).

LEITURAS RECOMENDADAS

Atlas Shrugged, de Ayn Rand. Nova York, Nova York: Division of Penguin Putnam, Plume, 1999.

*Bits & Pieces (folhetos). Fairfield, New Jersey: The Economic Press Inc.

*Chicken Soup for the Soul, de Jack Canfield, Mark Victor Hansen, Martin Rutte, Maida Rogerson e Tim Clauss. Deerfield Beach, Flórida: Health Communication, Inc., 1996.

*Chicken Soup for the Unsinkable Soul, de Jack Canfield, Mark Victor Hansen e Heather McNamara. Deerfield Beach, Flórida: Health Communications, Inc., 1999.

*Don't Sweat the Small Stuff... and it's all small stuff, de Richard Carlson, Bolton, Ontário: H.B. Fenn & Co., 1997.

*Don't Worry, Make Money, de Richard Carlson. Nova York, Nova York: Hyperion, 1997.

*Even Eagles Need a Push, de David McNally. Eden Prairie, Minnesota: Transform Press, 1990.

Future Diary, de Mark Victor Hansen, Costa Mesa, Califórnia: Mark Victor Hansen and Associates, 1985.

How to Handle a Major Crisis, de Peter J. Daniels. Ann Arbor Michigan: Tabor House Publishing, 1987.

How to Reach Your Life Goals, de Peter J. Daniels. Ann Arbor, Michigan: Tabor House Publishing, 1985.

In Search of The Invisible Forces, de George Addair. Phoenix, Arizona: Vector Publications, 1995.

It's Not What Happens to You, It's What You Do About It, de W. Mitchell. São Francisco, California Phoenix Press, 1999.

Leading an Inspired Life, de Jim Rohn. Niles, Illinois: Nightingale-Conant Corporation, 1997.

**Live and Learn and Pass It On*, de H. Jackson Brown, Jur. Los Angeles, Califórnia: Rutledge Press, Inc., 1991.

Love is Letting Go of Fear, de Gerald Jampolski, M.D. Nova York, Nova York: Simon & Schuster, 1995.

**Man's Search for Meaning*, de Viktor Frankl. Nova York, Nova York: Pocket Books, 1984.

**NLP: The New Art and Science of Getting What You Want*, do Dr. Harry Alder: Londres, Inglaterra. Judy Piatkus Ltd., 1994.

**Putting Your Faith into Action Today!*, do Dr. Robert H. Schuller. Garden Grove, Califórnia: Cathedral Ministries, 1998.

Reclaiming Higher Ground, de Lance H.K. Secretan. Toronto: Ontário: MacMillan, Canadá, 1996.

Relationship Selling, de Jim Cathcart. Nova York, Nova York: Berkeley Publishing Group, Division of Penguin, 1990.

**Rich Dad, Poor Dad*, de Robert Kityosake e Sharon L. Lechter. Paradise Valley, Arizona: Tech Press Inc., 1997.

Success System That Never Fails, de W. Clement Stone. Nova York, Nova York: Simon & Schuster, 1991.

**Success Through a Positive Mental Attitude*, de Napoleon Hill e W. Clement Stone. Paramus, New Jersey: Prentice-Hall, 1977.

**Swim with the Sharks Without Being Eaten Alive*, de Harvey Mackay. Nova York, Nova York: Ballantine Books, 1996.

Take This Job and Love It! The Joys of Professional Selling, de Tim Breithaupt. Calgary, Alberta: The Professional Equity Group Ltd., 1999.

**Ten Golden Rules for Financial Success*, de Gary Moore. Grand Rapids, Michigan: Zondervan Publishing House, 1996.

**The Aladdin Factor*, de Jack Canfield e Mark Victor Hansen. Nova York, Nova York: Berkeley Books, Division of Penguin Putnam, 1995.

*The Bible.

**The Eagle's Secret*, de David McNally. Nova York, Nova York: Delacorte Press, 1998.

The E-Muth Revisisted, de Michael Gerber, Nova York, Nova York: Harper Business, 1995.

The Great Crossover, de Dan Sullivan. Toronto, Ontário: The Strategic Coach Inc., 1994.

The Greatest Secret in the World, de Og Mandino, Nova York, Nova York: Bantam Books, 1972.

The 7 Habits of Highly Effetive People, de Stephen R. Covey. Nova York, Nova York: Simon & Schuster, 1989.

The Lexus and the Olive Tree, de Thomas L. Friedman. Nova York, Nova York: Faraar, Strauss and Groux, 1999.

**The Millionaire Next Door*, de Thomas J. Stanley e William D. Danko. Marietta, Geórgia: Longstreet Press, Inc., 1996.

**The On-Purpose Person*, de Kevin W. McCarthy. Colorado Springs, Colorado Navpress, 1992.

**The Richest Man in Babylon*, de George S. Clason. Nova York, Nova York: Penguin Books, 1989.

The Seasons of Life, de Jim Rohn. Austin, Texas: Discovery Publications, 1981.

**The 9 Steps to Financial Freedom*, de Suze Orman. Nova York, Nova York: Random House, 1998.

**The Tomorrow Trap,* de Karen E. Peterson. Deerfield Beach, Flórida: Health Communications, Inc., 1996.

**The Wealthy Barber*, de David Chilton. Don Mills, Ontário: Stoddart Publishing, 1996.

There Are No Limits, de Danny Cox. Franklin Lakes, New Jersey: Career Press, 1998.

**Think and Grow Rich,* de Napoleon Hill. Nova York, Nova York: Fawcett Crest Books/CBS Inc., Divisão da Ballantine Books, 1960.

Unlimited Power, de Anthony Robbins. Nova York, Nova York: Simon & Schuster, 1986.

1001 Ways to Reward Employees, de Bob Nelson. Nova York, Nova York: Workman Publishing Co., 1994.

Work for a Living and Still Be Free to Live, de Eileen McDargh, Nova York, Nova York: Time Books, Divisão da Random House, 1985.

AUTOBIOGRAFIAS/BIOGRAFIAS

Buffet: The Making of an American Capitalist, de Roger Lowenstein. Nova York, Nova York: Random House, 1995.

Hammer, de Armand Hammer. Nova York, Nova York: Perigee Books, Divisão da Penguin Putnam, 1988.

Losing My Virginity, de Richard Branson, Londres, Inglaterra: Virgin Publishing Ltd., 1998.
Made in America, de Sam Walton. Nova York, Nova York: Bantam Books, 1993.
Muhammad Ali: His Life and Times, de Thomas Hauser. Nova York, Nova York: Simon & Schuster, 1991.

FITAS DE ÁUDIO

Happy, Healthy and Terrific, de Ed Foreman. Dallas, Texas: Executive Development Systems 800-955-7353.
How to Build Sel-Esteem, de Jack Canfield. Niles, Illinois: Nightingale-Conant Corp. 1989. 800-323-5552.
Magic Words That Grow Your Business, de Ted Nicholas. Niles, Illinois: Nightingale-Conant Corp. 800-323-5552.
Relationship Strategies, de Jim Cathcart e Tony Alessandra. Niles, Illinois: Nightingale-Conant Corp. 800-323-5552.
Self-Esteem and Peak Performance, de Jack Canfield. Boulder, Colorado: Career Track Publications e Fred Pryor Seminars, 1995. 800-255-6278.
**The Aladdin Factor: How to Ask for and Get What You Want in Every Area of Your Life*, Jack Canfield e Mark Victor Hansen. Niles, Illinois: Nightingale-Conant Corp., 1999. 800-323-5552.
The Challenge to Succeed, de Jim Rohn. Dallas, Texas: Jim Roahn International. 800-929-0434.
Ulimited Power: The New Science of Personal Achievement, de Anthony Robbins. San Diego, Califórnia: Robbins Research International, 1986. 800-898-8669.

FITAS DE VÍDEO

Chicken Soup for the Soul, de Jack Canfield e Mark Victor Hansen. Boulder, Colorado: Career Track Publications e Fred Pryor Seminars,1996. 800-255-6278.
How to Have Your Best Year Ever, Jim Rohn. Dallas, Texas: Jim Rohn International. 800-929-0434.
Phone Power, de George Walther. Niles, Illinois: Nightingale-Conant Corp. 800-323-5552.
Self-Esteem and Peak Performance, de Jack Canfield. Boulder, Colorado: Career Track Publications e Fred Pryor Seminars, 1995. 800-255-6278.

The Man Who Would Not Be Defeated, de W. Mitchell. Santa Bárbara, Califórnia. W. Mitchell. 800-421-4840.

The Power of Purpose (a história de Terry Fox), de David McNally. Eden Prairie, Minnesota: Wilson Learning Corp. 612-944-2880.

Permissões

Gostaríamos de agradecer às seguintes editoras e indivíduos pela permissão de reproduzir o material que se segue. (Nota: as histórias que foram escritas anonimamente, que caíram no domínio público ou são de autoria de Jack Canfield, Mark Victor Hansen ou Les Hewitt não foram incluídas na listagem abaixo.)

Brent Vouri, A história de. Reproduzida por permissão de Brent Vouri. © 2000 Brent Vouri, Typhoon Sportswear Ltd.

Peter J. Daniels, A história de. Reproduzida com permissão de Peter J. Daniels. © 2000 Peter Daniels, World Center for Entrepreneurial Studies.

Glenna Salsbury, A história de. Reproduzida com permissão de Glenna Salsbury. © 1995, Glenna Salsbury.

Live and Learn and Pass It On, Excerto de. Reproduzido com permissão de H. Jackson Brown Jr. ©1997 H. Jackson Brown Jr., Rutledge Hill Press Inc.

A Return to Love, Excerto de. Reproduzido com permissão de Marianne Williamson. ©1992 Marianne Williamson.

Putting Your Faith Into Action Today!, Excerto de. Reproduzido com permissão de Robert. H. Schuller. ©1998 Robert H. Schuller, Crystal Cathedral.

The Wall of Fear, Personal Growth and Level of Being, gráfico. Reproduzido com permissão de George Addair. ©1996 George Addair.

Phan Thi Kim Phuc, artigo. Reproduzido com permissão de Patricia Chisholm. ©1997 Patricia Chisholm.

Wilma Rudolph, artigo. Reproduzido com permissão de Sherrie Tolliver. ©1997 Sherrie Tolliver, *Women in History.*

Ken Hitchcock, artigo. Reproduzido com permissão de Robin Brownlee. ©1996 Robin Brownlee, *Edmonton Journal*.

Ed Foreman, excerto. Reproduzido com permissão de Ed Foreman. ©Ed Foreman, Executive Development Systems, Inc.

Susan Brooks, excerto. Reproduzido com permissão de Susan Brooks. ©2000 Susan Brooks. Cookies from Home.

Ten Purpose Questions, lista. Reproduzido com permissão de David McNally. ©1984 David McNally, Trans-Form Corporation.

Sobre os Autores

Jack Canfield ministrou aulas em 12 países, em seus seminários Self Esteem e Peak Performance, sobre as estratégias discutidas neste livro. Seus clientes incluem a Campbell Soup Company, a Clairol, a Coldwell Banker, a General Electric, a ITT, a Hartford Insurance, o Federal Express, a Johnson & Johnson, a NCR, a Sony Pictures, a TRW e a Virgin Records, além de outras empresas, entre elas a Million Dollar Round Table, a Young Presidents Organization e o World Business Council.

Para mais informações sobre os livros, fitas e programas de treinamento ministrados por Jack, ou para convidá-lo para uma apresentação, entre por favor em contato com:

The Canfield Training Group, P.O. Box 30880, Santa Barbara, CA 93130, fone 800-237-8336, fax 805-563-2945, *site* na web: www.chickensoup.com, ou envie um *e-mail* para: *soup4soul@com*, para receber informações via *e-mail*: chicken.soup@zoom.com

Mark Victor Hansen vem ensinando estas bem-sucedidas estratégias a milhões de pessoas, abrangendo 37 países, nos últimos 25 anos. Apareceu na CNN, *Eye to Eye*, QVC, o *Today Show*, PBS e *Oprah*, e tem sido notícia em dezenas de revistas e jornais de circulação nacional, tais como *Entrepreneur, Success, Time, U.S. News & World Report, USA Today, New York Times, Washington Post* e *Los Angeles Times*. Mark foi contemplado também com o prestigioso Horation Alger Award, em maio de 2000.

Jack e Mark são também co-autores da altamente bem-sucedida série *Chicken Soup for the Soul*, que a revista *Time* classificou como o fenômeno editorial da década, com mais de 50 milhões de exemplares vendidos em todo o mundo!

Você pode entrar em contato com Mark através de:

P.O. Box 7665, Newport Beach, CA 92658, fone 714-759-9304 ou 800-433-2314, fax 714-722-6912.

Les Hewitt, natural da Irlanda do Norte, é um dos treinadores de alto nível mais famosos na América do Norte. Foi o fundador do altamente bem-sucedido Achievers Coaching Program. Trabalha atualmente nos Estados Unidos, Canadá, Reino Unido e República da Irlanda. Esse processo excepcional de três anos tem sido o catalizador de notáveis transformações de muitos de seus clientes. Desde que foi lançado em 1983, o Achievers ministrou programas de treinamento a milhares de empresários de uma grande variedade de indústrias.

Les é um palestrante dinâmico, treinador de empresários, instrutor de vendas, escritor e empresário. Nos últimos 20 anos, treinou pessoalmente centenas de empresários para obter lucros e aumentos de produtividade excepcionais.

Para entrar em contato com Les e obter informações sobre descontos por volume do The Achievers Coaching Program, oportunidades de franquias, palestras, seminários e cursos intensivos de um dia de duração sobre *O poder do foco,* entre em contato com:

Achievers Canada, 5160 Skyline Way NE, Calgary, AB T2E 6VI, telefone gratuito 877-678-0234 ou 403-295-0500, fax 403-730-4548, página na Internet www.achievers.com, *e-mail* info@achievers.com.

Este livro foi impresso no
Sistema Digital Instant Duplex da Divisão Gráfica da
DISTRIBUIDORA RECORD DE SERVIÇOS DE IMPRENSA S.A.
Rua Argentina, 171 - Rio de Janeiro/RJ - Tel.: (21) 2585-2000